Frédéric Bastiat

Gratuité du crédit

Lettres

ISBN : 978-1503257122

10 9 8 7 6 5 4 3 2 1

Frédéric Bastiat

Gratuité du crédit

Lettres

Table de Matières

Frédéric Bastiat

Première lettre : F. C. Chevé, l'un des rédacteurs de la Voix du Peuple, à Frédéric Bastiat

Tous les principes d'économie sociale que vous avez propagés avec un talent si remarquable concluent forcément, inévitablement, à l'abolition de l'intérêt ou de la rente. Curieux de savoir par quelle étrange contradiction votre logique, toujours si vive et si sûre, reculait devant cette conclusion définitive, j'interrogeai votre pamphlet intitulé: *Capital et Rente*, et je m'aperçus, avec une surprise mêlée de joie, qu'il n'y avait plus entre vous et nous que l'épaisseur d'une simple équivoque.

— Cette équivoque porte tout entière sur la confusion de deux choses cependant bien distinctes, l'*usage* et la *propriété*.

Comme nous, vous partez de ce principe fondamental et incontesté: réciprocité, mutualité, équivalence des services. Seulement, en confondant l'usage et la propriété, et en identifiant ces deux ordres de nature diverse et sans équivalence possible, vous détruisez toute mutualité, toute réciprocité, toute équivalence véritable, renversant ainsi, de vos propres mains, le principe que vous avez posé.

C'est ce principe qui vient se réclamer de vous-même contre vousmême. Comment récuseriez-vous, en faveur de l'abolition de la rente, ce juge que vous avez invoqué contre elle?

Vous ne nous accuserez pas, Monsieur, de manquer de courtoisie. Nous, les premiers attaqués, nous vous laissons le choix du lieu, de l'heure et des armes, et, sans nous plaindre des désavantages du terrain, nous acceptons la discussion dans les termes où vous l'avez posée. Bien plus, nous contentant de suivre un à un tous les exemples, toutes les démonstrations de votre écrit *Capital et Rente*, nous ne ferons que rectifier le malentendu, la malheureuse équivoque qui seule vous a empêché de conclure contre la rente. Les clauses de ce débat vous semblent-elles, ou non, loyales?

Entrons donc en matière.

Paul échange avec Pierre dix pièces de 50 centimes contre 100 sous:

voilà le troc pour troc, l'échange de propriété contre propriété. — Mais Pierre dit Paul: « Tu me donneras les dix pièces de 10 sous actuellement, et moi je te donnerai la pièce de 100 sous dans un an. » Voilà « un service nouveau et d'une autre espèce que Pierre demande à Paul. »

— Mais quelle est la nature de ce service? Pierre demande-t-il à Paul de lui céder la propriété d'une nouvelle somme quelle qu'elle soit? non, mais simplement de lui laisser l'*usage* de celle-ci pendant un an. Or, puisque tout service doit être payé par un service équivalent, un service d'*usage* doit donc être échangé contre un service d'*usage*: rien de moins, rien de plus. — Pierre dira à Paul: Tu me donnes l'*usage* de dix pièces de 10 sous pendant un an, je te devrai donc en retour le même service, c'est-à-dire l'*usage* de dix pièces de 10 sous pendant un an aussi. Est-ce juste, oui ou non?

Un homme échange un navire contre une maison: voilà le troc pour troc, l'échange de propriété contre propriété. — Mais l'armateur veut, en outre, avoir l'usage de la maison pendant un an, avant de livrer son navire. Le propriétaire lui dit: « C'est un service nouveau que vous me demandez, j'ai droit de vous refuser ou de vous demander en compensation un service équivalent. » — Evidemment, répond l'armateur, vous me donnez, une année durant, l'*usage* d'une valeur de 20,000 fr., je suppose, je vous devrais donc en échange l'*usage* d'une égale valeur de 20,000. Rien de plus juste. Mais comme je paie votre propriété par celle de mon navire, ce n'est pas une propriété nouvelle, mais un simple *usage* que vous me concédez, je ne dois donc vous concéder aussi que l'*usage* d'une même valeur, et pour un temps égal. « Les services échangés se valent. » Exiger plus serait un vol.

Mathurin prête un sac de blé « à Jérôme qui promet de rendre, au bout de l'an, un sac de blé de même qualité, de même poids, sans qu'il en manque un seul grain. » — Mathurin voudrait, en outre, cinq litres de blé en sus de l'hectolitre, pour le service qu'il rend à Jérôme. — Non, reprend celui-ci, ce serait une injustice et une spoliation, tu ne me donnes la propriété de rien, car, au bout de l'an, je dois te remettre la valeur exacte de ce que tu me livres aujourd'hui. Ce que tu me concèdes, c'est l'*usage* pendant un an de ton sac de blé, tu as donc droit à l'*usage* de la même valeur pendant une année aussi. Rien au-delà; sinon il n'y aurait plus mutualité, réciprocité, équivalence des services.

Frédéric Bastiat

De son côté, Mathurin, qui est quelque peu clerc, fait ce raisonnement: « Ce que m'objecte Jérôme est incontestable; et, en effet, si au bout de l'an, il me rentre cinq litres de blé en sus des cent litres que je viens de prêter, et que dans quelques temps je puisse prêter deux sacs de blé, puis trois, puis quatre, lorsque j'en aurai placé un assez grand nombre pour vivre sur la somme de ces rétributions, » je pourrai manger en ne faisant rien, et sans jamais dépenser mon avoir. Or, ce que je mangerai, ce sera pourtant quelqu'un qui l'aura produit. Ce quelqu'un n'étant pas moi, mais autrui, je vivrai donc aux dépens d'autrui, ce qui est un vol. Et cela se comprend, car le service que j'aurai rendu n'est qu'un *prêt* ou l'*usage* d'une valeur, tandis que le service qu'on m'aurait remis en échange serait un *don* ou la *propriété* d'une chose. Il n'y a donc justice, égalité, équivalence de services que dans le sens où l'entend Jérôme.

Valère veut occuper, un an durant, la maison de Mondor. « Il sera tenu de se soumettre à trois conditions. La première, de déguerpir au bout de l'an, et de rendre la maison en bon état, sauf les dégradations inévitables qui résultent de la seule durée. La seconde, de rembourser à Mondor les 300 francs que celui-ci paie annuellement à l'architecte pour réparer les outrages du temps; car ces outrages survenant pendant que la maison est au service de Valère, il est de toute justice qu'il en supporte les con-séquences. La troisième c'est de rendre à Mondor un service équivalent à celui qu'il en reçoit. » Or, ce service est l'*usage* d'une maison pendant un an. Valère devra donc à Mondor l'*usage* de la même valeur pendant le même laps de temps. Cette valeur devra être librement débattue entre les deux contractants.

Jacques vient d'achever la confection d'un rabot. Guillaume dit à Jacques: — Il faut que tu me rendes un service. — Lequel? — Prête-moi ce rabot pour un an. — Y penses-tu, Guillaume! Et, si je te rends ce service, quel service me rendras-tu de ton côté? — Le même, bien entendu; et si tu me *prêtes* une valeur de 20 francs pour un an, je devrai te *prêter*, à mon tour, la même valeur pendant une égale durée. — D'abord, dans un an, il faudra mettre le rabot au rebut: il ne sera plus bon à rien. Il est donc juste que tu m'en rendes un autre exactement semblable, ou que tu me donnes assez d'argent pour le faire réparer, ou que tu me remplaces les deux journées que je devrai consacrer à le re-faire. De manière ou d'autre, il faut que le rabot me revienne en bon état, comme je te le livre. — C'est trop juste, je me soumets à cette condition; je m'engage à te rendre, ou un rabot semblable, ou la valeur. — Indépendamment de la restitution intégrale déjà stipulée, il faut que tu me rendes un service que nous allons débattre. — Le service est bien simple. De même que pour ton rabot cédé, je dois te rendre un rabot pareil, ou égale valeur en argent, de même pour l'*usage* de cette valeur pendant un an, je te dois l'*usage* de pareille somme pendant un an aussi. Dans l'un comme dans l'autre cas « les services échangés se valent. »

Cela posé, voici, ce me semble, une série de conséquences dont il est impossible de contester la justesse:

1° Si l'usage paie l'usage, et si la cession purement temporaire par l'emprunteur de l'*usage* d'une valeur égale « est une rétribution naturelle, équitable, juste prix d'un service d'*usage*, nous pouvons en conclure, en généralisant, qu'il est **contraire** à la nature du capital de produire un intérêt. » En effet, il est bien clair qu'après l'usage réciproque des deux services échangés, chaque propriétaire n'étant rentré que dans la valeur exacte de ce qu'il possédait auparavant, il n'y a intérêt ou productivité du capital ni pour l'un ni pour l'autre. Et il n'en saurait être autrement, puisque le prêteur ne pourrait tirer un intérêt de la valeur prêtée qu'autant que l'emprunteur ne tirerait lui-même aucun intérêt de la valeur rendue; qu'ainsi, l'intérêt du capital est la négation de lui-même et qu'il n'existe pour Paul, Mathurin, Mondor et Jacques qu'à la condition d'être supprimé pour Pierre, Jérôme, Valère et Guillaume. Toutes choses étant, en réalité, instruments de production au même titre, les premiers ne peuvent prélever l'intérêt de la valeur prêtée qu'autant que les seconds prélèvent en retour l'intérêt de la valeur remise en échange, ce qui détruit l'intérêt du capital par lui-même et le réduit à un simple droit d'usage contre l'usage. Vouloir échanger l'usage contre la propriété, c'est dépouiller, spolier l'un au profit de l'autre, « c'est légaliser, organiser, systématiser l'injustice elle-même. » Posons donc en fait que l'intérêt est illégitime, inique et spoliateur.

2° Une seconde conséquence, non moins remarquable que la première, c'est que l'intérêt nuit à l'emprunteur, au prêteur lui-même, et à la société tout entière. Il nuit à l'emprunteur et le spolie, car il est évident que si Pierre, Jérôme, Valère et Guillaume doivent rendre une valeur plus grande que celle qu'ils ont reçue, il n'y a pas équivalence de services, et que la valeur qu'ils rendent en plus étant produite par eux et prélevée par d'autres, ils sont spoliés d'autant. Il nuit au prêteur, parce que, quand celui-ci a recours à l'emprunt, il est victime de la même spoliation. Il nuit à l'un et à l'autre et à la société tout entière, parce que l'intérêt ou la rente, augmentant considérablement le prix de revient de tous les produits, chaque consommateur se trouve spolié d'autant sur tout ce qu'il achète; que les travailleurs, ne pouvant plus racheter leurs produits au prix de leur salaire, sont forcés de réduire leur consommation; que cette réduction de consommation amène le chômage; que ce chômage entraîne une réduction nouvelle de consommation, et qu'il exige le don improductif de sommes énormes englouties par l'assistance publique ou privée, et la répression des crimes toujours croissants enfantés par le manque de travail et la misère. D'où une perturbation effroyable dans la loi de l'offre et de la demande, et dans tous les rapports d'économie sociale; un obstacle infranchissable « à la formation, à la multiplication, à l'abondance des capitaux; » l'autocratie absolue du capital, la servitude radicale des travailleurs, l'oppression partout, la liberté nulle part. Que la société « comprenne donc le dommage qu'elle s'inflige quand elle proclame la légitimité de l'intérêt. »

3° Les anecdotes que nous avons racontées mettent aussi sur la voie d'expliquer tout ce qu'a de monstrueux ce phénomène qu'on appelle la pérennité ou la perpétuité de l'intérêt. Dès qu'infidèles au principe de l'équivalence des services, Paul, Mathurin, Mondor et Jacques veulent échanger, non plus l'usage contre l'usage, mais l'usage contre la propriété, il arrive qu'en quatorze ans environ, ils ont reçu la valeur de leur bien, en un siècle dix fois cette valeur, et que, le prêtant ainsi indéfiniment, ils en recevront mille, cent mille, un million de fois la valeur, *sans jamais cesser d'en être propriétaires.* De sorte que le simple *usage* du sac de blé, de la maison, du rabot, équivaudra à la *propriété,* non pas d'un, mais d'un million, d'un milliard, et ainsi de suite, de sacs de blé, de maisons, de rabots. C'est la faculté de vendre toujours de nouveau le même objet et d'en recevoir toujours de nouveau le prix, sans jamais céder la propriété de ce qu'on vend. Les valeurs échangées sont-elles égales? Les services réciproques se valent-ils? Car remarquez bien ceci: les instruments de production sont un service pour les prêteurs comme pour les emprunteurs, et si Pierre, Jérôme, Valère et Guillaume ont reçu un service qui consiste dans l'*usage* d'une pièce de cent sous, d'un sac de blé, d'une maison, d'un rabot, ils ont rendu, en échange, un service qui consiste dans la *propriété* d'un milliard de pièces de cent sous, de sacs de blé, de maisons, de rabots. Or, à moins de démontrer que l'usage de 5 francs égale la propriété de 5 milliards, il faut reconnaître que l'intérêt du capital est un vol.

Dès que, par l'intérêt ou la rente, un individu ou une succession d'individus peuvent échanger 5 francs, un sac de blé, une maison, un rabot contre un milliard et plus de pièces de 5 francs, de sacs de blé, de maisons, de rabots, il y a un homme dans le monde qui reçoit un milliard de plus qu'il n'a produit. — Or, ce milliard, c'est la subsistance de cent, de mille autres; et en supposant que le salaire qui reste à ces mille autres; et en supposant que le salaire qui reste à ces mille spoliés suffise encore à les nourrir, en travaillent jusqu'à leur dernière heure, c'est le loisir de mille individus qu'un seul engloutit, c'est-à-dire leur vie morale et intellectuelle. — Ces hommes auxquels on enlève ainsi, au profit d'un seul, toute vie de l'âme et de la pensée fussent peut-être devenus des Newtons, des Fénelons, des Pascals, réalisant de merveilleuses découvertes dans les sciences et dans les arts, et avançant d'un siècle les progrès de l'humanité. — Mais non, « grâce à la rente et à sa monstrueuse pérennité, » le loisir est interdit précisément à tous ceux qui travaillent du berceau jusqu'à la tombe, et devient le privilège exclusif des quelques oisifs qui, par intérêt du capital, s'approprient sans rien faire, le fruit du labeur accablant des travailleurs. — La presque totalité de « l'humanité est réduite à croupir dans la vie végétative et stationnaire, dans l'ignorance éternelle, » par suite de cette spoliation de la rente, qui lui enlève la subsistance d'abord et le loisir ensuite. — Sans la rente, au contraire, personne ne recevant exactement que ce qu'il a produit, un nombre immense d'hommes, maintenant oisifs ou livrés à un travail improductif et souvent destructeur, seraient contraints de travailler, ce qui augmenterait d'autant la somme de la richesse générale ou du loisir possible, et ce loisir appartiendrait toujours à ceux qui l'ont réellement acquis par leur propre travail ou par celui de leurs pères.

Mais, dit-on: « Si le capital ne doit plus produire d'intérêt, qui voudra créer les instruments de travail, les matériaux et les provisions de toute espèce dont il se compose? Chacun les consommera à mesure, et l'humanité ne fera jamais un pas en avant. Le capital ne se formera plus puisqu'il n'y aura plus intérêt à le former. » Singulière équivoque en vérité! Est-ce que le laboureur n'a pas avantage à produire le plus pos-

Frédéric Bastiat

sible, bien qu'il n'échange sa récolte au marché que contre une valeur égale une fois payée, sans aucune rente ou intérêt du capital? Est-ce que l'industriel n'a pas avantage à doubler et à tripler ses produits, bien qu'il ne les vende que pour une somme équivalente une seule fois donnée, sans aucun intérêt du capital? Est-ce que 100,000 francs écus cesseront de valoir 100,000 francs, parce qu'ils ne produisent plus d'intérêt? Est-ce que 500,000 francs en terres, en maisons, en machines ou autrement cesseront d'être 500,000 francs parce que l'on n'en tirera plus la rente? En un mot, la richesse acquise, sous quelque forme et de quelque manière qu'elle le soit, ne sera-t-elle plus une richesse parce que je ne pourrai m'en servir pour spolier autrui? — Qui voudra créer la richesse? Mais tous ceux qui désireront être riches. — Qui épargnera? Mais tous ceux qui voudront vivre le lendemain sur le travail de la veille. — Quel intérêt y aura-t-il à former le capital? L'intérêt de posséder 10,000 francs quand on aura produit 10,000 francs, d'en posséder 100,000, quand on en aura produit 100,000, et ainsi de suite.

« La loi, dites-vous, nous ravira la perspective d'amasser un peu de bien, puisqu'elle nous interdira d'en tirer aucun parti. » Tout au contraire, la loi assurera à tous la perspective d'amasser autant de richesses qu'ils ont produit de travail, en interdisant à chacun de spolier son voisin du fruit de ses labeurs, et en voulant que les services échangés se vaillent: usage contre usage et propriété contre propriété. « Elle détruira en nous, ajoutez-vous, et le stimulant de l'épargne dans le présent, et l'espérance du repos dans l'avenir. Nous aurons beau nous exténuer de fatigues, il faut renoncer à transmettre à nos fils et à nos filles un petit pécule, puisque la science moderne le frappe de stérilité, puisque nous deviendrons des exploiteurs d'hommes si nous prêtions à intérêt. » Tout au contraire, l'abolition de l'intérêt du capital ravive en vous le stimulant de l'épargne dans le présent et vous assure l'espérance du repos dans l'avenir, puisqu'elle vous empêche, vous, travailleurs, d'être dépouillés, par la rente, de la plus grande part du fruit de votre travail, et qu'en vous obligeant à ne pouvoir dépenser que la somme exacte de ce que vous avez gagné, elle rend l'épargne plus indispensable encore à tous, riches ou pauvres. Non seulement vous pourrez transmettre à vos fils et à vos filles un petit pécule, sans devenir exploiteurs d'hommes, mais ce pécule, vous l'obtiendrez avec bien moins de fatigues qu'aujourd'hui; car, si gagnant 10 fr. par jour et en dépensant 5, les 5 autres vous sont actuellement enlevés par toutes les formes de la rente et de l'intérêt du capital, vous n'avez, après quarante année des plus rudes travaux, pas une obole à laisser à vos enfants; tandis que, la rente abolie, vous aurez plus de 60,000 francs à leur léguer.

Tous les sophismes économiques, à l'endroit de l'intérêt du capital, tiennent uniquement à ce qu'on se borne toujours à prendre la question par un seul côté, au lieu de l'envisager sous ses deux faces réciproques. On démontre à merveille que la valeur prêtée est un service, un moyen de travail et de production pour l'emprunteur; mais on oublie que la valeur rendue est également un service, un moyen de travail et de production au même titre pour le prêteur, et qu'ainsi l'usage du même service se balançant dans le même temps donné, l'intérêt du capital est une absurdité non moins qu'une spoliation. On énumère avec pompe les bénéfices d'une épargne qui, en se multipliant indéfiniment par la rente, produit l'opulence scandaleuse de quelques oisifs; mais on oublie que ces bénéfices, prélevés par celui qui ne fait rien sur celui qui travaille, produisent la misère effroyable des masses, auxquelles ils enlèvent souvent la subsistance, toujours au moins l'épargne, le loisir et la possibilité de laisser quelque chose à leur fils. On proclame à grand frais la nécessité de la formation des capitaux, et l'on ne voit pas que l'intérêt restreint cette formation en un nombre presque imperceptible de mains, tandis que l'abolition de la rente y appellerait tout le monde sans exception, et que les capitaux se multiplieraient dans une proportion d'autant plus grande que chacun devrait compenser par le chiffre de la valeur du fonds l'intérêt supprimé. « Dire que l'intérêt s'anéantira, c'est donc dire qu'il y aura un motif de plus d'épargner, de se priver, de former de nouveaux capitaux et de conserver les anciens, » puisque d'abord toute richesse acquise restera toujours une richesse; qu'ensuite chacun pouvant toujours s'enrichir en proportion exacte de son travail et de son épargne, nul ne sera conduit par l'opulence et la misère excessives à la dissipation et à l'imprévoyance; qu'enfin tous vivant, non plus sur l'intérêt, mais sur le fonds, il faudra nécessairement que l'importance du capital compense le chiffre de la rente abolie.

Tout le monde sait que le zéro, bien que n'ayant par lui-même aucune valeur intrinsèque et absolue, a cependant une valeur de service et d'usage dans la numérisation ou la multiplication des valeurs, puisque chaque nombre s'accroît d'une dizaine, selon les zéros qui le suivent.

Frédéric Bastiat

Dire que le taux naturel et vrai de l'intérêt est zéro, c'est donc dire simplement que l'usage ne peut s'échanger que contre l'usage et jamais contre la propriété. De même qu'une paire de bas se paie sa valeur, soit 2 fr., par exemple, de même l'*usage* d'une valeur ne doit se payer que par l'*usage* pendant le même temps d'une valeur égale. C'est là sans doute empêcher la spoliation de la propriété par la propriété, mais, à coup sûr, ce n'est pas la rente acéphale.

Vous voulez l'épargne qui constitue la formation des capitaux. Supprimez donc la rente qui enlève l'épargne des travailleurs, rend l'épargne superflue au riche qui retrouve toujours dans le revenu la richesse qu'il dépense toujours, et impossible au pauvre dont le salaire ne dépasse jamais, s'il les égale, les besoins de sa subsistance. Vous voulez l'abondance des capitaux. Supprimez donc la rente qui empêche les quatre-vingt-dix-neuf centièmes des travailleurs de pouvoir jamais acquérir et conserver le capital ou la richesse. Vous voulez la conciliation du capital et du travail. Supprimez donc la rente qui éternise l'antagonisme de ces deux choses, en détruisant l'équivalence et la réciprocité des services, et en amenant une exploitation du travail par le capital telle, qu'en un temps donnée, le premier paie au second 5 milliards pour l'usage d'une seule pièce de cent sous, comme nous l'avons montré plus haut. Vous voulez l'harmonie des classes. Supprimez donc la rente, afin que, les services s'échangeant sans cesse contre des services égaux et de même nature, chacun reste toujours possesseur de la somme exacte de son travail, et qu'ainsi il ne puisse plus y avoir ni exploitants ni exploités, ni maîtres ni esclaves.

Alors la sécurité sera partout, parce que l'injustice ne sera nulle part. Alors les travailleurs seront les premiers à se porter les gardiens naturels de cette société, dont ils ne conspirent aujourd'hui la ruine que parce qu'elle réalise la leur. Alors on ne parlera plus d'organisation artificielle du travail, parce qu'on aura l'organisation naturelle et vraie. Alors on repoussera les arrangements de la contrainte, parce qu'on possédera ceux de la liberté. Alors tomberont, comme d'elles-mêmes, « les jalousies de classe, les malveillances, les haines sans fondement, les défiances injustes; » car la parfaite égalité de l'échange, l'incontestable équivalence des services « sera susceptible d'être rigoureusement, mathématiquement démontrée, » et la justice absolue qu'elle consacrera « n'en sera pas moins sublime, parce qu'elle satisfera autant l'intelligence que le sentiment. »

Vous le voyez, Monsieur, j'ai suivi pas à pas, et je pourrais dire lettre à lettre, chacun des exemples, chacune des démonstrations contenues dans votre écrit *Capital et Rente*, et il m'a suffi de rétablir la distinction entre l'usage et la propriété, et d'éviter ainsi l'équivoque qui nous sépare, pour conclure de vos propres pensées et de vos propres paroles à l'abolition de la rente. Ce n'est pas ma lettre, c'est votre ouvrage luimême qui contient cette conclusion depuis la première ligne jusqu'à la dernière. Aussi n'ai-je fait que le reproduire, souvent littéralement et en n'en changeant que les termes qui ont donné lieu à cette malheureuse équivoque. Cette réfutation n'est pas de moi, mais de vous. Comment donc pourriez-vous récuser votre propre témoignage?

C'est le principe même de la rente que vous avez voulu justifier. Là se bornait votre tâche.

C'est le principe même de l'abolition de la rente que j'ai, ce me semble, mathématiquement démontré par vos propres aphorismes. Là doit se borner aussi mon œuvre.

Je me suis arrêté où vous avez jugé nécessaire de nous arrêter vousmême.

La question de principe une fois vidée, s'il arrivait, ce que Dieu veuille, que vous reconnaissiez en droit l'injustice et l'illégitimité de l'intérêt, il resterait sans doute à traiter la question d'application.

Je ne veux point la préjuger ici, puisqu'elle sort évidemment du cercle que vous-même avez tracé. Cependant, quelques mots seront utiles peut-être pour démontrer, non pas seulement la possibilité, mais la facilité pratique de réaliser l'abolition de la rente par la liberté seule, et même avant que la loi la sanctionne. Au fond, tout le problème se réduit à ceci: Donner aux travailleurs le moyen d'acquérir, soit par àcompte, soit de toute autre manière, la *propriété* de toutes les choses dont l'intérêt, le louage, fermage ou loyer leur fait éternellement payer la valeur pour n'en avoir que le simple *usage*. Or, ce moyen est possible.

En effet, supposez, — et ce fait n'est plus une supposition, mais une œuvre maintenant en plein cours d'exécution: — supposez qu'une sorte de banque privée se forme afin d'émettre des billets que les associations ouvrières de toutes les professions indispensables s'engagent à recevoir pour le montant d'un cinquième, par exemple, de tous les achats qui leur seront faits. Supposez que ces billets, échangés contre de l'argent par tous les hommes qui veulent l'abolition de l'intérêt, et qui en trouvent l'écoulement immédiat dans les associations, produisent une somme nécessaire pour construire des maisons où la rente sera abolie, et où le prix de loyer donnera toujours droit à une valeur égale sur le montant de la propriété elle-même qu'on acquerra ainsi, en vingt-cinq ans, par le seul payement des termes.

Supposez que l'opération se continue ainsi indéfiniment par l'émission, soit des anciens, soit de nouveaux billets, et qu'elle embrasse, non-seulement les maisons, mais tous les instruments de production et les terres, où le prix de louage et de fermage rembourserait de la même manière la valeur de la propriété elle-même. Voici la rente abolie sous toutes ses formes, non-seulement pour les capitaux sur lesquels opère cette banque, et qui arriveront nécessairement à un chiffre colossal, mais bientôt pour tous les autres, qui, par la loi inexorable de la concurrence, tomberont au même taux, c'est-à-dire au simple échange de valeurs égales contre valeurs égales, sans aucun intérêt ou rente de part ni d'autre.

J'élimine tous détails pour être bref, et je me contente de résumer en deux mots le principe sommaire de l'opération. Toutes les idées économiques vous sont trop familières, Monsieur, pour que vous ne saisissiez pas de suite le résultat de ce mécanisme, d'ailleurs si simple. C'est assez pour que vous puissiez voir d'un regard comment il est possible, sinon même facile, de tuer la rente par l'abolition de la rente, l'intérêt du capital par la suppression de cet intérêt, et d'amener librement, pacifiquement, sans secousse, le jour où le prêt, le louage, le fermage ou loyer ne seront plus qu'une des formes de l'échange dont ils constituent aujourd'hui une déviation monstrueuse, et où se réaliseront dans toute la plénitude de leur vérité vos propres principes: mutualité, réciprocité, équivalence des services.

Le principe du moyen d'application posé, variez-en les formes, les éléments, les conditions, le mécanisme; simplifiez, perfectionnez-en la base; étendez, universalisez-en l'action; substituez librement, partout, au signe monétaire, un signe d'échange qui ne puisse permettre l'intérêt; frappez dans toute circulation le capital du caractère d'improductivité; solidarisez volontairement le travail; en un mot, reproduisez cette combinaison de l'abolition de la rente sous tous les modes du possible: c'est là le domaine de la liberté. Il suffit de montrer que le moyen pratique existe; laissez le génie de l'homme agir, et vous verrez s'il ne sait pas s'en servir.

Quoi qu'il en soit, et indépendamment de toute opinion sur les moyens pratiques, l'égalité, la justice n'en restent pas moins toujours ce qu'elles sont, la vérité n'en est pas moins la vérité, et l'intérêt du capital, illégitime en droit, absurde et monstrueux en principe, spoliateur en fait, commande l'anathème de tous les hommes de bien, la malédiction des races opprimées, et la juste indignation de quiconque porte une âme généreuse et pleine de sympathie pour tout ce qui souffre et pleure. C'est à ce titre, Monsieur, que je le dénonce à vos coups, persuadé qu'après l'avoir envisagé de nouveau, et dans sa hideuse iniquité, vous ne trouverez point de plus noble tâche que de consacrer votre talent si remarquable de verve, de lucidité, de pittoresque et d'incisif, à combattre ce fléau, source de toutes ces indescriptibles misères auxquelles le monde est en proie.

Permettez-moi dons de terminer cette trop longue épître par les paroles suivantes de votre écrit, qui sont comme la pierre d'attente et le préambule de cette grande œuvre de réhabilitation à laquelle l'égalité, la justice et l'amour du peuple vous convient:

Voilà deux hommes. L'un travaille soir et matin, d'un bout de l'année à l'autre, et s'il a consommé tout ce qu'il a gagné, fût-ce par force majeure, il reste pauvre. Quand vient la Saint Sylvestre, il ne se trouve pas plus avancé qu'au premier de l'an, et sa seule perspective est de recommencer. L'autre ne fait rien de ses bras ni de son intelligence, du moins, s'il s'en sert, c'est pour son plaisir; il lui est loisible de n'en rien faire, car il a une rente. Il ne travaille pas; et cependant il vit bien, tout lui arrive en abondance, mets délicats, meubles somptueux, élégants équipages, c'est-à-dire qu'il détruit chaque jour des choses que les travailleurs ont dû produire à la sueur de leur front; car ces choses ne sont pas faites d'elles-mêmes, et, quant à lui, il n'y a pas mis les mains. C'est nous, travailleurs, qui avons fait germer ce blé, verni ces meubles, tissé ces tapis:

Frédéric Bastiat

ce sont nos femmes et nos filles qui ont filé, découpé, cousu, brodé ces étoffes. Nous travaillons donc pour lui et pour nous; pour lui d'abord, et pour nous s'il en reste.

Mais voici quelque chose de plus fort: si le premier de ces deux hommes, le travailleur, consomme dans l'année ce qu'on lui a laissé de profit dans l'année, il en est toujours au point de départ, et sa destinée le condamne à tourner sans cesse dans un cercle éternel et monotone de fatigues. Le travail n'est donc rémunéré qu'une fois. Mais si le second, le rentier, consomme dans l'année sa rente de l'année, il a, l'année d'après, et les années suivantes, et pendant l'éternité entière, une rente toujours égale, intarissable, perpétuelle. Le capital est donc rémunéré non pas une fois ou deux fois, mais un nombre indéfini de fois! En sorte qu'au bout de cent ans, la famille qui a placé 20,000 fr. à 5 pour 100 aura touché 100,000 fr., ce qui ne l'empêchera pas d'en toucher encore 100,000 dans le siècle suivant. En d'autres termes, pour 20,000 fr. qui représentent son travail, elle aura prélevé, en deux siècles, une valeur décuple sur le travail d'autrui.

N'y a-t-il pas dans cet ordre social un vice monstrueux à réformer?

Ce n'est pas tout encore. S'il plaît à cette famille de restreindre quelque peu ses jouissances, de ne dépenser, par exemple, que 900 fr. au lieu de 1,000 — sans aucun travail, sans autre peine que celle de placer 100 francs par an, elle peut accroître son capital et sa rente dans un progression si rapide, qu'elle sera bientôt en mesure de consommer autant que cent familles d'ouvriers laborieux.

Tout cela ne dénote-t-il pas que la société actuelle porte dans son sein un cancer hideux qu'il faut extirper, au risque de quelques souffrances passagères?

C'est ce cancer hideux que vous nous aiderez, Monsieur, à extirper. Vous voulez pour l'échange la *liberté*, veuillez donc aussi l'**égalité**, afin que la *fraternité*, en les couronnant toutes deux, amène sur le monde le règne de la justice, de la paix et de la conciliation universelle.

Deuxième lettre : F. Bastiat au rédacteur de la Voix du people

L'ardeur extrême avec laquelle le peuple, en France, s'est mis à creuser les problèmes économiques, et l'inconcevable indifférence des classes aisées à l'égard de ces problèmes forment un des traits les plus caractéristiques de notre époque. Pendant que les anciens journaux, organes et miroirs de la bonne société, s'en tiennent à la guerroyante et stérile politique de parti, les feuilles destinées aux classes ouvrières agitent incessamment ce qu'on peut appeler les questions de fond, les questions sociales. Malheureusement, je le crains bien, elles s'égarent dès leurs premiers pas dans cette voie. Mais en pouvait-il être autrement? Elles ont du moins le mérite de chercher la vérité. Tôt ou tard la possession de la vérité sera leur récompense.

Puisque vous voulez bien, Monsieur, m'ouvrir les colonnes de *La Voix du Peuple*, je poserai devant vos lecteurs, et m'efforcerai de résoudre ces deux questions:

1° L'intérêt des capitaux est-il légitime?

2° Est-il prélevé aux dépens du travail et des travailleurs?

Nous différons sur la solution; mais il est un point sur lequel nous sommes certainement d'accord: c'est que l'esprit humain ne peut s'attaquer (sauf les problèmes religieux) à des questions plus graves.

Si c'est moi qui me trompe, si l'intérêt est une taxe abusive prélevée par le capital sur tous les objets de consommation, j'aurai à me reprocher d'avoir, à mon insu, étançonné par mes arguments le plus ancien, le plus effroyable et le plus universel abus que le génie de la spoliation ait jamais imaginé; abus auquel ne se peuvent comparer, quant à la généralité des résultats, ni le pillage systématique des peuples guerriers, ni l'esclavage, ni le despotisme sacerdotal. Une déplorable erreur économique aurait tourné contre la démocratie cette flamme démocratique que je sens brûler dans mon cœur.

Mais si l'erreur est de votre côté, si l'intérêt est non seulement naturel, juste et légitime, mais encore utile et profitable, même à ceux qui le paient, vous conviendrez que votre propagande ne peut que faire, malgré vos bonnes intentions, un mal immense. Elle induit les travailleurs à se croire victimes d'une injustice qui n'existe pas; à prendre pour un mal ce qui est un bien. Elle sème l'irritation dans une classe et la frayeur dans l'autre. Elle détourne ceux qui souffrent de découvrir la vraie cause de leurs souffrances en les mettant sur une fausse piste. Elle leur montre une prétendue spoliation qui les empêche de voir et de combattre les spoliations réelles. Elle familiarise les esprits avec cette pensée funeste que l'ordre, la justice et l'union ne peuvent renaître que par une transformation universelle (aussi détestable qu'impossible dans l'hypothèse) de tout le système selon lequel s'accomplissent, depuis le commencement du monde, le Travail et les Échanges.

Il n'est donc pas de question plus grave. Je la reprendrai au point où la discussion l'a amenée.

Oui, Monsieur, vous avez raison. Comme vous dites, nous ne sommes séparés que par l'épaisseur d'une Équivoque portant sur les mots Usage et Propriété. Mais cette équivoque suffit pour que vous croyiez devoir marcher, plein de confiance, vers l'Occident, tandis que ma foi me pousse vers l'Orient. Entre nous, au point de départ, la distance est imperceptible, mais elle ne tarde pas à devenir un abîme incommensurable.

La première chose à faire, c'est de revenir sur nos pas, jusqu'à ce que nous ayons retrouvé le point de départ sur lequel nous sommes d'accord. Ce terrain qui nous est commun, c'est la *mutualité des services*.

J'avais dit: Celui qui prête une maison, un sac de blé, un rabot, une pièce de monnaie, un navire, en un mot une **valeur**, pour un temps déterminé, rend un *service*. Il doit donc recevoir, outre la restitution de cette valeur à l'échéance, un *service équivalent*. — Vous convenez qu'il doit, en effet, recevoir *quelque chose*. C'est un grand pas vers la solution, car c'est ce quelque chose que j'appelle **intérêt**.

Voyons, Monsieur, nous accordons-nous sur ce point de départ? Vous me prêtez, pour toute l'année 1849, 1000 F en écus, — ou un instrument de travail estimé 1000 F — ou un approvisionnement valant 1000 F — ou une maison valant 1000 F. C'est en 1849 que je recueillerai tous les avantages que peut procurer cette *valeur* créée par votre travail et non par le mien. C'est en 1849 que vous vous priverez volontairement, en ma faveur, de ces avantages que vous pourriez très légitimement vous réserver. Suffira-t-il, pour que nous soyons quittes, pour que les services aient été équivalents et réciproques, pour que la justice soit satisfaite, suffira-t-il qu'au premier de l'an 1850, je vous restitue intégralement, mais uniquement, vos écus, votre machine, votre blé, votre maison? Prenez garde, s'il en doit être ainsi, je vous avertis que le rôle que je me réserverai toujours, dans ces sortes de transactions, sera celui d'emprunteur: ce rôle est commode, il est tout profit; il me met à même d'être logé et pourvu toute ma vie aux dépens d'autrui; à la condition toutefois de trouver un prêteur, ce qui, dans ce système, ne sera pas facile; car qui bâtira des maisons pour les louer *gratis* et se contenter, de terme en terme, de la pure restitution?

Aussi n'est-ce pas là ce que vous prétendez. Vous reconnaissez (et c'est ce que je tiens à bien constater) que celui qui a prêté une maison ou une valeur quelconque, a rendu un *service* dont il n'est pas rémunéré par la simple remise des clefs au terme, ou le simple remboursement à l'échéance. Il y a donc, d'après vous comme d'après moi, *quelque chose* à stipuler en sus de la restitution. Nous pouvons ne pas nous accorder sur la nature et le nom de ce *quelque chose*; mais *quelque chose* est dû par l'emprunteur. Et puisque vous admettez, d'une part, la *mutualité des services*, puisque, d'autre part, vous avouez que le prêteur a rendu *service*, permettez-moi d'appeler provisoirement *cette chose* due par l'emprunteur un *service*.

Eh bien! Monsieur, il me semble que la question a fait un pas, et même un grand pas, car voici où nous en sommes:

Selon votre théorie, tout aussi bien que selon la mienne, entre le prêteur et l'emprunteur, cette convention est parfaitement légitime qui stipule:

1° La restitution intégrale, à l'échéance, de l'objet prêté;

2° Un *service* à rendre par l'emprunteur au prêteur, en compensation du service qu'il en a reçu.

Maintenant, quels seront la nature et le nom de ce service dû par

Frédéric Bastiat

l'emprunteur? Je n'attache pas à ces questions l'importance scientifique que vous y mettez. Elles peuvent être abandonnées aux contractants eux-mêmes, dans chaque cas particulier. C'est véritablement leur affaire de débattre la nature et l'équivalence des services à échanger, aussi bien que leur appellation spéciale. La science a fini quand elle en a montré la cause, l'origine et la légitimité. L'emprunteur s'acquittera en blé, en vin, en souliers, en main-d'œuvre, selon son état. Dans la plupart des circonstances, et seulement pour plus de commodité, il paiera en argent; et comme on ne se procure l'argent qu'avec du travail, on pourra dire qu'il paie avec du travail. Ce paiement, juste et légitime d'après vous-même, pourquoi me défendriez-vous de le baptiser *loyer, fermage, escompte, rente, prêt, intérêt*, selon l'occurrence?

Mais venons-en à l'équivoque qui nous sépare, à la prétendue confusion que je fais, dites-vous, entre l'*usage* et la *propriété*, entre le *prêt* de la chose et une *cession* absolue.

Vous dites: Celui qui emprunte une propriété, une valeur, étant tenu de la rendre intégralement à l'échéance, n'a reçu, au fond, qu'un *usage*. Ce qu'il doit, ce n'est pas une propriété, une valeur, mais l'*usage* d'une propriété, d'une valeur équivalentes. Identifier ces deux ordres de nature diverse sans équivalence possible, c'est détruire la *mutualité des services*.

Pour aller à la racine de l'objection, il faudrait remuer tous les fondements de l'économie sociale. Vous n'attendez pas de moi un tel travail, mais je vous demanderai si, selon vous, l'*usage* d'une valeur n'a pas lui-même une *valeur*? s'il n'est pas susceptible d'être *évalué*? D'après quelle règle, sur quel principe, empêcherez-vous deux contractants de comparer un *usage* à une somme d'argent, à une quantité de main-d'œuvre, et d'échanger sur ces bases, si cela les arrange?

Vous me prêtez une maison de 20000 F; par là vous me rendez un *service*. Entendez-vous dire que, malgré mon consentement et le vôtre, je ne puis m'acquitter, au nom de la science, qu'en vous prêtant aussi une maison de même valeur? Mais cela est absurde, car si nous avions tous des maisons, nous resterions chacun dans la nôtre, et quelle serait la raison d'être du prêt? Si vous allez jusqu'à prétendre que *mutualité des services* implique que les deux services échangés doivent être non seulement égaux en valeur, mais *identiques en nature*, vous supprimez l'échange aussi bien que le prêt. Un chapelier devra dire à son client: Ce que je vous cède, ce n'est pas de l'argent, mais un chapeau; ce que vous me devez, c'est un chapeau, et non de l'argent.

Que si vous reconnaissez que les services *s'évaluent* et s'échangent, précisément parce qu'ils diffèrent de nature, vous devez convenir que la cession d'un usage qui est un *service*, peut très-légitimement s'évaluer en blé, en argent, en main-d'œuvre. Prenez-y garde, votre théorie, tout en laissant parfaitement subsister le principe de l'intérêt, ne tend à rien moins qu'à frapper d'inertie toutes les transactions.

Vous ne réformez pas, vous paralysez. Je suis cordonnier. Mon métier doit me faire vivre; mais pour l'exercer, il faut que je sois logé, et je n'ai pas de maison. D'un autre côté, vous avez consacré votre travail à en bâtir une; mais vous ne savez pas faire vos souliers ni ne voulez aller pieds nus. Nous pouvons nous arranger: vous me logerez, je vous chausserai. Je profiterai de votre travail comme vous du mien; nous nous rendrons réciproquement service. Le tout est d'arriver à une juste évaluation, à une parfaite équivalence, et je n'y vois d'autre moyen que le libre débat.

Et, sous prétexte qu'il y a cession d'un objet matériel, d'un côté, et que, de l'autre, il n'y a cession que d'un usage, la théorie viendrait nous dire: Cette transaction ne se fera pas, elle est illégitime, abusive et spoliatrice; il s'agit de deux services *qui n'ont pas d'équivalence possible*, et que vous n'avez ni la faculté d'*évaluer*, ni le droit d'échanger!

Ne voyez-vous pas, Monsieur, qu'une telle théorie tue à la fois et l'échange et la liberté? Quelle est donc l'autorité qui viendra anéantir ainsi notre commun et libre consentement? Sera-ce la loi? Sera-ce l'État? Mais je croyais, moi, que nous faisions la loi, que nous payions l'État pour protéger nos droits et non pour les supprimer.

Ainsi, nous étions d'accord tout à l'heure sur ce point, que l'emprunteur doit *quelque chose* en sus de la simple restitution. Accordons-nous maintenant sur cet autre point, que ce *quelque chose* est susceptible d'être *évalué*, et par conséquent d'être acquitté, selon la convenance des contractants, sous une des formes quelconques que peut affecter la valeur.

La conséquence qui s'ensuit, c'est que, à l'échéance, le prêteur doit recouvrer:

1° La valeur intégrale prêtée;

2° La valeur du service rendu par le prêt.

Je n'ai pas besoin de répéter ici comment la restitution intégrale de l'objet prêté implique nécessairement la pérennité de l'intérêt.

Examinons maintenant, en peu de mots, cette seconde question:

L'intérêt du capital est-il prélevé aux dépens du travail?

Vous le savez aussi bien que moi, Monsieur, on se ferait une idée bien circonscrite de l'intérêt, si l'on supposait qu'il n'apparaît qu'à l'occasion du prêt. Quiconque fait concourir un capital à la création d'un produit entend être rémunéré non seulement pour son travail, mais pour son capital; de telle sorte que l'intérêt entre comme élément dans le prix de tous les objets de consommation.

Il ne suffit peut-être pas de démontrer la légitimité de l'intérêt aux hommes qui n'ont pas de capitaux. Ils seraient sans doute tentés de dire: puisque l'intérêt est légitime, il faut bien que nous le subissions; mais c'est un grand malheur, car sans cela nous obtiendrions toutes choses à meilleur marché.

Ce grief est complètement erroné; ce qui fait que les jouissances humaines se rapprochent de plus en plus de la *gratuité* et de la *communauté*, c'est l'intervention du capital. Le capital c'est la puissance démocratique, philanthropique et égalitaire par excellence. Aussi, celui qui en fera comprendre l'action rendra le plus signalé service à la société, car il fera cesser cet antagonisme de classes qui n'est fondé que sur une erreur.

Il m'est de toute impossibilité de faire entrer dans un article de journal la théorie des capitaux. Je dois me borner à indiquer ma pensée par un exemple, une anecdote, une hypothèse qui est l'image de toutes les transactions humaines.

Plaçons-nous au point de départ de l'humanité, à cette époque où nous pouvons supposer qu'il n'existait aucun capital. Quelle était alors la valeur, mesurée au travail, d'un objet quelconque, d'une paire de bas, d'un sac de blé, d'un meuble, d'un livre, etc.; en d'autres termes, au prix de quel travail ces objets auraient-ils été achetés? Je ne crains pas de dire que la réponse est contenue dans ce mot: l'*Infini*. De tels objets étaient alors tout à fait inaccessibles à l'humanité.

Qu'il s'agisse d'une paire de bas de coton, aucun homme ne serait parvenu à la produire avec cent ni avec mille journées de travail.

D'où vient qu'aujourd'hui, en France, il n'y a pas un ouvrier si malheureux qu'il ne puisse obtenir une paire de bas de coton avec son travail d'une journée? — C'est justement parce que du capital concourt à la création de ce produit. Le gente humain a inventé des instruments qui forcent la nature à une collaboration *gratuite*.

Il est bien vrai qu'en décomposant le prix de cette paire de bas, vous trouvez qu'une partie assez considérable de ce prix se rapporte au capital. Il faut bien payer le *squatter* qui a défriché la terre de la Caroline; il faut bien payer la voile qui pousse le navire de New York au Havre; il faut bien payer la machine qui fait tourner dix mille broches. Mais c'est justement parce que nous payons ces instruments qu'ils font concourir la nature et qu'ils substituent son action *gratuite* à l'action *onéreuse* du travail. Si nous supprimions successivement cette série d'intérêts à payer, nous supprimerions par cela même les instruments et la collaboration naturelle qu'ils mettent en œuvre; en un mot, nous reviendrions au point de départ, à l'époque où mille journées de travail n'auraient pas suffi pour se procurer une paire de bas. Il en est ainsi de toutes choses.

Vous pensez que l'intérêt est prélevé *par celui qui ne fait rien sur celui qui travaille*. Ah! Monsieur, avant de laisser tomber une seconde fois dans le public cette triste et irritante assertion, scrutez-la jusque dans la racine. Demandez-lui ce qu'elle contient, et vous vous assurez qu'elle ne porte en elle que des erreurs et des tempêtes. Vous invoquez mon apologue du Rabot, permettez-moi d'y revenir.

Voilà un homme qui veut faire des planches. Il n'en fera pas une dans l'année, car il n'a que ses dix doigts. Je lui prête une scie et un rabot

— deux instruments, ne le perdez pas de vue, qui sont le fruit de mon travail et dont je pourrais tirer parti pour moi-même. Au lieu d'une planche, il en fait cent et m'en donne cinq. Je l'ai donc mis à même, en me privant de ma chose, d'avoir quatre-vingt-quinze planches au lieu d'une — et vous venez dire que je l'opprime et le vole! Quoi! grâce à une scie et à un rabot que j'ai fabriqués à la sueur de mon front, une production centuple est, pour ainsi dire, sortie du néant, la société entre en possession d'une jouissance centuple, un ouvrier qui ne pouvait pas faire une planche en a fait cent; et parce qu'il me cède librement et volontairement, un vingtième de cet *excédent*, vous me représentez comme un tyran et un voleur! L'ouvrier verra fructifier son travail, l'humanité verra s'élargir le cercle de ses jouissances; et je suis le seul au monde, moi, l'auteur de ces résultats, à qui il sera défendu d'y participer, même du consentement universel!

Non, non; il ne peut en être ainsi. Votre théorie est aussi contraire à la justice, à l'utilité générale, à l'intérêt même des ouvriers, qu'à la pratique de tous les temps et de tous les lieux. Permettez-moi d'ajouter qu'elle n'est pas moins contraire au rapprochement des classes, à l'union des cœurs, à la réalisation de la fraternité humaine, qui est plus que la justice, mais ne peut se passer de la justice.

Deuxième lettre

Troisième lettre : P. J. Proudhon à F. Bastiat

La révolution de Février a pour but, dans l'ordre politique et dans l'ordre économique, de fonder la liberté absolue de l'homme et du citoyen.

La formule de cette Révolution est, dans l'ordre politique, l'organisation du suffrage universel, soit l'absorption du pouvoir dans la société; — dans l'ordre économique, l'organisation de la circulation et du crédit, soit encore l'absorption de la qualité de capitaliste dans celle de travailleur.

Sans doute, cette formule ne donne pas, à elle seule, l'intelligence complète du système: elle n'en est que le point de départ, l'*aphorisme*. Mais elle suffit pour expliquer la Révolution dans son actualité et son immédiateté; elle nous autorise, par conséquent, à dire que la Révolution n'est et ne peut être autre chose que cela.

Tout ce qui tend à développer la Révolution ainsi conçue, tout ce qui en favorise l'essor, de quelque part qu'il vienne, est essentiellement révolutionnaire: nous le classons dans la catégorie du *mouvement*.

Tout ce qui s'oppose à l'application de cette idée, tout ce qui la nie ou qui l'entrave, qu'il soit le produit de la démagogie ou de l'absolutisme, nous l'appelons *résistance*. — Si cette résistance a pour auteur le gouvernement, ou qu'elle agisse de connivence avec le gouvernement, elle devient *réaction*.

La résistance est légitime quand elle est de bonne foi et qu'elle s'accomplit dans les limites de la liberté républicaine: elle n'est alors que la consécration du libre examen, la sanction du suffrage universel. La réaction, au contraire, tendant, au nom de l'autorité publique et dans l'intérêt d'un parti, à supprimer violemment la manifestation des idées, est une atteinte à la liberté; se traduit-elle en loi d'exil, de déportation, de transportation, etc., elle est alors un crime contre la souveraineté du peuple. L'ostracisme est le suicide des républiques.

En rendant compte, dans la *Voix du Peuple*, du projet d'impôt sur le capital présenté par M. de Girardin, nous n'avons point hésité à y re-

connaître l'une des manifestations les plus hardies de l'idée révolutionnaire; et bien que l'auteur de ce projet ait été, et soit peut-être encore
attaché à la dynastie d'Orléans; bien que ses tendances personnelles fassent de lui un homme éminemment gouvernemental; bien qu'enfin il se
soit constamment rangé dans le parti de la Conservation contre celui de
la Révolution, nous n'en pensons pas moins que son idée appartient au
mouvement; à ce titre, nous l'avons revendiquée comme nôtre; et si M.
de Girardin était capable de renier sa propre pensée, nous le reprendri-
ons en sous-œuvre, et nous nous en ferions un argument de plus contre
les adversaires de la Révolution.

C'est d'après cette règle de critique élevée, et pour ainsi dire *imperson-
nelle*, que nous allons répondre à M. Bastiat.

M. Bastiat, au rebours de M. de Girardin, est un écrivain toute pénétré
de l'esprit démocratique: si l'on ne peut encore dire de lui qu'il est socialiste, à coup sûr c'est déjà plus qu'un philanthrope. La manière dont
il entend et expose l'économie politique le place, ainsi que M. Blanqui,
sinon fort au-dessus, du moins fort en avant des autres économistes,
fidèles et immuables disciples de J. B. Say. M. Bastiat, en un mot, est
dévoué corps et âme à la République, à la liberté, à l'égalité, au progrès:
il l'a prouvé mainte fois avec éclat par ses votes à l'Assemblée nationale.

Malgré cela, nous rangeons M. Bastiat parmi les hommes de la résistance: sa théorie du capital et de l'intérêt, diamétralement opposée aux
tendances les plus authentiques, aux besoins les plus irrésistibles de la
Révolution, nous en fait une loi. Puissent nos lecteurs, à notre exemple,
séparer toujours ainsi les questions de personnes d'avec les questions de
principes: la discussion et la charité y gagneront.

M. Bastiat commence sa réponse par une observation d'une justesse
frappante, que nous croyons d'autant plus utile de rappeler, qu'elle
tombe d'aplomb sur lui:

« L'ardeur extrême, dit M. Bastiat, avec laquelle le peuple, en France,
s'est mis à creuser les problèmes économiques, et l'inconcevable
indifférence des classes aisées à l'égard de ces problèmes, forment un
des traits les plus caractéristiques de notre époque. Pendant que les
anciens journaux, organes et miroirs de la bonne société, s'en tienne à la

guerroyante et stérile politique de parti, les feuilles destinées aux classes ouvrières agitent incessamment ce qu'on peut appeler les questions de fond, les questions sociales. »

Et bien! nous dirons à M. Bastiat:

Vous êtes vous-même, sans vous en douter, un exemple de cette *indifférence inconcevable* avec laquelle les hommes de la classe aisée étudient les problèmes sociaux; et tout économiste de premier ordre que vous puissiez vous dire, vous ignorez complètement où en est cette question du capital et de l'intérêt, que vous vous êtes chargé de défendre. Aussi en arrière des idées que des faits, vous nous parlez exactement comme ferait un rentier d'avant 89. Le socialisme, qui, depuis dix ans, proteste contre le capital et l'intérêt est totalement inconnu de vous, vous n'en avez pas lu les mémoires; car si vous les avez lus, comment se fait il que, vous préparant à le réfuter, vous passiez sous silence toutes ses preuves?

Vraiment, à vous voir raisonner contre le socialisme de notre âge, on vous prendrait pour un Épiménide se réveillant en sursaut, après quatre-vingts ans de sommeil. Est-ce bien à nous que vous adressez vos dissertations patriarcales? Est-ce le prolétaire de 1849 que vous voulez convaincre? Commencez donc par étudier ses idées; placez-vous, avec lui, dans l'actualité des doctrines: répondez aux raisons, vraies ou fausses, qui le déterminent, et ne lui apportez pas les vôtres, qu'il sait depuis un temps immémorial. Cela vous surprendra sans doute d'entendre dire que vous, membre de l'Académie des sciences morales et politiques,[1] lorsque vous parlez de capital et d'intérêt, vous n'êtes plus à la question! C'est pourtant ce que nous nous chargeons, pour aujourd'hui, de vous prouver. Après, nous reprendrons la question elle-même, si vous en avez le désir.

Nous nions d'abord, ceci vous le savez de reste, nous nions avec le christianisme et l'Evangile, la légitimité en soi du prêt à l'intérêt; nous la nions avec le judaïsme et le paganisme; avec tous les philosophes et législateurs de l'antiquité. Car vous remarquerez ce premier fait, qui a bien aussi sa valeur; l'usure n'a pas plutôt paru dans le monde, qu'elle a été niée. Les législateurs et les moralistes n'ont cessé de la combattre, et

---

1 Bastiat n'était pas précisément membre de l'Institut, mais seulement membre correspondant.

s'ils ne sont parvenus à l'étreindre, du moins ont-ils réussi jusqu'à certain à lui rogner les ongles, en fixant une *limite*, un taux légal à l'intérêt.

Telle est donc notre première proposition, la seule dont, à ce qu'il semble, vous ayez entendu parler: Tout ce qui, dans le remboursement de prêt, est donné en sus du prêt, est usure, spoliation: *Quodcumque sorti accedit, usura est.*

Mais ce que vous ne savez point, et qui vous émerveillera peut-être, c'est que cette négation fondamentale de l'intérêt ne détruit point, à nos yeux, le principe, le droit, si vous voulez, qui donne naissance à l'intérêt, et qui, malgré les condamnations de l'autorité séculière et ecclésiastique, l'a fait perdurer jusqu'à nos jours; en sorte que le véritable problème pour nous n'est pas de savoir si l'usure, en soi, est illicite, nous sommes à cet égard de l'avis de l'Église, — ou si elle a une raison d'existence, nous sommes, sous ce rapport, de l'opinion des économistes. Le problème est de savoir comment on parviendra à supprimer l'abus sans endommager le droit: comment, en un mot, on sortira de cette contradiction.

Expliquons mieux cela, s'il est possible.

D'un côté, il est très-vrai, ainsi que vous l'établissez vous-même péremptoirement, que le prêt est un *service*. Et comme tout servie est une *valeur*, conséquemment comme il est de la nature de tout service d'être rémunéré, il s'ensuit que le prêt doit avoir son *prix*, ou, pour employer le mot technique, qu'il doit *porter intérêt*.

Mais il est vrai aussi, et cette vérité subsisté à côté de la précédente, que celui qui prête, dans les conditions ordinaires du métier de prêteur, ne se *prive* pas, comme vous le dites, du capital qu'il prête. Il le prête, au contraire, précisément parce que ce prêt ne constitue pas pour lui une privation; il le prête, parce qu'il n'en a que faire pour lui-même, étant suffisamment d'ailleurs pourvu de capitaux; il le prête, enfin parce qu'il n'est ni dans son intention, ni dans sa puissance de le faire personnellement valoir; parce qu'en le gardant entre ses mains, ce capital, stérile de sa nature, resterait stérile, tandis que par le prêt et par l'intérêt qui en résulte, il produit un bénéfice qui permet au capitaliste de vivre sans travailler. Or, vivre sans travailler, c'est en économie politique aussi bien qu'en morale, une proposition contradictoire, une chose impossible.

Le propriétaire qui possède deux domaines, l'un à Tours, l'autre à Orléans, et qui est forcé de fixer sa résidence dans l'un qu'il exploite, par conséquent d'abandonner l'autre; ce propriétaire-là peut-il dire qu'il se prive de sa chose, parce qu'il n'a pas, comme Dieu, l'ubiquité d'action et de domicile? Autant vaudrait dire que nous sommes privés du séjour de New-York parce que nous habitons à Paris. Convenez donc que la privation du capitaliste est comme la privation du maître qui a perdu son esclave, comme la privation du prince chassé par ses sujets, comme la privation du voleur qui, voulant escalader une maison, trouve les chiens aux aguets et les habitants aux fenêtres.

Or, en présence de cette affirmation et de cette négation diamétralement opposées, appuyées l'une et l'autre de raisons égales, mais qui, ne se répondant pas, ne peuvent s'entre-détruire, quel parti prendre? Vous persistez dans votre affirmation, et vous dites: Vous ne voulez pas me payer d'intérêt? Soit! je ne veux pas vous prêter mon capital. Tachez de travailler sans capitaux! De notre côté, nous persistons dans notre négation, et nous disons: Nous ne vous paierons pas d'intérêt, parce que l'intérêt, dans l'économie sociale, est le prix de l'oisiveté, la cause première de l'inégalité des fortunes et de la misère. Aucun de nous ne voulant céder, nous arrivons à l'immobilisme.

Tel est donc le point auquel le socialisme saisit la question. D'un côté, la justice commutative de l'intérêt; de l'autre, l'impossibilité organique, l'immoralité de ce même intérêt. Et, pour vous le dire tout d'abord, le socialisme n'a la prétention de convertir personne, ni l'Église, qui nie l'intérêt, ni l'économie politique, qui l'affirme; d'autant moins qu'il est convaincu qu'elles ont raison toutes deux. Voici seulement comment il analyse le problème, et ce qu'il propose à son tour, par-dessus les arguments des vieux prêteurs, trop *intéressés* pour qu'on les croie sur parole, et les déclarations des Pères de l'Église, restées sans effet.

Puisque la théorie de l'usure a fini par prévaloir dans les habitudes chrétiennes, comme dans l'usage des païens; puisque l'hypothèse de la fiction de la productivité du capital est entrée dans la pratique des peuples, acceptons cette fiction économique comme nous avons accepté pendant trente-trois ans la fiction constitutionnelle; et voyons ce que cette fiction peut produire, développée dans toutes ses conséquences. Au lieu de repousser purement et simplement l'idée, comme a fait

Frédéric Bastiat

l'Église, ce qui ne pouvait mener à rien, faisons-en la déduction historique et philosophique; et puisque le mot est plus que jamais à la mode, décrivons-en la révolution. Aussi bien, faut-il que cette idée réponde à quelque chose de réel, qu'elle indique un besoin quelconque de l'esprit mercantile, pour que les peuples n'aient jamais hésité à lui faire le sacrifice de leurs croyances les plus vives et les plus sacrées.

Voici donc comment le socialisme, parfaitement convaincu de l'insuffisance de la théorie économique, aussi bien que de la doctrine ecclésiastique, traite à son tour la question de l'usure.

D'abord il observe que le principe de la productivité du capital ne fait aucune acception de personnes, ce constitue pas un privilège: ce principe est vrai de tout capitaliste, sans distinction de titre ou de dignité. Ce qui est légitime pour Pierre est légitime pour Paul: tous deux ont le même droit à l'usure, ainsi qu'au travail. Lors donc, — je reprends ici l'exemple dont vous vous êtes servi, — que vous me prêtez, moyennant intérêt, le rabot que vous avez fabriqué pour polir vos planches, si, de mon côté, je vous prête la scie que j'ai montée pour débiter mes souches, j'aurai droit pareillement à un intérêt. Le droit du capital est le même pour tous: tous, dans la mesure de leurs prestations et de leurs emprunts, doivent percevoir et acquitter l'intérêt. Telle est la première conséquence de votre théorie, qui ne serait pas une théorie sans la généralité, sans la réciprocité du droit qu'elle crée: cela est d'une évidence intuitive et immédiate.

Supposons donc que de tout le capital que j'emploie, soit sous la forme d'instrument de travail, soit sous celle de matière première, la moitié me soit prêtée par vous; supposons en même temps que de tout le capital que vous mettez en œuvre, la moitié vous soit prêtée par moi, il est clair que les intérêts que nous devrons nous payer mutuellement se compenseront; et si, de part et d'autre, les capitaux avancés sont égaux, les intérêts se balançant, le solde ou la redevance sera nul.

Dans la société, les choses ne se passent pas tout à fait ainsi, sans doute. Les prestations que se font réciproquement les producteurs sont loin d'être égales; partant, les intérêts qu'ils ont à se payer ne le sont pas non plus: de là, l'inégalité des conditions et des fortunes.

Troisième lettre

Mais la question est de savoir si cet équilibre de la prestation en capital, travail et talent; si, par conséquent, l'égalité du revenu pour tous les citoyens, parfaitement admissible en théorie, peut se réaliser dans la pratique; si cette réalisation est dans les tendances de la société; si, enfin, et contre toute attente, elle n'est pas la conclusion fatale de la théorie de l'usure elle-même?

Or, c'est ce qu'affirme le socialisme quand il est parvenu à se comprendre lui-même, socialisme qui ne se distingue plus alors de la science économique, étudiée à la fois dans son expérience acquise et dans la puissance de ses déductions. En effet, que nous dit, sur cette grande question de l'intérêt, l'histoire de la civilisation, l'histoire de l'économie politique?

C'est que la prestation mutuelle de capitaux, matériels et immatériels, tend à s'équilibrer de plus en plus, et cela par diverses causes que nous allons énumérer, et que les économistes les plus rétrogrades ne peuvent méconnaître:

1° La division du travail, ou séparation des industries, qui, multipliant à l'infini les instruments de travail et les matières premières, multiplie dans la même proportion le prêt des capitaux;

2° L'accumulation des capitaux, accumulation qui résulte de la variété des industries, et dont l'effet est de produire entre les capitalistes une concurrence analogue à celle des marchands, par conséquent d'opérer insensiblement la baisse du loyer des capitaux et la réduction du taux de l'intérêt;

3° La faculté toujours plus grande de circulation qu'acquièrent les capitaux, par le numéraire et la lettre de change;

4° Enfin, la sécurité publique.

Telles sont les causes générales qui, depuis des siècles, ont amené entre les producteurs une réciprocité de prestation de plus en plus équilibrée, par suite, une compensation de plus en plus égale des intérêts, une baisse continue du prix des capitaux.

Ces faits ne peuvent être niés: vous les avouez vous-même; seulement, vous en méconnaissez le principe et la signification, quand vous attribuez au capital le mérite du progrès opéré dans le domaine de l'industrie et de la richesse; tandis que ce progrès a pour cause, non le *capital*, mais la **circulation** du capital.

Les faits étant de la sorte analysés et classés, le socialisme se demande si, pour provoquer cet équilibre du crédit et du revenu, il ne serait pas possible d'agit directement, non sur les capitaux, remarquez-le bien, mais sur la circulation; s'il ne serait pas possible d'organiser cette circulation, de manière à produire tout d'un coup entre les capitalistes et les producteurs, deux termes actuellement en opposition, mais que la théorie démontre devoir être synonymes, l'équivalence des prestations, en d'autres termes, l'égalité des fortunes.

A cette question, le socialisme répond encore: Oui, cela est possible, et de plusieurs manières.

Supposons d'abord, pour nous renfermer dans les conditions du crédit actuel, lequel s'effectue surtout par l'entremise du numéraire; supposons que tous les producteurs de la République, au nombre de plus de dix millions, se cotisent chacun pour une somme représentant 1 pour 100 seulement de leur capital. Cette cotisation de 1 pour 100 sur la totalité du capital mobilier et immobilier du pays, formerait une somme de **un milliard**.

Supposons qu'à l'aide de cette cotisation une banque soit fondée, en concurrence de la Banque mal nommée de France, et faisant l'escompte et le crédit sur hypothèque, à 1/2 pour 100.

Il est évident, en premier lieu, que l'escompte des valeurs de commerce se faisant à 1/2 pour 100, le prêt sur hypothèque à 1/2 pour 100, la commandite, etc., à 1/2 pour 100, le capital monnaie serait immédiatement frappé, entre les mains de tous les usuriers et prêteurs d'argent d'improductivité absolue; l'intérêt serait nul, le crédit gratuit.

Si le crédit commercial et hypothécaire, en autres termes, si le capital argent, le capital dont la fonction est exclusivement de circuler était gratuit, le capital maison le deviendrait lui-même bientôt; les maisons ne seraient plus en réalité capital, elles seraient marchandise, cotée à la Bourse comme les eaux-de-vie et les fromages, et louée ou vendues, deux termes devenus alors synonymes, à **prix de revient**.

Si le capital maison, de même que le capital argent, était gratuit, ce qui revient à dire, si l'usage en était payé à titre d'échange, non de prêt, le capital terre ne tarderait pas à devenir gratuit à son tour; c'est-à-dire que le fermage, au lieu d'être la redevance payée au propriétaire non exploitant, serait la compensation du produit entre les terres de qualité supérieure et les terres de qualité inférieure; ou, pour mieux dire, il n'y aurait plus, en réalité, ni fermiers, ni propriétaires, il y aurait seulement des laboureurs et des vignerons, comme il y a des menuisiers et des mécaniciens.

Voulez-vous une autre preuve de la possibilité de ramener, par le développement des institutions économiques, tous les capitaux à la gratuité.

Supposons qu'au lieu de ce système d'impôts, si compliqué, si onéreux, si vexatoire, que nous a légué la féodalité nobiliaire, un seul impôt soit établi, non plus sur la production, la circulation, la consommation, l'habitation, etc.; mais, comme la justice l'exige et comme le veut la science économique, sur le capital net afférent à chaque individu. Le capitaliste perdant par l'impôt autant ou plus qu'il ne gagne par la rente et l'intérêt, serait obligé ou de faire valoir par lui-même, ou de vendre: l'équilibre économique, par cette intervention si simple, et d'ailleurs inévitable, du fisc, se rétablirait encore.

Telle est, en somme, la théorie du socialisme sur le capital et l'intérêt.

Non-seulement nous affirmons, d'après cette théorie qui, d'ailleurs, nous est commune avec les économistes, et sur la foi du développement industriel, que telles sont la tendance et la portée du prêt à intérêt; nous prouvons encore, par les résultats subversifs de l'économie actuelle, et par la démonstration des causes de la misère, que cette tendance est nécessaire, et l'extinction de l'usure inévitable.

En effet, le prix du prêt, loyer de capitaux, intérêt d'argent, usure, en un mot, faisant, comme il a été dit, partie intégrante du prix des produits, et cette usure n'étant pas égale pour tous, il s'ensuit que le prix des produits, composé qu'il est de salaire et d'intérêts, ne peut pas être acquitté par ceux qui n'ont pour le payer que leur salaire et point d'intérêt; en sorte que, par le fait de l'usure, le travail est condamné au chômage et le capital à la banqueroute.

Cette démonstration, dans le genre de celles que les mathématiciens appellent réduction à l'absurde, de l'impossibilité organique du prêt à intérêt, a été reproduite cent fois dans le socialisme: pourquoi les économistes n'en parlent-ils pas?

Voulez-vous donc sérieusement réfuter les idées socialistes sur le prêt à intérêt? Voici les questions auxquelles vous avez à répondre:

1° Est-il vrai que si, au for extérieur, la prestation du capital est un *service* qui a sa valeur, qui par conséquent doit être payé: — au for intérieur, cette prestation n'entraîne point pour le capitaliste une privation réelle; conséquemment qu'elle ne suppose pas le droit de rien exiger pour prix du prêt?

2° Est-il vrai que l'usure, pour être irréprochable, doit être égale: que la tendance de la société conduit à cette égalisation, en sorte que l'usure n'est irréprochable que lorsqu'elle est devenue égale pour tous, c'est-à-dire nulle?

3° Est-il vrai qu'une banque nationale, faisant le crédit et l'escompte *gratis*, soit chose possible?

4° Est-il vrai que par l'effet de cette gratuité du crédit et de l'escompte, comme par l'action de l'impôt simplifié et ramené à sa véritable forme, la rente immobilière disparaît, ainsi que l'intérêt de l'argent?

5° Est-il vrai qu'il y ait contradiction et impossibilité mathématique dans l'ancien système?

6° Est-il vrai que l'économie politique, après avoir, sur la question de l'usure, contredit pendant plusieurs milliers d'années la théologie, la philosophie, la législation, arrive, par sa propre théorie, au même résultat?

7° Est-il vrai, enfin, que l'usure n'a été, dans son institution providentielle, qu'un instrument d'égalité et de progrès, absolument comme, dans l'ordre politique, la monarchie absolue a été un instrument de liberté et de progrès; comme, dans l'ordre judiciaire, l'épreuve de l'eau bouillante, le duel et la question ont été, à leur tour, des instruments de conviction et de progrès?

Voilà ce que nos adversaires sont tenus d'examiner, avant de nous accuser d'infirmité scientifique et intellectuelle; voilà, monsieur Bastiat, sur quels points devra porter à l'avenir votre controverse, si vous voulez qu'elle aboutisse. La question est clairement et catégoriquement posée: permettez-nous de croire qu'après en avoir pris lecture, vous reconnaîtrez qu'il y a dans le socialisme du dix-neuvième siècle quelque chose qui dépasse la porté de votre vielle économie politique.

Frédéric Bastiat

Quatrième lettre : F. Bastiat à P. J. Proudhon

Monsieur, vous me posez sept questions. Veuillez vous rappeler qu'entre nous il ne s'agit en ce moment que d'une seule: *L'intérêt du capital est-il légitime?*

Cette question est grosse de tempêtes. Il faut la vider. En acceptant la loyale hospitalité de vos colonnes, je n'ai pas eu en vue d'analyser toutes les combinaisons possibles de crédit que le fertile génie des socialistes peut enfanter. Je me suis demandé si l'*intérêt*, qui entre dans le prix de toutes choses, est une spoliation; si, par conséquent, le monde se partage entre des capitalistes voleurs et des travailleurs volés. Je ne le crois pas, mais d'autres le croient. Selon que la vérité est de mon côté ou du leur, l'avenir réservé à notre chère patrie est la concorde, ou une lutte sanglante et inévitable. La question vaut donc la peine d'être sérieusement étudiée.

Que ne sommes-nous d'accord sur ce point de départ! Notre œuvre se bornerait à détruire, dans l'esprit des masses, des erreurs funestes et des préventions dangereuses. Nous montrerions au peuple le capital, non comme un parasite avide, mais comme une puissance amie et féconde. Nous le lui montrerions, — et ici je reproduis presque vos expressions, — s'accumulant par l'activité, l'ordre, l'épargne, la prévoyance, la séparation des travaux, la paix et la sécurité publique; se distribuant, en vertu de la liberté, entre toutes les classes; se mettant de plus en plus à la portée de tous, par la modicité croissante de sa rémunération; rachetant l'humanité enfin du poids de la fatigue et du joug des loisirs.

Mais comment nous élever à d'autres vues du problème social, lorsque, à cette première question: L'intérêt du capital est-il légitime? vous répondez: **Oui** et **Non**.

Oui: car — « il est très-vrai que le prêt est un *service*, et comme tout service est une *valeur*, conséquemment, comme il est de sa nature d'être rémunéré, il s'ensuit que le prêt doit avoir son prix, *qu'il doit porter intérêt.* »

Non: car — « le prêt, par l'intérêt qui en résulte, produit un bénéfice qui permet au capitaliste de vivre sans travailler. Or, vivre sans travailler, c'est, en économie politique aussi bien qu'en morale, une proposition contradictoire, une chose impossible. »

Oui: car — « la négation fondamentale de l'intérêt ne détruit pas à nos yeux le principe, le *droit* qui donne naissance à l'intérêt. Le véritable problème, pour nous, n'est pas de savoir si l'usure a une raison d'existence; nous sommes, sous ce rapport, de l'opinion des économistes. »

Non: car — « nous nions, avec le christianisme et l'Evangile, la légitimité en soi du prêt à intérêt. »

Oui: car — « l'usure n'a été, dans son institution providentielle, qu'un instrument d'utilité et de progrès. »

Non: car — « tout ce qui, en remboursement du prêt, est donné en sus du prêt est usure, spoliation. »

Oui et **Non**, enfin: car — « le socialisme n'a la prétention de convertir personne, ni l'Église, qui nie l'intérêt, ni l'économie politique, qui l'affirme, d'autant moins qu'il est convaincu qu'elles ont raison toutes deux. »

Il y en a qui disent: ces solutions contradictoires sont un amusement que M. Proudhon donne à son esprit. D'autres: Il ne faut voir là que des coups de pistolet que M. Proudhon tire dans la rue, pour faire mettre le public aux fenêtres. Pour moi, qui sais que vous les appliquez à tous les sujets; liberté, propriété, concurrence, machines, religion, je les tiens pour une conception sincère et sérieuse de votre intelligence.

Mais, Monsieur, pensez-vous que le peuple puisse vous suivre longtemps dans le dédale de vos *Antinomies*? Son génie ne s'est pas façonné sur les bancs vermoulus de la Sorbonne. Les fameux: *Quidquid dixeris, argumentabor, — Ego vero contra* [1] — ne vont pas à ses franches allures; il veut voir le fond des choses, et il sent instinctivement qu'au fond des choses il y a un *Oui* ou un *Non*, mais qu'il ne peut y avoir un *Oui* et un *Non* fondus ensemble. Pour ne pas sortir du sujet qui nous occupe, il vous dira: Il faut pourtant bien que l'intérêt soit légitime ou illégitime, juste ou injuste, providentiel ou satanique, propriété ou spoliation.

La *contradiction*, soyez-en sûr, est ce qu'il y a de plus difficile à faire accepter, même aux esprits subtils, à plus forte raison au peuple.

Si je m'arrête à la première moitié, j'ose dire à la bonne moitié de votre *thèse*, en quoi différez-vous des économistes?

Vous convenez qu'avancer un capital, c'est rendre un *service*, qui donne droit à un *service* équivalent, lequel est susceptible d'évaluation et s'appelle *intérêt*.

Vous convenez que le seul moyen de dégager l'équivalence de ces deux services, c'est de les laisser s'échanger librement, puisque vous repoussez l'intervention de l'Etat, et proclamez, dès le début de votre article, la liberté de l'homme et du citoyen.

Vous convenez que l'intérêt a été, dans son institution providentielle, un instrument d'égalité et de progrès.

Vous convenez que, par l'accumulation des capitaux (qui certes ne s'accumuleraient pas si toute rémunération leur était déniée), l'Intérêt tend à baisser, à mettre l'instrument du travail, la matière première et l'approvisionnement, toujours à la porté plus facile de classes plus nombreuses.

Vous convenez que les obstacles, qui arrêtent cette désirable

---

1 Formule latine, *Quoi que tu diras, j'argumenterai le contraire.*

diffusion du capital, sont artificiels et se nomment privilèges, restrictions, monopoles; qu'ils ne peuvent être la conséquence fatale de la liberté, puisque vous invoquez la liberté.

Voilà une doctrine qui, par sa simplicité, sa grandeur, sa concordance, le parfum de justice qui s'en exhale, s'impose aux convictions, entraîne les cœurs, et fait pénétrer, dans tous les replis de l'intelligence, le sentiment de la certitude. Que reprochez-vous donc à l'économie politique? Est-ce d'avoir repoussé les formules diverses — et par suite refusé de prendre le nom — du socialisme? Oui, elle a combattu le saint-simonisme et le fouriérisme; vous les avez combattus comme elle. Oui, elle a réprouvé les théories du Luxembourg; vous les avez réprouvées comme elle. Oui, elle a lutté contre le communisme; vous avez fait plus, vous l'avez écrasé.

D'accord avec l'économie politique sur le capital, son origine, sa mission, son droit, ses tendances; d'accord avec elle sur le principe à promouvoir, la liberté; — d'accord avec elle sur l'ennemi à combattre, l'intervention abusive de l'Etat dans les transactions honnêtes; — d'accord avec elle dans ses luttes contre les manifestations passées du socialisme; — d'où vient que vous vous retournez contre elle? C'est que vous avez trouvé au socialisme une nouvelle formule: la *contradiction*, ou, si vous aimez mieux, l'*antinomie*. C'est pourquoi vous apostrophez l'économie politique et lui dites:

Tu es vieille d'un siècle. Tu n'es plus au courant des questions du jour. Tu n'envisages la question que sous une face. Tu te fondes sur la légitimité et l'utilité de l'intérêt, et tu as raison, car il est utile et légitime; mais ce que tu ne comprends pas, c'est qu'en même temps il est nuisible et illégitime. Cette contradiction t'émerveille; la gloire du néo-socialisme est de l'avoir découverte, et c'est par là qu'il dépasse ta portée.

Avant de chercher, ainsi que vous m'y invitez, à faire sortir

Frédéric Bastiat

une solution de ces prémisses contradictoires, il faut savoir si la contradiction existe, et nous sommes ramenés par là à creuser de plus en plus ce problème:

L'intérêt du capital est-il légitime?

Mais que puis-je dire? Mon œil se fixe sur l'épée de Damoclès que vous tenez suspendue sur ma tête. Plus concluantes seront mes raisons, plus vous vous frotterez les mains, disant: On ne saurait mieux prouver ma *thèse*. Que si, des bas-fonds du communisme, il s'élève contre mes arguments une réfutation spécieuse, vous vous frotterez les mains encore, disant: Voici du secours qui arrive à mon *anti-thèse*. O antinomie! tu es vraiment une citadelle imprenable; tu ressembles, trait pour trait, au *scepticisme*. Comment convaincre Pyrrhon, qui vous dit: Je doute si tu me parles ou si je te parle; je doute si tu es et si je suis; je doute si tu affirmes; je doute si je doute?

Voyons néanmoins sur quelle base vous faites reposer la seconde moitié de l'antinomie.

Vous invoquez d'abord les Pères de l'Église, le judaïsme et le paganisme. Permettez-moi de les récuser en matière économique. Vous l'avouez vous-même, Juifs et gentils ont parlé dans un sens et agi dans un autre. Quand il s'agit d'étudier les lois générales auxquelles obéit la société, la manière dont les hommes agissent universellement a plus de poids que quelques sentences.

Vous dites: « Celui qui prête ne se *prive* pas du capital qu'il prête. Il le prête, au contraire, parce que ce prêt ne constitue pas pour lui une privation; il le prête, parce qu'il n'en a que faire pour lui-même, étant suffisamment pourvu, d'ailleurs, de capitaux. Il le prête, enfin, parce qu'il n'est ni dans son intention ni dans sa puissance de le faire personnellement valoir.»[1]

---

1 L'argument tiré de ce que le capitaliste *ne se prive pas*, n'est pas exclusivement à l'usage des socialistes. Considérer comme un élément important de la légitimité de l'intérêt la *privation* éprouvée par le prêteur, est une opinion qui fut

Et qu'importe, s'il l'a créé par son travail, précisément pour le prêter? Il n'y a là qu'une équivoque sur l'effet nécessaire de la séparation des occupations. Votre argument attaque la *vente* aussi bien que le *prêt*. En voulez vous la preuve? Je vais reproduire votre phrase, en substituant *Vente* à *Prêt* et *Chapelier* à *Capitaliste*.

« Celui qui vend, dirai-je, ne se *prive* pas du chapeau qu'il vend. Il le vend, au contraire, parce que cette vente ne constitue pas pour lui une privation. Il le vend parce qu'il n'en a que faire pour lui-même, étant d'ailleurs suffisamment pourvu de chapeaux. Il le vend enfin parce qu'il n'est ni dans son intention, ni dans sa puissance de le faire personnellement servir. »

En faveur de votre *antithèse*, vous alléguez encore la compensation.

« Vous me prêtez, moyennant intérêt, le rabot que vous avez fabriqué pour polir vos planches. Si, de mon côté, je vous prête la scie que j'ai montée pour débiter mes souches, j'aurai droit pareillement à un intérêt... Si, de part et d'autre, les capitaux avancés sont égaux, les intérêts se balançant, le solde sera nul. »

Sans doute; et si les capitaux avancés sont inégaux, un solde légitime apparaîtra. C'est précisément ainsi que les choses se passent. Encore ici, ce que vous dites du prêt, on peut le dire de l'échange et même du travail: parce que des travaux échangés se compensent, en concluez-vous que le travail a été anéanti?

Le socialisme moderne aspire, dites-vous, à réaliser cette prestation mutuelle des capitaux, afin que l'intérêt, partie intégrante du prix de toutes choses, se compense pour tous et, par conséquent, s'annule. — Qu'il se compense, ce n'est pas idéalement impossible, et je ne demande pas mieux. Mais il y faut d'autres façons qu'une Banque d'invention nouvelle. Que le socialisme égalise chez tous les hommes l'activité, l'habileté,

soutenue, le 15 juin 1849, dans le *Journal des Economistes*, à l'occasion du pamphlet *Capital et Rente*, récemment publié.

Frédéric Bastiat

la probité, l'économie, la prévoyance, les besoins, les goûts, les vertus, les vices et même les chances, et alors il aura réussi. Mais alors il importera peu que l'intérêt se cote à demi pour cent ou à cinquante pour cent.

Vous nous reprochez de méconnaître la signification du socialisme, parce que nous ne fondons pas de grandes espérances sur ses rêves de *crédit gratuit*. Vous nous dites « Vous attribuez au capital le mérite et le progrès opéré dans le domaine de l'industrie et de la richesse, tandis que le progrès a pour cause non le *capital*, mais la **circulation** du capital. »

Je crois que c'est vous qui prenez ici l'effet pour la cause. Pour que le capital circule, il faut d'abord qu'il existe; et, pour qu'il existe, il faut qu'il soit provoqué à naître par la perspective des récompenses attachées aux vertus qui l'engendrent. Ce n'est pas parce qu'il circule que le capital est utile; c'est parce qu'il est utile qu'il circule. Son utilité intrinsèque fait que les uns les *demandent*, que les autres l'*offrent*; de là la circulation qui n'a besoin que d'une chose: **être libre**.

Mais ce que je déplore surtout, c'est de voir séparer en deux classes antagoniques les capitalistes et les travailleurs, comme s'il y avait un seul travailleur au monde qui ne fût, à quelque degré, capitaliste, comme si capital et travail n'étaient pas une même chose; comme si rémunérer l'un ce n'était pas rémunérer l'autre. Ce n'est certes pas à vous qu'il faut démontrer cette proposition. Permettez-moi, cependant, de l'élucider par un exemple; car, vous le savez bien, nous n'écrivons pas l'un pour l'autre, mais pour le public.

Deux ouvriers se présentent, égaux d'activité, de force, d'adresse. L'un n'a que ses bras; l'autre a une hache, une scie, une herminette. Je paie au premier 3 fr. par jour, au second 3 fr. 75 c. Il semble que le salaire soit inégale: creusons la matière, et nous nous convaincrons que cette inégalité apparente est de l'égalité réelle.

D'abord, il faut bien que je rembourse au charpentier l'*usure* des outils qu'il *use* à mon service et à mon profit. Il faut bien qu'il trouve, dans un accroissement de salaire, de quoi entretenir cet outillage et maintenir sa position. De ce chef, je lui donne 5 sous de plus par jour qu'au simple manœuvre, sans que l'égalité soit le moins du monde blessée.

Ensuite, — et l'invoque ici l'attention du lecteur, car nous sommes au vif de la question; — pourquoi le charpentier a-t-il des outils? Apparemment parce qu'il les a faits *avec du travail* ou payés *par du travail*, ce qui est tout un. Supposons qu'il les ait faits en consacrant à cette création tout le premier mois de l'année. Le manœuvre, qui n'a pas pris cette peine pourra me louer ses services pendant 300 jours, tandis que le charpentier-capitaliste n'aura plus que 270 journées disponibles ou rémunérables. Il faut donc que 270 journées, avec outils, lui produisent autant que 300 journées sans outils; en d'autres termes, que les premiers se paient 5 sous de plus.

Ce n'est pas tout encore. Quand le charpentier s'est décidé à faire ses outils, il a eu un but, assurément fort légitime, celui d'améliorer sa condition. On ne peut lui mettre dans la bouche ce raisonnement: « Je vais accumuler des approvisionnements, m'imposer des privations, afin de pouvoir travailler tout un mois sans rien gagner. Ce mois, je le consacrerai à fabriquer des outils qui me mettront à même de débiter beaucoup plus d'ouvrage au profit de mon client; ensuite, je lui demanderai de régler mon salaire pour les onze mois suivants, de manière à gagner juste autant, tout compris, que si j'étais resté manœuvre. » Non, cela ne peut être ainsi. Il est évident que ce qui a stimulé, dans cet artisan, la sagacité, l'habileté, la prévoyance, la privation, c'est l'espoir, le très-juste espoir d'obtenir pour son travail une meilleure récompense.

Ainsi nous arrivons à ce que la rétribution du charpentier se décompose comme il suit:

1°	3	fr.			c,	salaire brut.
2°			25			usure des outils.
3°			25			compensation du temps consacré à faire les outils.
4°			25			juste rémunération de l'habileté, de la prévoyance, de la privation.
	3	fr.		75	c.	(total)la mention N'est pas dans l'original

Où peut-on voir là injustice, iniquité, spoliation? Que signifient toutes ces clameurs si absurdement élevées contre notre charpentier devenu capitaliste?

Et remarquez bien que l'excédant de salaire qu'il reçoit n'est obtenu *aux dépens* de personne; moi qui le paie, j'ai moins que personne à m'en plaindre. Grâce aux outils, une production supplémentaire a été pour ainsi dire tirée du néant. Cet excédant d'utilité se partage entre le capitaliste et moi qui, comme consommateur, représente ici la communauté, l'humanité tout entière.

Autre exemple, — car il me semble que ces analyses directes des faits instruisent plus que la controverse.

Le laboureur a un champ rendu presque improductif par la surabondance d'humidité. En homme primitif, il prend un vase et va puiser l'eau qui noie ses sillons. Voilà un travail excessif; qui doit le payer? évidemment l'acquéreur de la récolte. Si l'homme n'avait jamais imaginé d'autre procédé de desséchement, le blé serait si cher, *quoiqu*'il n'y eut pas de capital à rémunérer (ou plutôt *parce que*), que l'on n'en produirait pas; et tel a été le sort de l'humanité pendant des siècles.

Mais notre laboureur s'avise de faire une rigole. Voilà le capital qui parait. Qui doit payer les frais de cet ouvrage? Ce n'est pas l'acquéreur de la première récolte. Cela serait injuste, puisque la rigole doit favoriser un nombre indéterminé de récoltes successives. Comment donc se réglera la répartition? Par la loi de l'intérêt et de l'amortissement. Il faut que le laboureur, comme le charpentier, retrouve les quatre éléments de rémunération que j'énumérais tout à l'heure, ou il ne fera pas la rigole.

Et, encore que le prix du blé se trouve ici grevé d'un intérêt, ce serait tomber dans un hérésie économique que de dire: cet intérêt est une perte pour le consommateur. Bien au contraire; c'est parce que le consommateur paie l'intérêt de ce capital, sous forme de rigole, qu'il ne paie pas l'épuisement, beaucoup plus dispendieux, à force de bras. — Et, si vous observez la chose de près, vous verrez que c'est toujours du *travail* qu'il paie; seulement, dans le second cas, il intervient une coopération de la nature, très-utile, très-productive, mais qui ne se paie pas.

Votre plus grand grief contre l'intérêt est qu'il permet aux capitalistes de vivre sans travailler. « Or, dites-vous, vivre sans travailler, c'est, en économie politique comme en morale, une proposition contradictoire, une chose impossible. »

Sans doute, vivre sans travailler, pour l'homme tel qu'il a plu à Dieu de le faire, est, d'une manière absolue, chose impossible. Mais ce qui n'est pas impossible à l'homme, c'est de vivre deux jours sur le travail d'un seul. Ce qui n'est pas impossible à l'humanité, ce qui est même une conséquence providentielle de sa nature perfectible, c'est d'accroître incessamment la proportion des résultats obtenus aux efforts employés. Si un artisan a pu améliorer son sort en fabriquant de grossiers outils, pourquoi ne l'améliorerait-il pas davantage encore en créant des machines plus compliquées, en déployant plus d'activité, plus de génie, plus de prévoyance; en se soumettant à de plus longues privations? Que si le talent, la persévérance, l'ordre, l'économie, l'exercice de toutes les vertus, se perpétuent dans la famille; pourquoi ne parviendrait-elle pas, à la longue, au loisir relatif, ou, pour mieux dire, à s'initier à des travaux d'un ordre plus élevé?

Pour que ce loisir provoquât avec justice, chez ceux qui n'y sont

Frédéric Bastiat

pas encore parvenus, l'irritation et l'envie, il faudrait qu'il fut acquis aux dépens d'autrui, et j'ai prouvé qu'il n'en était pas ainsi. Il faudrait, de plus, qu'il ne fût pas l'éternelle aspiration de tous les hommes.

Je terminerai cette lettre, déjà trop longue, par une considération sur le loisir.

Quelle que soit mon admiration sincère pour les admirables lois de l'économie sociale, quelque temps de ma vie que j'aie consacré à étudier cette science, quelque confiance que m'inspirent ses solutions, je ne suis pas de ceux qui croient qu'elle embrasse toute la destinée humaine. Production, distribution, circulation, consommation des richesses, ce n'est pas tout pour l'homme. Il n'est rien, dans la nature, qui n'ait sa cause finale; et l'homme aussi doit avoir une autre fin que celle de pourvoir à son existence matérielle. Tout nous le dit. D'où lui viennent et la délicatesse de ses sentiments, et l'ardeur de ses aspirations; sa puissance d'admirer et de s'extasier? D'où vient qu'il trouve dans la moindre fleur un sujet de contemplation? que ses organes saisissent avec tant de vivacité et rapportent à l'âme, comme les abeilles à la ruche, tous les trésors de beauté et d'harmonie que la nature et l'art ont répandus autour de lui? D'où vient que des larmes mouillent ses yeux au moindre trait de dévouement qu'il entend raconter? D'où viennent ces flux et des reflux d'affection que son cœur élabore comme il élabore le sang et la vie? D'où lui viennent son amour de l'humanité et ses élans vers l'infini? Ce sont là les indices d'une noble destination qui n'est pas circonscrite dans l'étroit domaine de la production industrielle. L'homme a donc une fin. Quelle est-elle? Ce n'est pas ici le lieu de soulever cette question. Mais quelle qu'elle soit, ce qu'on peut dire, c'est qu'il ne la peut atteindre si, courbé sous le joug d'un travail inexorable et incessant, il ne lui reste aucun loisir pour développer ses organes, ses affections, son intelligence, le sens du beau, ce qu'il y a de plus pur et de plus élevé dans sa nature; ce qui est en germe chez tous les hommes, mais latent et inerte, faute de loisir, chez un trop grand nombre d'entre eux.

Quelle est la puissance qui allégera pour tous, dans une certaine mesure, le fardeau de la peine? Qui abrégera les heures de travail? Qui desserrera les liens de ce joug pesant qui courbe aujourd'hui vers la matière, non-seulement les hommes, mais les femmes et les enfants qui n'y semblaient pas destinés? — C'est le capital; le capital qui, sous la forme de roue, d'engrenage, de rail, de chute d'eau, de poids, de voile, de rame, de charrue, prend à sa charge une si grande partie de l'œuvre primitivement accomplie aux dépens de nos nerfs et de nos muscles; le capital qui fait concourir, de plus en plus, au profit de tous, les forces gratuites de la nature. Le capital est donc l'ami, le bienfaiteur de tous les hommes, et particulièrement des classes souffrantes. Ce qu'elles doivent désirer, c'est qu'il s'accumule, se multiplie, se répande sans compte ni mesure, — Et s'il y a un triste spectacle au monde, — spectacle qu'on ne pourrait définir que par ces mots: suicide matériel, moral et collectif, — c'est de voir ces classes, dans leur égarement, faire au capital une guerre acharnée. — Il ne serait ni plus absurde, ni plus triste, si nous voyions tous les capitalistes du monde se concerter pour paralyser les bras et tuer le travail.

En me résumant, monsieur Proudhon, je vous dira ceci: Le jour où nous serons d'accord sur cette première donnée, l'intérêt du capital, déterminé par le libre débat, est légitime; — je me ferai un plaisir et un devoir de discuter loyalement avec vous les autres questions que vous me posez.

Frédéric Bastiat

Cinquième lettre : P. J. Proudhon à F. Bastiat

Monsieur, votre dernière lettre se termine par ces paroles:

« Le jour où nous serons d'accord sur cette première donnée: l'intérêt du capital est légitime; — je me ferai un plaisir et un devoir de discuter loyalement avec vous les autres questions que vous me posez. »

Je vais, Monsieur, tâcher de vous donner satisfaction.

Mais permettez-moi d'abord de vous adresser cette question, que je voudrais pouvoir rendre moins brusque: Qu'êtes-vous venu faire à la *Voix du peuple*? — Réfuter la théorie du crédit gratuit, la théorie de l'abolition de tout intérêt des capitaux, de toute rente de la propriété.

Pourquoi donc refusez-vous de vous placer tout de suite sur le terrain de cette théorie? de la suivre dans son principe, sa méthode, son développement? d'examiner ce qui la constitue, les preuves de vérité qu'elle apporte, le sens des faits qu'elle cite, et qui contredisent, abrogent, d'une manière éclatante, le fait, ou plutôt la fiction que vous vous efforcez de soutenir de la productivité du capital? Cela est-il d'une discussion sérieuse et loyale? Depuis quand a-t-on vu les philosophes répondre à un système de philosophie par cette fin de non-recevoir: Mettons-nous premièrement d'accord sur le système en vogue, après quoi nous examinerons le nouveau? Depuis quand est-il reçu dans les sciences que l'on doit repousser impitoyablement, par la question préalable, tout fait, toute idée, toute théorie qui contredit la théorie généralement admise?

Quoi! vous entreprenez de me réfuter et de me convaincre; et puis, au lieu de saisir mon système corps à corps, vous me présentez le vôtre! Pour me répondre, vous commencez par exiger que je tombe d'accord avec vous de ce que je nie positivement! En vérité, n'aurais-je pas, dès ce moment, le droit de vous dire: Gardez votre théorie du prêt à intérêt, puisqu'elle vous agrée, et laissez-moi ma théorie du prêt gratuit, que je trouve plus avantageuse, plus morale, plus utile et beaucoup plus pratique? Au lieu de discuter, comme nous l'avions espéré, nous en serons quittes pour médire l'un de l'autre, et nous décrier réciproquement. A l'avantage!

Voilà, Monsieur, comment se terminerait la discussion, si, par malheur pour votre théorie, elle n'était forcée, afin de se maintenir, de renverser la mienne. C'est ce que je vais avoir l'honneur de vous démontrer, en suivant votre lettre de point en point.

Vous commencez par plaisanter, fort spirituellement sans doute, sur la loi de *contradiction* dont je me suis servi pour tracer la marche de la théorie socialiste. Croyez-moi, Monsieur, il y a toujours peu de gloire à acquérir, pour un homme d'intelligence, à rire des choses qu'il n'entend pas, surtout quand elles reposent sur des autorités aussi respectables que la loi de contradiction. La dialectique, fondée par Kant et ses successeurs, est aujourd'hui comprise et employée par une moitié de l'Europe, et ce n'est pas un titre d'honneur pour notre pays assurément, quand nos voisins ont porté si loin la spéculation philosophique, d'en être resté à Proclus et à saint Thomas. A force d'éclectisme et de matérialisme, nous avons perdu jusqu'à l'intelligence de nos traditions; nous n'entendons pas même Descartes; car, si nous entendions Descartes, il nous conduirait à Kant, Fichte, Hegel, et au-delà.

Quittons, toutefois, la contradiction, puisqu'elle vous est importune, et revenons à l'ancienne méthode. Vous savez ce que l'on entend, dans la logique ordinaire, par distinction. A défaut de professeur de philosophie, Diafoirus le jeune vous l'aurait appris. C'est le procédé qui vous est de plus familier, et qui témoigne le mieux de la subtilité de votre esprit. Je vais donc, pour répondre à votre question, faire usage du *distinguo*: peut-être alors ne vous sera-t-il plus possible de dire que vous ne me comprenez pas.

Vous demandez: l'intérêt du capital est-il légitime, *oui* ou *non*? Répondez à cela, sans antinomie et sans antithèse.

Je réponds: **Distinguons**, s'il vous plaît. Oui, l'intérêt du capital a pu être considéré comme légitime dans un temps; non, il ne peut plus l'être dans un autre. Cela vous offre-t-il quelque ambage, quelque équivoque? Je vais tâcher de dissiper toutes les ombres.

La monarchie absolue a été légitime dans un temps: ce fut une des conditions du développement politique. Elle a cessé d'être légitime à une autre époque, parce qu'elle était devenue un obstacle au progrès.

Frédéric Bastiat

— Il en a été de même de la monarchie constitutionnelle: c'était, en 89 et jusqu'en 1830, la seule forme politique qui convînt à notre pays; ce serait aujourd'hui une cause de perturbation et de décadence.

La polygamie a été légitime à une époque: c'était le premier pas fait hors de la promiscuité communautaire. Elle est condamnée de nos jours comme contraire à la dignité de la femme: nous la punissons des galères.

Le combat judiciaire, l'épreuve de l'eau bouillante, la torture elle-même, lisez M. Rossi, eurent également leur légitimité. C'était la première forme donnée à la justice. Nous y répugnons maintenant, et tout magistrat qui y aurait recours se rendrait coupable d'un attentat.

Sous saint Louis, les arts et métiers étaient féodalisés, organisés corporativement et hérissés de privilèges. Cette réglementation était alors utile et légitime; elle avait pour but de faire surgir, en face de la féodalité terrienne et nobiliaire, la féodalité du travail. Elle a été abandonnée depuis, et avec raison: depuis 89, l'industrie est libre.

Je vous répète donc, et, en conscience, je crois parler clair: Oui, le prêt à intérêt a été, dans un temps, légitime, lorsque toute centralisation démocratique du crédit et de la circulation était impossible: il ne l'est plus, maintenant que cette centralisation est devenue une nécessité de l'époque, partant un devoir de la société, un droit du citoyen. C'est pour cela que je m'élève contre l'usure; je dis que la société me doit le crédit et l'escompte sans intérêt; l'intérêt je l'appelle **vol**.

Bon gré, mal gré, il faut donc que vous descendiez sur le terrain où je vous appelle: car, si vous refusez de le faire, si vous vous renfermiez dans la bonne foi de votre ancienne possession, alors j'accuserai votre mauvais vouloir; je crierai partout, comme le Mascarille de Molière: *Au voleur! au voleur! au voleur!*

Pour en finir tout à fait avec l'antinomie, je vais maintenant, à l'aide des exemples précédemment cités, vous dire en peu de mots ce qu'elle ajoute à la distinction. Cela ne sera pas inutile à notre controverse.

Vous concevez donc qu'une chose peut être vraie, juste, légitime, dans un temps, et fausse, inique, criminelle, dans un autre. Vous ne pouvez pas ne pas le concevoir, puisque cela est.

Or, se demande le philosophe, comment une chose, vraie un jour, ne l'est-elle pas un autre jour? La vérité peut-elle changer ainsi? La vérité n'est-elle pas la vérité? Faut-il croire qu'elle n'est qu'une fantaisie, une apparence, un préjugé? Y a-t-il, enfin, ou n'y a-t-il pas une cause à ce changement? Au-dessus de la vérité qui change, existerait-il, par hasard, une vérité qui ne change point, une vérité absolue, immuable?

En deux mots, la philosophie ne s'arrête point au fait tel que le lui révèlent l'expérience et l'histoire; elle cherche à l'expliquer.

Eh bien! la philosophie a trouvé, ou, si vous aimez mieux, elle a cru voir que cette altération des institutions sociales, ce revirement qu'elles éprouvent après un certain nombre de siècles, provient de ce que les idées dont elles sont l'expression, possèdent en elles-mêmes une sorte de faculté évolutive, un principe de mobilité perpétuelle, provenant de leur essence contradictoire.

C'est ainsi que l'intérêt du capital, légitime alors que le prêt est un ser-vice rendu de citoyen à citoyen, mais qui cesse de l'être quand la so-ciété a conquis le pouvoir d'organiser le crédit gratuitement pour tout le monde, cet intérêt, dis-je, est contradictoire dans son essence, en ce que, d'une part, le service rendu par le prêteur a droit à une rémunéra-tion; et que, d'un autre côté, tout salaire suppose produit ou privation, ce qui n'a pas lieu dans le prêt. La révolution qui s'opère dans la légiti-mité du prêt vient de là. Voici comment le socialisme, pose la question: voilà aussi sur quel terrain les défenseurs de l'ancien régime doivent se placer.

Se renfermer dans la tradition, se borner à dire: Le prêt est un service rendu, donc il doit être payé; sans vouloir entrer dans les considéra-tions qui tendent à abroger l'intérêt, ce n'est pas répondre. Le social-isme, redoublant d'énergie, proteste et vous dit: Je n'ai que faire de votre service, service pour vous, spoliation pour moi, tandis qu'il est loisible à la société de me faire jouir des mêmes avantages que vous m'offrez, et cela sans rétribution. M'imposer un tel service, malgré moi, en refusant d'organiser la circulation des capitaux, c'est me faire supporter un pré-lèvement injuste, c'est me voler.

Frédéric Bastiat

Ainsi, toute votre argumentation en faveur de l'intérêt, consiste à confondre les époques, je veux dire à confondre ce qui, dans le prêt, est légitime avec ce qui ne l'est pas, tandis que moi, au contraire, je les distingue soigneusement. C'est ce que vais achever de vous rendre intelligible par l'analyse de votre lettre.

Je prends un à un tous vos arguments.

Dans ma première réponse, je vous avais fait observer que celui qui prête ne se *prive* pas de son capital, — Vous me répondez: Qu'importe, s'il a créé son capital tout exprès pour le prêter?

En disant cela, vous trahissez votre propre cause. Vous acquiescez, par ces paroles, à mon *antithèse*, qui consiste à dire: La cause secrète pour laquelle le prêt à intérêt, légitime hier, ne l'est plus aujourd'hui, c'est ce que le prêt, en lui-même, n'entraîne pas privation. Je prends acte de cet aveu.

Mais vous vous accrochez à l'intention: Qu'importe, dites-vous, si le prêteur a créé ce capital tout exprès pour le prêter?

A quoi je réplique: Et que me fait à mon tour votre intention, si je n'ai pas réellement besoin de votre service; si le prétendu service que vous voulez me rendre ne me devient nécessaire que par le mauvais vouloir et l'impéritie de la société? Votre crédit ressemble à celui que fait le corsaire à l'esclave, quand il lui donne la liberté contre rançon. Je proteste contre votre crédit à 5 pour 100, parce que la société a le pouvoir et le devoir de me le faire à 0 pour 100; et, si elle me refuse, je l'accuse, ainsi que vous, de vol; je dis qu'elle est complice, fautrice, organisatrice du vol.

Assimilant le prêt à la *vente*, vous dites: votre argument s'attaque à celle-ci aussi bien qu'à celui-là. En effet, le chapelier qui vend des chapeaux ne s'en *prive* pas.

Non, car il reçoit de ses chapeaux, il est censé du moins en recevoir immédiatement la valeur, ni *plus* ni *moins*. Mais le capitaliste prêteur, non-seulement n'est pas privé, puisqu'il rentre intégralement dans son capital; il reçoit plus que le capital, plus que ce qu'il apporte à l'échange; il reçoit, en sus du capital, un intérêt qu'aucun produit positif de sa part ne représente. Or, un service qui ne coûte pas de travail à celui qui le rend, est un service susceptible de devenir gratuit: c'est ce que vous-même vous nous apprendrez tout à l'heure.

Après avoir reconnu la *non-privation* qui accompagne le prêt, vous convenez cependant « qu'*il n'est pas idéalement impossible que l'intérêt*, qui, aujourd'hui, fait partie intégrante du prix des choses, se *compense pour tout le monde, et, par conséquent, s'annule.* » — « Mais, ajoutez-vous, il y faut d'autres façons qu'une banque nouvelle. Que le socialisme égalise, chez tous les hommes, l'activité, l'habileté, la probité, l'économie, la prévoyance, les besoins, les goûts, les vertus, les vices, et même les chances, et alors il aura réussi. »

En sorte que vous n'entrez dans la question que pour l'éluder aussitôt. Le socialisme, au point où il est parvenu, prétend justement que c'est à l'aide d'une réforme de la banque et de l'impôt que l'on peut arriver à cette compensation. Au lieu de passer, comme vous faites, sur cette prétention du socialisme, arrêtez-vous-y, et réfutez-la: vous en aurez fini avec toutes les utopies du monde. Car, le socialisme affirme, — et sans cela le socialisme n'existerait pas, il en serait rien, — que ce n'est point en égalisant chez tous les hommes « l'activité, l'habileté, la probité, l'économie, la prévoyance, les besoins, les goûts, les vertus, les vices et mêmes les chances, » qu'on parviendra à compenser l'intérêt et égaliser le revenu net; il soutient qu'il faut, au contraire, commencer par centraliser le crédit et annuler l'intérêt, pour égaliser les facultés, les besoins et les chances. Qu'il n'y ait plus parmi nous de voleurs, et nous serons tous vertueux, tous heureux! Voilà la profession de foi du socialisme! J'éprouve le plus vif regret à vous le dire: mais vous connaissez si peu le socialisme, que vous vous heurtez contre lui sans le voir.

Vous persistez à attribuer au capital tous les progrès de la richesse sociale, que j'attribue, moi, à la circulation; et vous me dites, à ce propos, que je prends l'effet pour la cause.

Mais, en soutenant une pareille proposition, vous ruinez, sans vous en apercevoir, votre propre thèse. J. B. Say a démontré, et vous ne l'ignorez pas, que le *transport* d'une valeur, que cette valeur s'appelle argent ou marchandise, constitue lui-même une valeur; que c'est un produit aussi réel que le blé et le vin; qu'en conséquence, le service du com-

Frédéric Bastiat

merçant et du banquier mérite d'être rémunéré tout comme le service du laboureur et du vigneron. C'est sur ce principe que vous vous appuyez vous-même quand vous réclamez un salaire pour le capitaliste, qui, par la prestation de son capital, dont on lui garantit la rentrée, fait office de transport, de circulation. Par cela seul que je prête, disiez-vous dans votre première lettre, je rends un service, je crée une valeur. Telles étaient vos paroles, que nous avons admises: en cela, nous étions l'un et l'autre d'accord avec le maître.

Je suis donc fondé à dire que ce n'est pas le capital lui-même mais la circulation du capital: c'est cette nature de service, produit, marchandise, valeur, réalité, qu'on appelle en économie politique *mouvement* ou *circulation*, et qui, au fond, constitue toute la matière de la science économique, qui est la cause de la richesse. Ce service, nous le payons à tous ceux qui le rendent; mais nous affirmons qu'en ce qui concerne les capitaux proprement dits, ou l'argent, il dépend de la société de nous en faire jouir elle-même, et gratuitement; que si elle ne le fait pas, il y a fraude et spoliation. — Comprenez-vous maintenant où est le véritable point de la question sociale?

Après avoir déploré de voir les capitalistes et les travailleurs séparés en deux classes antagoniques, ce qui n'est pas la faute du socialisme assurément, — vous prenez la peine, fort inutile, de me démontrer par des exemples que tout travailleur est, à quelque degré, capitaliste, et fait œuvre de capitalisation, c'est-à-dire d'usure. Qui donc a jamais songé à le nier? Qui vous a dit que ce que nous reconnaissons comme légitime, en un temps, chez le capitaliste, nous le réprouvons, dans le même temps, chez l'ouvrier?

Oui, nous savons que le prix de toute marchandise et service se décompose actuellement de la manière suivante:

1° Matière première; 2° Amortissement des instruments de travail et frais; 3° Salaire du travail; 4° Intérêt du capital.

Il en est ainsi dans toutes les professions, agriculture, industrie, commerce, transports. Ce sont les Fourches Caudines de tout ce qui n'est point parasite, capitaliste ou manœuvre. Vous n'avez que faire de nous donner à ce sujet de longs détails, très-intéressants du reste, et où l'on voit que se complait votre imagination.

Je vous le répète: la question, pour le socialisme, est de faire que ce quatrième élément qui entre dans la composition du prix des choses, à savoir, l'intérêt du capital, se compense entre tous les producteurs, et, par conséquent, s'annule. Nous soutenons que cela est possible; que si cela est possible, c'est un devoir à la société de procurer la gratuité du crédit à tous; qu'autrement, ce ne serait pas une société, mais une conspiration des capitalistes contre les travailleurs, un pacte de rapine et d'assassinat.

Concevez donc, une fois, qu'il ne s'agit point pour vous de nous expliquer comment les capitaux se forment, comment ils se multiplient par l'intérêt, comment l'intérêt entre dans la composition du prix des produits, comment tous les travailleurs sont eux-mêmes coupables du péché d'usure: nous savons dès longtemps toutes ces choses, autant que nous sommes convaincus de la bonne foi des rentiers et des propriétaires.

Nous disons: Le système économique fondé sur la fiction de la productivité du capital, justifiable à une autre époque, est désormais illégitime. Son impuissance, sa malfaisance sont démontrées: c'est lui qui est la cause de toutes les misères actuelles, lui qui soutient encore cette vielle fiction du gouvernement représentatif, dernière formule de la tyrannie parmi les hommes.

Je ne vous suivrai point dans les considérations, toutes religieuses, par lesquelles vous terminez votre lettre. La religion, permettez-moi de vous le dire, n'a rien à faire avec l'économie politique. Une véritable science se suffit à elle-même; hors de cette condition, elle n'est pas. S'il faut à l'économie politique une sanction religieuse pour suppléer à l'impuissance de ses théories, et si, de son côté, la religion, pour excuser la stérilité de son dogme, allègue les exigences de l'économie politique, il arrivera que l'économie politique et la religion, au lieu de se soutenir mutuellement, s'accuseront l'une l'autre; elles périront toutes deux.

Commerçons par faire justice, et nous aurons de surcroît la liberté, la fraternité, la richesse; le bonheur même de l'autre vie n'en sera que plus assuré. L'inégalité du revenu capitaliste est-elle, oui ou non, la

cause première de la misère physique, morale et intellectuelle qui af-
flige aujourd'hui la société? Faut-il compenser le revenu entre tous les
hommes, rendre gratuite la circulation des capitaux, en l'assimilant à
l'échange des produits, et annuler l'intérêt? Voilà ce que demande le socialisme, et à quoi il faut répondre.

Le socialisme, dans ses conclusions les plus positives, vous fournit la
solution dans la centralisation démocratique et gratuite du crédit, combinée avec un système d'impôt unique, remplaçant tous les autres impôts, et assis sur le capital.

Qu'on vérifie cette solution; qu'on essaie de l'appliquer. C'est la seul
manière de réfuter le socialisme; hors de là, nous ferons retentir plus
fort que jamais notre cri de guerre: *La propriété c'est le vol!*

Sixième lettre : F. Bastiat à P. J. Proudhon

Je veux rester sur mon terrain; vous voulez m'attirer sur le vôtre, et vous me dites: Qu'êtes-vous venu faire à la *Voix du Peuple*, si ce n'est réfuter la théorie du crédit gratuit, etc.?

Il y a là un malentendu. Je n'ai point été à la *Voix du Peuple*; la *Voix du Peuple* est venue à moi. De tous côtés, on parlait du crédit gratuit, et chaque jour voyait éclore un plan nouveau pour la réalisation de cette idée.

Alors je me dis: Il est inutile de combattre ces plans l'un après l'autre. Prouver que le capital a un droit légitime et indestructible à être rémunéré, c'est les ruiner tous à la fois, c'est renverser leur base commune.

Et je publiai la brochure *Capital et Rente*.

La *Voix du Peuple*, ne trouvant pas ma démonstration concluante, l'a réfutée. J'ai demandé à la maintenir, vous y avez consenti loyalement: c'est donc sur mon terrain que doit se continuer la discussion.

D'ailleurs, la société s'est développée perpétuellement et universellement sur le principe que j'invoque. C'est à ceux qui veulent que, à partir d'aujourd'hui, elle se développe sur le principe opposé, à prouver qu'elle a eu tort. L'*onus probandi* leur incombe.

Et après tout, de quelle importance réelle est ce débat préalable? Prouver que l'intérêt est légitime, juste, utile, bienfaisant, indestructible, n'est-ce pas prouver que la gratuité du crédit est une chimère?

Permettez-moi donc, Monsieur, de m'en tenir à cette question dominante: *L'intérêt est-il légitime et utile?*

Par pitié pour l'ignorance où vous me voyez (ainsi que bon nombre de nos lecteurs) de la philosophie germanique, vous voulez bien, métamorphosant Kant en Diafoirus, substituer à la *loi de la contradiction* celle de la *distinction*.

Je vous remercie de cette condescendance. Elle me met à l'aise. Mon esprit se refuse invinciblement, je l'avoue, à admettre que deux assertions contradictoires puissent être vraies en même temps. Je respecte, comme je le dois, quoique de confiance, Kant, Fichte et Hegel. Mais si leurs livres entraînent l'esprit du lecteur à admettre des propositions comme celles-ci: *Le Vol, c'est la propriété; la Propriété, c'est le vol; le jour, c'est la nuit;* je bénirai le Ciel, tous les jours de ma vie, de n'avoir pas fait tomber ces livres sous mes yeux. À ces sublimes subtilités, votre intelligence s'est aiguisée; la mienne y eut infailliblement succombé, et, bien loin de me faire comprendre des autres, je ne pourrais plus me comprendre moi-même.

Enfin, à cette question: L'intérêt est-il légitime? vous répondez, non plus en allemand: *Oui et non,* mais en latin: *Distinguo.* « Distingons; oui, l'intérêt du capital a pu être considéré comme légitime dans un temps; non, il ne peut plus l'être dans un autre. »

Eh bien! votre condescendance hâte, ce me semble, la conclusion de ce débat. Elle prouve surtout que j'avais bien choisi le terrain; car, que prétendez-vous? Vous dites qu'à un moment donné, la rémunération du capital passe de la légitimité à l'illégitimité; c'est-à-dire que le capital lui-même se dépouille de sa nature pour revêtir une nature opposée. Certes, la présomption n'est pas pour vous, et c'est à celui qui veut bouleverser la pratique universelle sur la foi d'une affirmation si *étrange,* à la prouver.

J'avais fait résultat la légitimité de l'intérêt de ce que le prêt est un *service,* lequel est susceptible d'être *évalué,* a, par conséquent, une *valeur* et peut s'échanger contre toute autre valeur égale. Je croyais même que vous étiez convenu de la vérité de cette doctrine, en ces termes:

« Il est très-vrai, comme vous l'établissez vous-même péremptoirement, que le prêt est un service. Et comme tout service est une valeur, comme il est de la nature de tout service d'être rémunéré, il s'ensuit que le prêt doit avoir son prix, ou, pour employer le mot technique, qu'il doit *porter intérêt.* »

Voilà ce que vous disiez, il y a quinze jours. Aujourd'hui vous dites: Distinguons, prêter c'était rendre service autrefois, ce n'est plus rendre service maintenant.

Or, si prêter n'est pas rendre service, il va sans dire que l'intérêt est, je ne dis pas illégitime, mais impossible.

Votre argumentation nouvelle implique ce dialogue:

l'emprunteur. Monsieur, je voudrais monter un magasin, j'ai besoin de dix mille francs, veuillez me les prêter.

le prêteur. Volontiers, nous allons débattre les condition.

l'emprunteur. Monsieur, je n'accepte pas de conditions. Je garderai votre argent un an, deux ans, vingt ans, après quoi je vous le rendrai purement et simplement, attendu que *tout ce qui, dans le remboursement du prêt, est donné en sus de prêt, est usure, spoliation.*

le prêteur. Mais puisque vous venez me demander un *service,* il est bien naturel que je vous en demande un autre.

l'emprunteur. Monsieur, *je n'ai que faire de votre service.*

le prêteur. En ce cas, je garderai mon capital, dussé-je le manger.

l'emprunteur. « Monsieur, je suis socialiste, et le socialisme, redoublant d'énergie, proteste et vous dit par ma bouche: je n'ai que faire de votre service, service pour vous et spoliation pour moi, tandis qu'il est loisible à la société de me faire jouir des mêmes avantages que vous m'offrez, et cela sans rétribution. M'imposer un tel service, malgré moi, en refusant d'organiser la circulation des capitaux, c'est me faire supporter un prélèvement injuste, c'est me voler. »

le prêteur. Je ne vous impose rien malgré vous. Dès que vous ne voyez pas, dans le prêt, un service, abstenez-vous d'emprunter, comme moi de prêter. Que si la *société* vous offre des *avantages* sans rétribution, adressez-vous à elle, c'est bien plus commode; et, quant à *organiser la circulation des capitaux,* ainsi que vous me sommez de le faire, si vous entendez par là que les miens vous arrivent gratis, par l'intermédiaire de la société, j'ai contre ce procédé indirect tout juste les mêmes objections qui m'ont fait vous refuser le prêt direct et gratuit.

La Société! J'ai été surpris, je l'avoue, de voir apparaître dans un écrit émané de vous, ce personnage nouveau, ce capitaliste accommodant.

Frédéric Bastiat

Eh quoi! Monsieur, vous qui, dans la même feuille où vous m'adressez votre lettre, avez combattu avec une si rude énergie les systèmes de Louis Blanc et de Pierre Leroux, n'avez-vous dissipé la fiction de l'*État* que pour y substituer la fiction de la *Société*?

Qu'est-ce donc que la Société, en dehors de quiconque prête ou emprunte, perçoit ou paie l'intérêt inhérent au prix de toutes choses? Quel est ce *Deus ex machina* que vous faites intervenir d'une manière si inattendue pour donner le mot du problème? Y a-t-il, d'un côté, la masse entière des travailleurs, marchands, artisans, capitalistes, et, de l'autre, la Société, personnalité distincte, possédant des capitaux en telle abondance qu'elle en peut prêter à chacun sans compte ni mesure, et cela sans *rétribution*?

Ce n'est pas ainsi que vous l'entendez; je n'en veux pour preuve que votre article sur l'État. Vous savez bien que la société n'a d'autres capitaux que ceux qui sont entre les mains des capitalistes grands et petits. Serait-ce que la Société doit s'emparer de ces capitaux et les faire circuler gratuitement, sous prétexte de les organiser? En vérité, je m'y perds, et il me semble que, sous votre plume, cette limite s'efface sans cesse, qui sépare, aux yeux de la conscience publique, la propriété du vol.

En cherchant à pénétrer jusqu'à la racine de l'erreur que je combats ici, je crois la trouver dans la confusion que vous faites entre les *frais de circulation des capitaux* et les *intérêts des capitaux*. Vous croyez qu'on peut arriver à la circulation gratuite, et vous en concluez que le prêt sera gratuit. C'est comme si l'on disait que lorsque les frais de transport de Bordeaux à Paris seront anéantis, les vins de Bordeaux se donneront pour rien à Paris. Vous n'êtes pas le premier qui se soit fait cette illusion. Law disait: « La loi de la circulation est la seule qui puisse sauver les empires. » Il agit sur ce principe, et, au lieu de sauver la France, il la perd.

Je dis: une chose est la circulation des capitaux et les frais qu'elle entraîne; autre chose est l'intérêt des capitaux. Les capitaux d'une nation consistent en matériaux de toutes sortes, approvisionnements, outils, marchandises, espèces, et ces choses-là ne se prêtent pas pour rien. Selon que la société est plus ou moins avancée, il y a plus ou moins de facilité à faire passer un capital donné, ou sa valeur, d'un lieu à un autre lieu, d'une main à une autre main; mais cela n'a rien de commun avec l'abolition de l'intérêt. Un Parisien désire prêter, un Bayonnais désire emprunter. Mais le premier n'a pas la chose qui convient au second. D'ailleurs, ils ne connaissent pas réciproquement leurs intentions; ils ne peuvent s'aboucher, s'accorder, conclure. Voilà les obstacles à la *circulation*. Ces obstacles vont diminuant sans cesse, d'abord par l'intervention du numéraire, puis par celle de la lettre de change, successivement par celle du banquier, de la Banque nationale, des banques libres.

C'est une circonstance heureuse pour les consommateurs des capitaux, comme il est heureux pour les consommateurs de vin, que les moyens de transport se perfectionnent. Mais, d'une part, jamais les frais de circulation ne peuvent descendre à zéro, puisqu'il y a toujours là un intermédiaire qui rend *service*; et, d'autre part, ces frais fussent-ils complètement anéantis, l'Intérêt subsisterait encore, et n'en serait même pas sensiblement affecté. Il y a des banques libres aux Etat-Unis; elles sont sous l'influence des ouvriers eux-mêmes, qui en sont les actionnaires; et, de plus, elles sont, vu leur nombre, toujours à leur portée; chaque jour, les uns y déposent leurs économies, les autres y reçoivent les avances qui leur sont nécessaires; la circulation est aussi facile, aussi rapide que possible. Est-ce à dire que le crédit y soit gratuit, que les capitaux ne produisent pas d'intérêt à ceux qui prêtent, et n'en coûtent pas à ceux qui empruntent? Non, cela signifie seulement que prêteurs et emprunteurs s'y rencontrent plus facilement qu'ailleurs.

Ainsi, gratuité absolue de la circulation, — chimère.

Gratuité du crédit, — chimère.

Imaginer que la première de ces gratuités, si elle était possible, impliquerait la seconde, — troisième chimère.

Vous voyez que je me suis laissé entraîner sur votre terrain, et, puisque j'y ai fait trois pas, j'en ferais deux autres.

Vous voulez *organiser la circulation* de telle sorte que chacun perçoive autant d'intérêt qu'il en paie, et c'est là ce qui réalisera, dites-vous, l'égalité des fortunes.

Or, je dis:

Frédéric Bastiat

Compensation universelle des intérêts, — chimère.

Egalité absolue des fortunes, comme conséquence de cette chimère, — autre chimère.

Toute valeur se compose de deux éléments: la rémunération du travail et la rémunération du capital. Pour que ces deux éléments entrassent, en proportion identique, dans toutes valeurs égales, il faudrait que toute œuvre humaine admît le même emploi de machines, la même consommation d'approvisionnements, le même contingent de travail actuel et de travail accumulé.

Votre banque fera-t-elle jamais que le commissionnaire du coin, dont toute l'industrie consiste à louer son temps et ses jambes, fasse intervenir autant de capital dans ses services que l'imprimeur ou le fabriquant de bas? Remarquez que, pour qu'une paire de bas de coton arrive à ce commissionnaire, il a fallu l'intervention d'une terre, qui est un capital; d'un navire, qui est un capital; d'une filature, qui est un capital. Direz-vous que lorsque le commissionnaire échange son service, estimé 3 francs, contre un livre estimé 3 francs, il est dupe en ce que l'élément *travail actuel* domine dans le service, et l'élément *travail accumulé* dans le livre? Qu'importe, si les deux objets de l'échange *se valent*, si leur équivalence est déterminée par le libre débat? Pourvu que ce qui vaut cent s'échange contre ce qui vaut cent, qu'importe la proportion des deux éléments qui constituent chacune de ces valeurs égales? Nierez-vous la légitimité de la rémunération afférente au capital? Ce serait revenir sur un point déjà acquis à la discussion. D'ailleurs, sur quel fondement le *travail ancien* serait-il, plus que le *travail actuel*, exclu de toute rétribution?

Le travail se divise en deux catégories bien distinctes:

Ou il est exclusivement consacré à la production d'un objet, comme lorsque l'agriculteur sème, sarcle, moissonne et égrène son blé, lorsque le tailleur coupe et coud un habit, etc.;

Ou il sert à la production d'une série indéterminée d'objets semblables, comme quand l'agriculteur clôt, amende, dessèche son champ, ou que le tailleur meuble son atelier.

Dans le premier cas, tout le travail doit être payé par l'acquéreur de la récolte ou de l'habit; dans le second, il doit être payé sur un nombre indéterminé de récoltes ou d'habits. Et certes, il serait absurde de dire que le travail de cette seconde catégorie ne doit pas être payé du tout, parce qu'il prend le nom de capital.

Or, comment parvient-il à répartir la rémunération qui lui est due sur un nombre indéfini d'acheteurs successifs? par les combinaisons de l'amortissement et de l'intérêt, combinaisons que l'humanité a inventées dès l'origine, combinaisons ingénieuses, que les socialistes seraient bien embarrassés de remplacer. Aussi tout leur génie se borne à les supprimer, et ils ne s'aperçoivent pas que c'est tout simplement supprimer l'humanité.

Mais quand on accorderait comme réalisable tout ce qui vient d'être démontré chimérique: gratuité de circulation, gratuité de prêt, compensation d'intérêts, je dis qu'on n'arriverait pas encore à l'égalité absolue des fortunes. Et la raison en est simple. Est-ce que la Banque du Peuple aurait la prétention de changer le cœur humain? Fera-t-elle que tous les hommes soient également forts, actifs, intelligents, ordonnés, économes, prévoyants? fera-t-elle que les goûts, les penchants, les aptitudes, les idées ne varient à l'infini? que les uns ne préfèrent dormir au soleil, pendant que les autres s'épuisent au travail? qu'il n'y ait des prodigues et des avares, des gens ardents à poursuivre les biens de ce monde, et d'autres plus préoccupés de la vie future? Il est clair que l'égalité absolue des fortunes ne pourrait être que la résultante de toutes ces égalités impossibles et de bien d'autres.

Mais si l'égalité absolue des fortunes est chimérique, ce qui ne l'est pas, c'est l'approximation constante de tous les hommes vers un même niveau physique, intellectuel et moral, sous le régime de la liberté. Parmi toutes les énergies qui concourent à ce grand nivellement, une des plus puissantes, c'est celle du capital. Et puisque vous m'avez offert vos colonnes, permettez-moi d'appeler un moment l'attention de vos lecteurs sur ce sujet. Ce n'est pas tout de démontrer que l'intérêt est légitime, il faut encore prouver qu'il est utile, même à ceux qui le supportent. Vous avez dit que l'intérêt a été autrefois « un instrument d'égalité et de progrès. » Ce qu'il a été, il l'est encore et le sera toujours, parce qu'en se développant il ne change pas de nature.

Frédéric Bastiat

Les travailleurs seront peut-être étonnés de m'entendre affirmer ceci:

De tous les éléments qui entrent dans le prix des choses, celui qu'ils doivent payer avec le plus de joie, c'est précisément l'intérêt ou la rémunération du capital, parce que ce paiement leur en épargne toujours un plus grand.

Pierre est un artisan parisien. Il a besoin qu'un fardeau soit transporté à Lille; c'est un présent qu'il veut faire à sa mère. S'il n'y avait pas de capital au monde (et il n'y en aurait pas si toute rémunération lui était déniée), ce transport coûterait à Pierre au moins deux mois de fatigues, soit qu'il le fît lui-même, soit qu'il se fît rendre ce service par un autre; car il ne pourrait l'exécuter lui-même qu'en charriant le fardeau par monts et par vaux, sur ses épaules, et nul ne pourrait l'exécuter pour lui que de la même manière.

Pourquoi se rencontre-t-il des entrepreneurs qui ne demandent à Pierre qu'une journée de sont travail pour lui en épargner soixante? Parce que le capital est intervenu sous forme de char, de chevaux, de rails, de wagons, de locomotives. Sans doute, Pierre doit payer tribut à ce capital; mais c'est justement pour cela qu'il fait ou fait faire en un jour ce qui lui aurait demandé deux mois.

Jean est maréchal ferrant, fort honnête homme, mais qu'on entend souvent déclamer contre la propriété. Il gagne 3 francs par jour; c'est peu, c'est trop peu; mais enfin, comme le blé vaut environ 18 francs l'hectolitre, Jean peut dire qu'il fait jaillir de son enclume un hectolitre de blé par semaine ou la valeur, soit 52 hectolitres par an. Je suppose maintenant qu'il n'y eut pas de capital, et que, mettant notre maréchal en face de 1,000 hectares de terre, on lui dit: Disposez de ce sol, qui est doué d'une grande fertilité; tout le blé que vous ferez croître est à vous. Jean répondrait sans doute: « Sans chevaux, sans charrue, sans hache, sans instruments d'aucune sorte, comment voulez-vous que je débarrasse le sol des arbres, des racines, des herbes, des pierres, des eaux stagnantes qui l'obstruent? je n'y ferai pas pousser une gerbe de blé en dix ans. » Donc, que Jean fasse enfin cette réflexion: « Ce que je ne pourrais faire en dix ans, d'autres le font pour moi, et ne me demandent qu'une semaine de travail. Il est clair que c'est un avantage pour moi de rémunérer le capital, car si je ne le rémunérerais pas, il n'y en aurait pas, et les autres seraient aussi embarrassés devant ce sol que je le suis moi-même. »

Jacques achète tous les matins, pour un sou, la *Voix du Peuple*. Comme il gagne 100 sous par jour, ou 50 centimes par heure, c'est six minutes de travail qu'il échange contre le prix d'un numéro, prix dans lequel se trouvent comprises deux rémunérations, celle du travail et celle du capital. Comment Jacques ne se dit-il pas quelquefois: « Si aucun capital n'intervenait dans l'impression de la *Voix du Peuple*, je ne l'obtiendrais ni à un sou ni à 100 francs? »

Je pourrais passer en revue tous les objets qui satisfont les besoins des travailleurs, et la même réflexion reviendrait sans cesse. Donc le capital n'est pas le *tyran* que l'on dit.

Il rend des services, de grands services; il est de toute justice qu'il en soit rémunéré. Cette rémunération diminue de plus en plus à mesure que le capital abonde. Pour qu'il abonde, il faut qu'on soit intéressé à le former, et pour qu'on soit intéressé à le former, il faut être soutenu par l'espoir d'une rémunération. Quel est l'artisan, quel est l'ouvrier qui portera ses économies à la Caisse d'épargne, ou même qui fera des économies, si l'on commence par déclarer que l'intérêt est un vol et qu'il faut le supprimer?

Non, non, c'est là une propagande insensée; elle heurte la raison, la morale, la science économique, les intérêts du pauvre, les croyances unanimes du genre humain manifestées par la pratique universelle. Vous ne prêchez pas, il est vrai, la *tyrannie du capital*, mais vous prêchez la *gratuité du crédit*, ce qui est tout un. Dire que toute rémunération accordée au capital est un vol, c'est dire que le capital doit disparaître de la surface du globe, c'est dire que Pierre, Jean, Jacques, doivent exécuter les transports, se procurer le blé, les livres, avec autant de travail qu'il leur en faudrait pour produire ces choses directement et sans autre ressource que leurs mains.

Marche, marche, capital! poursuis ta carrière, réalisant du bien pour l'humanité! C'est toi qui as affranchi les esclaves; c'est toi qui as renversé les châteaux forts de la féodalité! Grandis encore; asservis la nature: fais concourir aux jouissances humaines la gravitation, la chaleur, la lumière, l'électricité; prends à ta charge ce qu'il y a de répugnant et d'abrutissant dans le travail mécanique; élève la démocratie, transforme les machines humaines en *hommes*, en hommes doués de loisirs, d'idées, de sentiment et d'espérances!

Permettez-moi, Monsieur, en finissant, de vous adresser un reproche. Au début de votre lettre, vous m'aviez promis de renoncer pour aujourd'hui à l'antinomie; vous la terminez cependant par cette antinomie que vous appelez votre *cri de guerre*: *La propriété, c'est le vol*.

Oui, vous l'avez bien caractérisée; c'est, en effet, un lugubre tocsin, un sinistre cri de guerre. Mais j'ai l'espoir que, sous ce rapport, elle a perdu quelque chose de sa puissance. Il y a dans l'esprit des masses un fond de bon sens qui ne perd pas ses droits, et se révolte enfin contre ces paradoxes étranges donnés pour de sublimes découvertes. Oh! que n'avez-vous établi votre active propagande sur cet autre axiome, assurément plus impérissable que le vôtre: *Le vol, c'est le contraire de la propriété!* Alors, avec votre indomptable énergie, votre style populaire, votre dialectique invincible, je ne puis mesurer le bien qu'il vous eût été donné de répandre sur notre chère patrie et sur l'humanité.

Septième lettre : P. J. Proudhon à F. Bastiat

Notre discussion n'avance pas, et la faute en est à vous seul. Par votre refus systématique de vous placer sur le terrain où je vous appelle, et votre obstination à m'attirer sur le vôtre, vous méconnaissez en ma personne le droit qu'a tout novateur à l'examen; vous manquez au devoir qu'impose à tout économiste, défenseur naturel de la tradition et des usages établis, l'apparition des idées nouvelles; vous compromettez, enfin, la charité publique, en m'obligeant à attaquer ce que je reconnaissais, dans une certaine mesure, comme irréprochable et légitime.

Vous l'avez voulu: que votre désir soit accompli!

Permettez-moi d'abord de résumer notre controverse.

Dans une première lettre, vous avez essayé de montrer, par la théorie et par de nombreux exemples, que le *prêt* était un *service*, et que, tout service ayant une *valeur*, il avait le droit de se faire *payer*: d'où vous déduisez immédiatement, contre moi, cette conclusion, que la gratuité du crédit était une chimère, partant, le socialisme une protestation sans principes comme sans motifs.

Ainsi peu importe de savoir si c'est vous qui avez sollicité l'entrée de la *Voix du Peuple*, ou si c'est moi qui vous ai offert la publicité de ses colonnes: en fait, et chacune de vos lettres en témoigne, vous n'avez eu d'autre but que de renverser, par une fin de non-recevoir, la théorie du crédit gratuit.

Je vous ai donc répondu, et j'ai du vous répondre, sans entrer dans l'examen de votre théorie de l'intérêt; que si vous vouliez combattre utilement et sérieusement le socialisme, il fallait l'attaquer en lui-même et dans ses propres doctrines; que le socialisme, sans nier d'une manière absolue la légitimité de l'intérêt considéré à un certain point de vue et à une certaine époque de l'histoire, affirmait la possibilité, dans l'état actuel de l'économie sociale, d'organiser, par le concours des travailleurs, un système de prêt sans rétribution, et, par suite, de donner à tous la garantie du crédit et du travail. J'ai dit, enfin, que c'était là ce que vous aviez à examiner, si vous vouliez que la discussion aboutît.

Frédéric Bastiat

Dans votre seconde lettre, vous avez péremptoirement refusé de suivre cette marche, alléguant que pour vous, et d'après mon aveu, l'intérêt ne constituant dans son principe ni crime, ni délit, il était impossible d'admettre que le prêt pût s'effectuer sans intérêt; qu'il était inconcevable qu'une chose pût être vraie et fausse tout à la fois; bref, que tant que la criminalité de l'intérêt ne vous serait pas démontrée, vous tiendriez la théorie du crédit gratuit comme non avenue. Tout cela assaisonnée de force plaisanteries sur la loi de contradiction, que vous ne comprenez point, et flanqué d'exemples très-propres, je l'avoue, à faire comprendre le mécanisme de l'intérêt, mais qui ne prouvent absolument rien contre la gratuité.

Dans ma réplique, je crois vous avoir prouvé, en me servant de votre propre méthode, que rien n'est moins rare, dans la société, que de voir une institution, un usage, d'abord libéral et légitimité, devenir, avec le temps, une entrave à la liberté et une atteinte à la justice; qu'il en était ainsi du prêt à intérêt le jour où il était démontré que le crédit peut être donné à tous sans rétribution; que d'ores et déjà, refuser d'examiner cette possibilité du crédit gratuit constituait un déni de justice, une offense à la foi publique, un défi au prolétariat. Je renouvelai donc auprès de vous mes instances, et je vous dis: Ou vous examinerez les diverses propositions du socialisme, ou je déclare que l'intérêt de l'argent, la rente de la terre, le loyer des maisons et des capitaux est une spoliation, et que la propriété, ainsi constituée, est un vol.

Chemin faisant, j'indiquais sommairement les causes qui, selon moi, altèrent la moralité de l'intérêt, et les moyens de le supprimer.

Certes, il semblait que, pour justifier votre théorie désormais accusée de vol et de larcin, vous ne pouviez plus vous dispenser d'aborder enfin la doctrine nouvelle, qui prétend donner l'exclusion à l'intérêt. C'était, j'ose le dire, ce à quoi s'attendaient tous nos lecteurs. En évitant de faire la critique de l'intérêt, je faisais preuve de conciliation et d'amour de la paix. Il me répugnait d'incriminer la bonne foi des capitalistes, et de jeter la suspicion sur les propriétaires. Je désirais surtout abréger une dispute fatigante, et hâter la conclusion définitive. Vraie ou fausse, vous disais-je, légitime ou illégitime, morale ou immorale, j'accepte l'usure, je l'approuve, je la loue même; je renonce à toutes les illusions du socialisme, et me refais chrétien, si vous me démontrez que la prestation des capitaux, de même que la circulation des valeurs, ne saurait, dans aucun cas, être gratuite. C'était, comme l'on dit, faire rondement les choses, et couper court à bien des discussions tout à fait oiseuses dans un journal, et, permettez-moi de le dire, fort périlleuses en ce moment.

Est-il, oui ou non, possible d'abolir l'intérêt de l'argent, par suite, la rente de la terre, le loyer des maisons, le produit des capitaux, d'une part, en simplifiant l'impôt, et de l'autre, en organisant une banque de circulation et de crédit, au nom et pour le compte du Peuple? C'est ainsi, selon moi, que la question devait être posée entre nous. L'amour de l'humanité, de la vérité, de la concorde, nous en faisait à tous deux une loi. Que fait le Peuple depuis Février? Qu'a fait l'Assemblée constituante? Que fait aujourd'hui la Législative, si ce n'est de rechercher les moyens d'améliorer le sort du travailleur, sans alarmer les intérêts légitimes, sans infirmer le droit du propriétaire? Cherchons donc si la gratuité du crédit ne serait point, par hasard, un de ces moyens.

Telles étaient mes paroles. J'osai croire qu'elles seraient entendues. Au lieu d'y répondre, comme je l'espérais, vous vous retranchez dans votre fin de non-recevoir. A cette interrogation de ma part: « *Prouver que la gratuité du crédit est chose possible, facile, pratique, n'est-ce pas prouver que l'intérêt du crédit est désormais chose nuisible et illégitime?* » — vous répondez, en retournant la phrase: « Prouver que l'intérêt est (ou a été) légitime, juste, utile, bienfaisant, indestructible, n'est-ce pas prouver que la gratuité du crédit est une chimère? » Vous raisonnez juste comme les entrepreneurs de roulage à l'égard des chemins de fer.

Voyez-les, en effet, adresser leurs doléances au public qui les délaisse et qui court à la concurrence: — Est-ce que le chariot et la malbrouck ne sont pas des institutions utiles, légitimes, bienfaisantes, indestructibles? Est-ce qu'en transportant vos personnes et vos produits, nous ne vous rendons pas un service? Est-ce que ce service n'est pas une valeur? Est-ce que toute valeur ne doit pas être payée? Est-ce qu'en faisant le transport à 25 c. par tonne et kilomètre, tandis que la locomotive le fait, il est vrai, à 10 c., nous sommes des voleurs? Est-ce que le commerce ne s'est pas développé perpétuellement et universellement par le roulage, la bête de somme, la navigation à voiles ou à rames? Que nous impotent donc et la valeur, et la pression atmosphérique, et l'électricité? Prouver la réalité et la légitimité de la voiture à quatre roues, n'est-ce pas prouver

Frédéric Bastiat

que l'invention des chemines de fer est une chimère?

Voilà, Monsieur, où vous conduit votre argumentation. Votre dernière lettre n'a, comme les précédentes, et du commencement à la fin, pas d'autre sens. Pour conserver au capital l'intérêt que je lui refuse, vous me répondez par la question préalable, vous opposez à mon idée novatrice votre routine; vous protestez contre le rail et la machine à vapeur. Je serais désolé de vous dire rien de blessant; mais en vérité, Monsieur, il me semble que j'aurais le droit, dès ce moment, de briser là et de vous tourner le dos.

Je ne le ferai point: je veux vous donner satisfaction jusqu'à la fin, en vous montrant comment, pour me servir de vos paroles, la *rémunération du capital passe de la légitimé à l'illégitimité*, et comment la gratuité du crédit est la conclusion finale de la pratique de l'intérêt. Cette discussion, par elle-même, ne manque pas d'importance; je m'efforcerai surtout de la rendre pacifique.

Ce qui fait que l'intérêt du capital, excusable, juste même, au point de départ de l'économie des sociétés, devient, avec le développement des institutions industrielles, une vraie spoliation, un vol, c'est que cet intérêt n'a pas d'autre principe, d'autre raison d'être, que la nécessité et la force. La nécessité, voilà ce qui explique l'exigence du prêteur; la force, voilà ce qui fait la résignation de l'emprunteur. Mais, à mesure que, dans les relations humaines, la nécessité fait place à la liberté, et qu'à la force succède le droit, la capitaliste perd son excuse, et la revendication s'ouvre pour le travailleur contre le propriétaire.

Au commencement, la terre est indivise; chaque famille vit de sa chasse, pêche, cueillette, ou pâturage, l'industrie est toute domestique; l'agriculture, pour ainsi dire, nomade. Il n'y a ni commerce, ni propriété.

Plus tard, les tribus s'agglomérant, les nations commencent à se former; la caste apparaît née de la guerre et du patriarcat. La propriété s'établit peu à peu; mais, selon le droit héroïque, le maître, quand il ne cultive pas de ses propres mains, exploite par ses esclaves, comme plus tard le seigneur par ses serfs. Le fermage n'existe point encore; la rente, qui indique ce rapport, est inconnue.

A cette époque, le commerce se fait surtout en échanges. Si l'or et

Septième lettre

l'argent apparaissent dans les transactions, c'est plutôt comme marchandise que comme agent de circulation et unité de valeur: on les pèse, on ne les compte pas. Le change, l'agio qui en est la conséquence, le prêt à intérêt, la commandite, toutes ces opérations d'un commerce développé, auxquelles donne lieu la monnaie, sont inconnues. Longtemps ces mœurs primitives se sont conservées parmi les populations agricoles. Ma mère, simple paysanne, nous racontait qu'avant 89, elle se louait l'hiver pour filer le chanvre, recevant, pour salaire de six semaines de travail, avec sa nourriture, une paire de sabots et un pain de seigle.

C'est dans le commerce de mer qu'il faut rechercher l'origine de prêt à intérêt. Le contrat à la grosse, variété ou plutôt démembrement du contrat de pacotille, fut sa première forme; de même que le bail à ferme ou à cheptel fut l'analogue de la commandite.

Qu'est-ce que le contrat de pacotille? Un traité par lequel un industriel et un patron de navire conviennent de mettre en commun, pour le commerce étranger, le premier, une certaine quantité de marchandises qu'il se charge de procurer; le second, son travail de navigateur: le *bénéfice* résultant de la vente devant être partagé par portions égales, ou suivant une proportion convenue; les risques et avaries mis à la charge de la société.

Le bénéfice ainsi prévu, quelque considérable qu'il puisse être, est-il légitime? On ne saurait le révoquer en doute. Le bénéfice, à cette première époque des relations commerciales, n'est pas autre chose que l'incertitude qui règne, entre les échangistes, sur la valeur de leurs produits respectifs: c'est un avantage qui existe plutôt dans l'opinion que dans la réalité, et qu'il n'est pas rare de voir les deux parties, avec une égale raison, s'attribuer l'une et l'autre. Combien un once d'or vaut-elle de livres d'étain? Quel rapport de prix entre la pourpre de Tyr et la peau de zibeline? Nul ne le sait, nul ne le peut dire. Le Phénicien, qui, pour un ballot de fourrures, livre dix palmes de son étoffe, s'applaudit de son marché: autant en pense, de son côté, le chasseur hyperboréen, fier de sa casaque rouge. Et telle est encore la pratique des Européens avec les sauvages de l'Australie, heureux de donner un porc pour une hache, une poule pour un clou ou un grain de verre.

L'incommensurabilité des valeurs: telle est, à l'origine, la source des bé-

Frédéric Bastiat

néfices du commerce. L'or et l'argent entrent donc dans le trafic, d'abord comme marchandises; puis bientôt, en vertu de leur éminente échange-abilité, comme termes de comparaison, comme monnaies. Dans l'un et l'autre cas, l'or et l'argent portent bénéfice à l'échange, en premier lieu, par le fait même de l'échange; ensuite, pour le risque couru. Le contrat d'assurance apparaît ici comme le frère jumeau du contrat à la grosse; la prime stipulée dans le premier est corrélative, identique, à la part de bénéfice convenue dans le second.

Cette *part* de bénéfice, par laquelle s'exprime la participation du capitaliste ou industriel, qui engage ses produits ou ses fonds, c'est tout un dans le commerce, a reçu le nom latin d'*interesse*, c'est-à-dire participation, *intérêt*.

A ce moment donc, et dans les conditions que je viens de définir, qui pourrait accuser de dol la pratique de l'intérêt? L'intérêt, c'est l'*alea*, le gain obtenu contre la fortune; c'est le bénéfice aléatoire du commerce, bénéfice irréprochable tant que la comparaison des valeurs n'a pas fourni les idées corrélatives de *cherté*, de *bon marché*, de proportion, de **prix**. La même analogie, la même identité, que l'économie politique a signalée de tout temps et avec raison, entre l'intérêt de l'agent et la rente de la terre, existe, au début des relations commerciales, entre ce même intérêt et le bénéfice du commerce: au fond, l'échange est la forme commune, le point de départ de toutes ces transactions.

Vous voyez, Monsieur, que l'opposition énergique que je fais au capital, ne m'empêche point de rendre justice à la bonne foi originelle de ses opérations. Ce n'est pas moi qui marchanderai jamais avec la vérité. Je vous ai dit qu'il existait dans le prêt à intérêt un côté vrai, honnête, légitime; je viens de l'établir d'une façon qui, ce me semble, vaut encore mieux que la vôtre, en ce qu'elle ne sacrifie rien à l'égoïsme, n'ôte rien à la charité. C'est l'impossibilité d'évaluer les objets avec exactitude, qui fonde, au commencement, la légitimé de l'intérêt, comme, plus tard, c'est la recherche des métaux précieux qui la soutient. Il faut bien que le prêt à l'intérêt ait eu sa raison positive et nécessitante pour qu'il se soit développé et généralisé comme on l'a vu; il le faut, dis-je, à peine de damner, avec les théologiens, l'humanité toute entière, que je fais profession, quant à moi, de considérer comme infaillible et sainte.

Septième lettre

Mais qui ne voit déjà que le bénéfice du commerçant doit diminuer progressivement avec le risque couru et avec l'arbitraire des valeurs, pour n'être plus à la fin que le juste prix du service rendu par lui, le salaire de son travail ? Qui ne voit pareillement que l'intérêt doit s'atténuer avec les chances que court le capital, et la privation qu'éprouve le capitaliste ; en sorte que s'il y a garantie de remboursement de la part du débiteur, et si la peine de créancier est zéro, l'intérêt doit devenir zéro ?

Une autre cause, qu'il importe ici de ne point omettre, parce qu'elle marque le point de transition ou de séparation entre la part de bénéfice, *interesse*, afférente au capitaliste dans le contrat à la grosse, et l'usure proprement dite ; une autre cause, dis-je, tout à fait accidentelle, contribua singulièrement à vulgariser la fiction de la productivité du capital, et par suite la pratique de l'intérêt. Ce furent, chez les gens de commerce, les exigences de la compatibilité, la nécessité de presser les rentrées ou remboursements. Quel stimulant plus énergique, je vous le demande, pouvait-on imaginer à l'égard du débiteur indolent et retardataire, que cette aggravation, *fœnus*, cet enfantement, *tokos*, incessant du principal ? Quel huissier plus inflexible que ce serpent de l'usure, comme dit l'hébreu ? L'usure, disent les vieux rabbins, est appelée serpent, *nescheck*, parce que le créancier **mord** le débiteur, lorsqu'il lui réclame plus qu'il ne lui a donné. Et c'est cet instrument de police, cette espèce de garde du commerce lancé par le créancier à la gorge de son débiteur, dont on a voulu faire un principe de justice commutative, une loi de l'économie sociale ! Il faut n'avoir jamais mis le pied dans une maison de négoce, pour méconnaître à ce point l'esprit et le but de cette invention vraiment diabolique du génie mercantile.

Suivons maintenant le progrès de l'institution, car nous touchons au moment où le *nescheck*, le *tokos*, le *fœnus*, l'*usure*, enfin, se distinguant du bénéfice aléatoire, ou *interesse*, de l'expéditeur, va devenir une institution : et voyons d'abord comment s'en est généralisée la pratique. Nous tâcherons, après, de déterminer les causes qui doivent en amener l'abolition.

Nous venons de voir que ce fut chez les peuples navigateurs, faisant pour les autres le courtage et l'entrepôt, et opérant surtout sur les marchandises précieuse et les métaux, que se développa d'abord la spéculation mercantile ; et du même coup la spéculation de l'*interesse*, ou contrat à la grosse. C'est de là que l'usure, comme une peste, s'est propagée, sous toutes les formes, chez les nations agricoles.

L'opération, irréprochable en soi, de l'*interesse*, avait créé un précédent justificatif; la méthode, qu'on pourrait appeler de coercition et sûreté, du *fœnus*, aggravation progressive du capital, donnait le moyen; la prépondérance acquise par l'or et l'argent sur les autres marchandises, le privilège qu'ils reçurent, du consentement universel, de représenter la richesse et de servir d'évaluateur commun à tous les produits, fournit l'occasion. Quand l'or fut devenu le roi de l'échange, le symbole de la puissance, l'instrument de toute félicité, chacun voulut avoir de l'or; et comme il était impossible qu'il y en eût pour tout le monde, il ne se donna plus qu'avec prime; son usage fut mis à prix. Il se loua au jour, à la semaine et à l'an, comme le joueur de flûte et la prostituée. C'était une conséquence de l'invention de la monnaie, de faire estimer à vil prix, en comparaison de l'or, tous les autres biens, et de faire consister la richesse réelle, comme l'épargne, dans les écus. L'exploitation capitaliste, honnie de toute l'antiquité, mieux renseignée que nous assurément, sur cette matière, car elle touchait aux origines, fut ainsi fondée: il était réservé à notre siècle de lui fournir des docteurs et des avocats.

Tant que, se confondant avec la prime de l'assurance ou la part de bénéfice du contrat à la grosse, l'user s'était renfermée dans la spéculation maritime, et n'avait eu d'action que sur l'étranger, elle avait paru inoffensive aux législateurs. Ce n'est que lorsqu'elle commença de s'exercer entre concitoyens et compatriotes, que les lois divines et humaines fulminèrent contre elle l'interdit. Tu ne placeras point ton argent à intérêt sur notre frère, dit la loi de Moïse, mais oui bien sur l'étranger: *Non fœnerabis proximo ... sed alieno*. Comme si le législateur avait dit: de peuple à peuple, le bénéfice du commerce et le croît des capitaux n'expriment qu'un rapport entre valeurs d'opinion, valeurs qui, par conséquent, s'équilibrent; de citoyen à citoyen, le produit devant s'échanger contre le produit, le travail contre le travail, et le prêt d'argent n'étant qu'une anticipation de cet échange, l'intérêt constitue une différence qui rompt l'égalité commerciale, enrichit l'un au détriment de l'autre, et entraîne, à la longue, la subversion de la société.

Aussi fut-ce d'après ce principe que le même Moïse voulut que toute dette fut périmée et cessât d'être exigible à chaque cinquantième année: ce qui voulait dire que cinquante années d'intérêt ou cinquante annuités; en supposant que le prêt eût été fait la première année après le jubilé, remboursaient le capital.

C'est pour cela que Solon, appelé à la présidence de la république par ses concitoyens, et chargés d'apaiser les troubles qui agitaient la cité, commença par abolir les dettes, c'est-à-dire par liquider toutes les usures. La gratuité du crédit fut pour lui la seule solution du problème révolutionnaire posé de son temps, la condition *sine quâ non* d'une république démocratique et sociale.

C'est pour cela, enfin, que Lycurgue, esprit peu versé dans les questions de crédit et de finance, poussant à l'extrême ses appréhensions, avait banni de Lacédémone le commerce et la monnaie: ne trouvant pas, contre la subalternisation des citoyens et l'exploitation de l'homme par l'homme, d'autre remède que cette solution Icarienne.

Mais tous ces efforts, mal concertés, plus mal encore secondés, des anciens moralistes et législateurs, devaient rester impuissants. Le mouvement usuraire les débordait, sans cesse activé par le luxe et la guerre, et bientôt par l'analogie tirée de la propriété elle-même. D'un côté, l'état antagonique des peuples, entretenant les périls de la circulation, fournissait sans cesse de nouveaux prétextes à l'usure: de l'autre, l'égoïsme des castes régnantes devait étouffer les principes d'organisation égalitaire. A Tyr, à Carthage, à Athènes, à Rome, partout dans l'antiquité comme de nos jours, ce furent les hommes libres, les patriciens, les bourgeois, qui prirent l'usure sous leur protection, et exploitèrent, par le capital, la plèbe et les affranchis.

Le christianisme parut alors, et après quatre siècles de combat, commença l'abolition de l'esclavage. C'est à cette époque qu'il faut placer la grande généralisation du prêt à intérêt sous la forme du bail à ferme et à loyer.

J'ai dit plus haut que, dans l'antiquité, le propriétaire foncier, lorsqu'il ne faisait pas valoir, par lui-même et par sa famille, comme cela avait lieu chez les Romains, dans les premiers temps de la république, exploitait par ses esclaves: telle fut généralement la pratique des maisons patriciennes. Alors le sol et l'esclave étaient enchaînés l'un à l'autre; le colon était dit: *adscriptus glebœ*, attaché à la glèbe: la propriété de l'homme et de la chose était indivise. Le prix d'une métairie était à la fois en raison, 1° de la superficie et de la qualité du sol, 2° de la quantité du bétail, 3° du nombre des esclaves.

Quand l'émancipation de l'esclave fut proclamée, le propriétaire perdit l'homme et garda la terre; absolument, comme aujourd'hui, en affranchissant les noirs, nous réservons au maître la propriété du sol et du matériel. Pourtant, au point de vue de l'antique jurisprudence, comme du droit naturel et chrétien, l'homme, né pour le travail, ne peut se passer d'instruments de travail; le principe de l'émancipation impliquait une loi agraire qui en fût la garantie et la sanction: sans cela, cette prétendue émancipation n'était qu'un acte d'odieuse cruauté, une infâme hypocrisie. Et si, d'après Moïse, l'intérêt ou l'annuité du capital rembourse le capital, ne pouvait-on dire que le servage rembourse la propriété? Les théologiens et les légistes du temps ne le comprirent pas. Par une contradiction inexplicable, et qui dure encore, ils continuèrent à déblatérer contre l'usure, mais ils donnèrent l'absolution au fermage et au loyer.

Il résultat de là que l'esclave émancipé, et quelques siècles plus tard, le serf affranchi, sans moyens d'existence, dut se faire fermier et payer tribut. Le maître ne s'en trouva que plus riche. Je te fournirai, dit-il, la terre; tu fourniras le travail: et nous partagerons. C'était une imitation rurale des us et coutumes du négoce: je te prêterai dix talents, disait au travailleur l'homme aux écus; tu les feras valoir: et puis, ou nous partagerons le bénéfice: ou bien, tant que tu garderas mon argent, tu me paieras un 20ᵉ; ou bien, enfin, si tu l'aimes mieux, à l'échéance tu me rendras la double. De là naquit la rente foncière, inconnue des Russes et des Arabes. L'exploitation de l'homme par l'homme, grâce à cette métamorphose, passa en force de loi: l'usure, condamnée dans le prêt à intérêt, tolérée dans le contrat à la grosse, fut canonisée dans le fermage. Dés lors les progrès du commerce et de l'industrie ne servirent qu'à la faire entrer de plus en plus dans les mœurs. Il fallait qu'il en fût ainsi pour mettre en lumière toutes les variétés de la servitude et du vol, et poser la vraie formule de la liberté humaine.

Une fois engagée dans cette pratique de l'*interesse*, si étrangement compris, si abusivement appliqué, la société commença de tourner dans le cercle de ses misères. C'est alors que l'inégalité des conditions parut une loi de la civilisation, et le mal une nécessité de notre nature.

Deux issues, cependant, semblaient ouvertes aux travailleurs, pour s'affranchir de l'exploitation du capitaliste: c'étaient d'une part, comme nous l'avons dit plus haut, l'équilibration des capitaux; de l'autre, la réciprocité de l'intérêt.

Mais il est évident que le revenu du capital, représenté surtout par l'argent, ne peut totalement s'annihiler par la baisse; car, comme vous le dites très-bien, Monsieur, si mon capital ne doit me rapporter plus rien, au lieu de le prêter, je le garde, et, pour avoir voulu refuser la dîme, le travailleur chômera. Quant à la réciprocité des usures, on conçoit, à toute force, qu'elle puisse exister d'entrepreneur à entrepreneur, de capitaliste à capitaliste, de propriétaire à propriétaire; mais de propriétaire, capitaliste ou entrepreneur, à celui qui n'est qu'ouvrier, cette réciprocité est impossible. Il est impossible, dis-je, que, l'intérêt du capital s'ajoutant, dans le commerce, au salaire de l'ouvrier pour composer le prix de la marchandise, l'ouvrier puisse racheter ce qu'il a lui-même produit. *Vivre en travaillant* est un principe qui, sous le régime de l'intérêt, implique contradiction.

La société une fois acculée dans cette impasse, l'absurdité de la théorie capitaliste est démontrée par l'absurdité de ses conséquences; l'iniquité, en soi, de l'intérêt résulte de ses effets homicides; et, tant que la propriété aura pour corollaire et *postulatum* la rente et l'usure, son affinité avec le vol établie. Peut-elle exister dans d'autres conditions? Quant à moi, je le nie; mais cette recherche est étrangère à la question qui nous occupe en ce moment, et je ne m'y engagerai point.

Considérez, maintenant, dans quelle situation se trouvent à la fois, — par suite de l'invention de la monnaie, de la prépondérance du numéraire, et de l'assimilation faite entre le prêt d'argent et la location de la terre et des immeubles, — et le capitaliste et le travailleur.

Le premier, — car je tiens à le justifier, même à vos yeux, — obligé par le préjugé monétaire, ne peut se dessaisir gratuitement de son capital en faveur de l'ouvrier. Non que ce dessaisissement lui cause une privation, puisque, dans ses mains, le capital est stérile; non qu'il coure risque de le perdre, puisque, par les précautions de l'hypothèque, il est assuré du remboursement; non que cette prestation lui coûte la moindre peine, à moins que vous ne considériez comme peine le compte des écus et la vérification du gage; mais c'est qu'en se dessaisissant, pour un temps quelconque, de son argent, de cet argent qui, par sa prérogative, est, comme on l'a si justement dit, du *pouvoir*, le capitaliste diminue sa puissance et sa sécurité.

Ce serait tout autre chose, si l'or et l'argent n'étaient qu'une marchandise ordinaire, si l'on ne tenait pas plus à la possession des écus qu'à du blé, du vin, de l'huile ou du cuir; si la simple faculté de travailler donnait à l'homme la même sécurité que la possession de l'argent. Sous ce monopole de la circulation et de l'échange, l'usure devient, pour le capitaliste, une nécessité. Son intention, devant la justice, n'est point incriminable: dès que son argent est sorti de son coffre, il n'est plus en sûreté.

Or, cette nécessité qui, par le fait d'un préjugé involontaire et universellement répandu, incombe au capitaliste, constitue pour le travailleur la plus indigne spoliation, comme la plus odieuse des tyrannies, la tyrannie de la force.

Quelles sont, en effet, pour la classe travailleuse, pour cette partie vivante, productrice, morale, des sociétés, les conséquences théoriques et pratiques du prêt à intérêt et de son analogie, le fermage? Je me borne, pour aujourd'hui, à vous en énumérer quelques-unes, sur lesquelles j'appelle votre attention, et qui pourront, si vous y tenez, devenir l'objet ultérieur de notre débat.

C'est qu'en vertu du principe de l'intérêt, ou du produit *net*, un individu peut réellement et légitiment vivre sans travailler: c'est la conclusion de votre avant dernière lettre, et telle est, en effet, la condition à laquelle aujourd'hui tout le monde aspire.

C'est que, si le principe du produit *net* est vrai de l'individu, il doit l'être aussi de la nation; qu'ainsi, le capital mobilier et immobilier de la France, par exemple, étant évalué à 132 milliards, ce qui donne, à 5 pour 100 par an d'intérêt, 6 milliards 600 millions, la moitié au moins du peuple français pourrait, si elle voulait, vivre sans rien faire; qu'en Angleterre, où le capital accumulé est beaucoup plus considérable qu'en France, et la population beaucoup moindre, il ne tiendrait qu'à la nation toute entière, depuis la reine Victoria jusqu'au dernier rattacheur de fils de Liverpool, de vivre en rentière, se promenant la canne à la main, ou grognant dans les meetings. Ce qui conduit à cette proposition, évidemment absurde, que, grâce à son capital, une nation a plus de revenu que son travail n'en produit.

C'est que la totalité des salaires en France, étant annuellement d'environ 6 milliards, et la somme des revenus du capital aussi de 6 milliards, ce qui porte à 12 milliards la valeur marchande de la production annuelle, le peuple producteur, qui est en même temps le peuple consommateur, peut et doit acheter, avec 6 milliards de salaires qui lui sont alloués, les 12 milliards que le commerce lui demande pour prix de ses marchandises, sans quoi le capitaliste se trouverait sans revenu.

C'est que l'intérêt étant de sa nature perpétuel, et ne pouvant, en aucun cas, ainsi que le voulait Moïse, être porté en remboursement du capital; de plus, chaque année d'intérêt pouvant être replacée à usure, et former un nouveau prêt, et engendrer, par conséquent, un nouvel intérêt, le plus petit capital peut, avec le temps, produire des sommes prodigieuses, que ne représenterait pas même une masse d'or aussi grosse que le globe que nous habitons. Price l'a démontré dans sa théorie de l'amortissement.

C'est que la productivité du capital étant la cause immédiate, unique, de l'inégalité des fortunes et de l'accumulation incessante des capitaux dans un petit nombre de mains, il faut admettre, malgré le progrès des lumières, malgré la révélation chrétienne et l'extension des libertés publiques, que la société est naturellement et nécessairement divisée en deux castes, une caste de capitalistes exploiteurs, et une caste de travailleurs exploités.

C'est que ladite caste de capitalistes, disposant souverainement, par la prestation intéressée de ses capitaux, des instruments de production et des produits, a le droit, selon son bon plaisir, d'arrêter le travail et la circulation, comme nous la voyons faire depuis deux ans, au risque de faire mourir le peuple; — de changer la direction naturelle des choses, comme cela se voit dans les États du Pape, où la terre cultivable est, depuis un temps immémorial, livrée, pour la convenance des propriétaires, à la vaine pâture, et où le peuple ne vit que des aumônes et de la

Frédéric Bastiat

curiosité des étrangers; — de dire à une masse de citoyens: *Vous êtes de trop sur la terre; au banquet de la vie, il n'y a pas de place pour vous*, comme fit la comtesse de Strafford, lorsqu'elle expulsa de ses domaines, en une seule fois, 17,000 paysans: et comme fit, l'année dernière, le gouvernement français, quand il transporta en Algérie, 4,000 familles de bouches inutiles.

Je vous le demande à présent: si le préjugé de l'or, si la fatalité de l'institution monétaire excuse, justifie le capitaliste, n'est-il pas vrai qu'elle crée pour le travailleur ce régime de force brutale, qui ne se distingue de l'esclavage antique que par une plus profonde et une plus scélérate hypocrisie!

La force, Monsieur, voilà le premier et le dernier mot d'une société organisée sur le principe de l'intérêt, et qui, depuis 3,000 ans, fait effort contre l'intérêt. Vous le constatez vous-même, sans retenue comme sans scrupule, quand vous reconnaissez avec moi que le capitaliste *ne se prive point*; avec J. B. Say, que sa fonction est de *ne rien faire*; quand vous lui faites tenir ce langage effronté que réprouve tout conscience humaine:

« Je ne vous impose rien malgré vous. Dès que vous ne voyez pas dans le prêt un service, abstenez-vous d'emprunter, comme moi de prêter. Que si la *société* vous offre des *avantages* sans *rétribution*, adressez-vous à elle, c'est bien plus commode. Et quant à *organiser la circulation des capitaux*, ainsi que vous me sommez de le faire, si vous entendez par là que les miens vous arrivent gratis par l'intermédiaire de la société, j'ai contre ce procédé indirect tout juste les mêmes objections qui m'ont fait vous refuser le prêt direct et gratuit. »

Prenez-y garde, Monsieur; le peuple n'est que trop disposé à croire que c'est uniquement par amour de ses privilèges que la caste capitaliste, en ce moment dominante, repousse l'organisation du crédit qu'il réclame; et le jour où le mauvais vouloir de cette caste lui serait démontré, toute excuse disparaissant à ses yeux, sa vengeance ne connaîtrait plus de bornes.

Voulez-vous savoir quelle démoralisation épouvantable vous créez parmi les travailleurs, avec votre théorie de capital, qui n'est autre, com-

Septième lettre

me je viens de vous le dire, que la théorie du droit de la **force**? Il me suffira de reproduire vos propres arguments. Vous aimez les apologues: je vais, pour concréter ma pensé, vous en proposer quelques-uns.

Un millionnaire se laisse tomber dans la rivière. Un prolétaire vient à passer; le capitaliste lui fait signe: le dialogue suivant s'établit:

le millionnaire. Sauvez moi, ou je péris.

le prolétaire. Je suis à vous, mais je veux pour ma peine un million.

le millionnaire. Un million pour tendre la main à ton frère qui se noie! Qu'est-ce que cela te coûte? Une heure de retard! Je te rembourserai, je suis généreux, un quart de journée.

le prolétaire. Dites-moi, n'est-il pas vrai que je vous rends un service en vous tirant de là?

le millionnaire. Oui.

le prolétaire. Tout service a-t-il droit à une récompense?

le millionnaire. Oui.

le prolétaire. Ne suis-je pas libre?

le millionnaire. Oui.

le prolétaire. Alors, je veux un million: c'est mon dernier prix. Je ne vous force pas, je ne vous impose rien malgré vous; je ne vous empêche point de crier: *A la barque!* et d'appeler quelqu'un. Si le pêcheur, que j'aperçois là-bas, à une lieue d'ici, veut vous faire cet avantage sans rétribution, adressez-vous à lui: c'est plus commode.

le millionnaire. Malheureux! tu abuses de ma position. La religion, la morale, l'humanité!...

le prolétaire. Ceci regarde ma conscience. Au reste, l'heure m'appelle, finissons-en. Vivre prolétaire, ou mourir millionnaire: lequel voulez-vous?

Sans doute, Monsieur, vous me direz que la religion, la morale,

Frédéric Bastiat

l'humanité, qui nous commandent de secourir notre semblable dans la détresse, n'ont rien de commun avec l'intérêt. Je le pense comme vous: mais que trouvez-vous à redire à l'exemple suivant?

Un missionnaire anglais, allant à la conversion des infidèles, fait naufrage en route, et aborde dans un canot, avec sa femme et quatre enfants, à l'île de ... — Robinson, propriétaire de cette île par droit de première occupation, par droit de conquête, par droit de travail, ajustant le naufragé avec son fusil, lui défend de porter atteinte à sa propriété. Mais comme Robinson est humain, qu'il a l'âme chrétienne, il veut bien indiquer à cette famille infortunée un rocher voisin, isolé au milieu des eaux, où elle pourra se sécher et reposer, sans crainte de l'Océan.

Le rocher ne produisant rien, le naufragé prie Robinson de lui prêter sa bêche et un petit sac de semences.

J'y consens, dit Robinson; mais à une condition: c'est que tu me rendras 99 boisseaux de blé sur 100 que tu récolteras.

le naufragé. C'est une avanie! Je vous rendrai ce que vous m'aurez prêté, et à charge de revanche.

robinson. As-tu trouvé un gain de blé sur ton rocher?

le naufragé. Non.

robinson. Est-ce que je te rends service en te donnant les moyens de cultiver ton île, et de vivre en travaillant?

le naufragé. Oui

robinson. Tout service mérite-t-il rémunération?

le naufragé. Oui.

robinson. Eh bien! la rémunération que je demande, c'est 99 pour 100. Voilà mon prix.

le naufragé. Transigeons: je rendrai le sac de blé et la bêche, avec 5 pour 100 d'intérêt. C'est le taux légal.

robinson. Oui, taux légal, lorsqu'il y a concurrence, et que la marchandise abonde, comme le prix légal du pain est de 30 centimes le kilogramme, quand il n'y a pas disette.

le naufragé. 99 pour 100 de ma récolte! mais c'est un vol, un brigandage!

robinson. Est-ce que je te fais violence? est-ce que je t'oblige à prendre ma bêche et mon blé? Ne sommes-nous pas libres l'un et l'autre?

le naufragé. Il le faut. Je périrai à la tâche; mais ma femme, mes enfants!... Je consens à tout; je signe. Prêtez-moi, par-dessus le marché, votre scie et votre hache, pour que je me fasse une cabane.

robinson. Oui-dà ! J'ai besoin de ma hache et de ma scie. Il m'en a coûté huit jours de peine pour les fabriquer. Je te les prêterai cependant, mais à la condition que tu me donneras 99 planches sur 100 que tu fabriqueras.

le naufragé. Eh parbleu! je vous rendrai votre hache et votre scie, et vous ferai cadeau de cinq de mes planches en reconnaissance de votre peine.

robinson. Alors, je garde ma scie et ma hache. Je ne t'oblige point. Je suis libre.

le naufragé. Mais vous ne croyez donc point en Dieu! Vous êtes un exploiteur de l'humanité, un malthusien, un juif!

robinson. La religion, mon père, nous enseigne que « l'homme a une noble destination, qui n'est point circonscrite dans l'étroit domaine de la production industrielle. Quelle est cette fin? Ce n'est pas en ce moment le lieu de soulever cette question. Mais, quelle qu'elle soit, ce que je puis te dire, c'est que nous ne pouvons l'atteindre, si, courbés sous le joug d'un travail inexorable et incessant, il ne nous reste aucun loisir pour développer nos organes, nos affections, notre intelligence, notre sens du beau, ce qu'il y a de plus pur et de plus élevé dans notre nature... Quelle est donc la puissance qui nous donnera ce loisir bienfaisant, image et avant-goût de l'éternelle félicité? C'est le capital. » J'ai travaillé jadis; j'ai épargné, précisément en vue de te prêter: tu feras un jour comme moi.

le naufragé. Hypocrite!

robinson. Tu m'injuries: adieu! Tu n'as qu'à couper les arbres avec tes dents, et scier tes planches avec tes ongles.

le naufragé. Je cède à la force. Mais, du moins, faites-moi l'aumône de quelques médicaments pour ma pauvre fille qui est malade. Cela ne vous coûtera aucune peine; j'irai les cueillir moi-même dans votre propriété.

robinson. Halte-là! ma propriété est sacrée. Je te défends d'y mettre le pied: sinon tu auras affaire avec ma carabine. Cependant, je suis bon homme; je te permets de venir cueillir tes herbes: mais tu m'amèneras ton autre fille, qui me paraît jolie...

le naufragé. Infâme! tu oses tenir à un père un pareil langage!

robinson. Est-ce un service que je vous rends à tous, à toi et à tes filles, en vous sauvant la vie par mes remèdes? Oui ou non?

le naufragé. Assurément; mais le prix que tu y mets?

robinson. Est-ce que je la prends de force, ta fille? — N'est-elle pas libre? ne l'es-tu pas toi-même?... Et puis, ne sera-t-elle pas heureuse de partager mes loisirs? Ne prendra-t-elle pas sa part du revenu que tu me paies? En faisant d'elle ma fille de compagnie, ne deviens-je pas votre bienfaiteur? Va, tu n'es qu'un ingrat!

le naufragé. Arrête, propriétaire! J'aimerais mieux voir ma fille morte que déshonorée. Mais je la sacrifie pour sauver l'autre. Je ne te demande plus qu'une chose: c'est de me prêter tes outils de pêche; car avec le blé que tu nous laisses, il nous est impossible de vivre. Un de mes fils, en pêchant, nous procurera quelque supplément.

robinson. Soit: je te rendrai encore ce service. Je ferai plus: je te débarrasserai de ton autre fils, et me chargerai de sa nourriture et de son éducation. Il faut que je lui apprenne à tirer le fusil, à manier le sabre, et à vivre comme moi, sans rien faire. Car, comme je me défie de vous tous, et que vous pourriez fort bien ne me pas payer, je suis bien aise, à

Septième lettre

l'occasion, d'avoir main-forte. Coquins de pauvres, qui prétendez qu'on vous prête sans intérêt! Impies, qui ne voulez pas de l'exploitation de l'homme par l'homme!

Un jour, Robinson, s'échauffant à la chasse, prend un refroidissement, et tombe malade. Sa concubine, dégoûtée de lui, et qui entretenait, avec son jeune compagnon, des relations intimes, lui dit: Je vous soignerai et vous guérirai, mais à une condition: c'est que vous me ferez donation de tous vos biens. Autrement, je vous laisse.

robinson. O toi que j'ai tant aimée, à qui j'ai sacrifié honneur, conscience, humanité, voudrais-tu me laisser sur le lit de douleur?

la servante. Et moi, je ne vous aimais pas, c'est pour cela que je vous dois rien. Si vous m'avez entretenue, je vous ai livré ma personne: nous sommes quittes. Ne suis-je pas libre? Et suis-je obligée, après vous avoir servi de maîtresse, de vous servir encore de garde-malade?

robinson. Mon enfant, ma chère enfant, je te prie, calme-toi. Sois bonne, sois douce, soit gentille; je vais, en ta faveur, faire mon testament.

la servante. Je veux une donation, ou je pars.

robinson. Tu m'assassines! Dieu et les hommes m'abandonnent. Malédiction sur l'univers! Que le tonnerre m'écrase, et que l'enfer m'engloutisse!

Il meurt désespéré.

Frédéric Bastiat

Huitième lettre : F. Bastiat à P. J. Proudhon

La gratuité du crédit est-elle possible?

La gratuité du crédit est-elle impossible?

Il est clair que, résoudre une de ces questions, c'est résoudre l'autre.

Vous me reprochez de manquer à la charité parce que je maintiens le débat sur la seconde.

Voici mon motif:

Rechercher si la gratuité du crédit est *possible*, c'eût été me laisser entraîner à discuter la *Banque du Peuple*, l'*impôt sur le capital*, les *ateliers nationaux*, l'*organisation du travail*, en un mot, les mille moyens par lesquels chaque école prétend réaliser cette gratuité. Tandis que, pour s'assurer qu'elle est *impossible*, il suffisait d'analyser la nature intime du capital; ce qui atteint mon but, et, à ce qu'il me semble, le vôtre.

On pose à Galilée cinquante arguments contre la rotation de la terre. Faut-il qu'il les réfute tous? Non; il prouve qu'elle tourne, et tout est dit: *E pur si muove.*

Comme novateur, dites-vous, j'ai droit à l'examen. — Sans doute; mais, avant tout, la société, comme défenderesse, a droit qu'on lui prouve son tort. Vous traduisez le capital et l'intérêt au tribunal de l'opinion, les accusant d'injustice, de spoliation. A vous à prouver leur culpabilité; à eux à prouver leur innocence. — Vous avez, dites-vous, plusieurs moyens de les faire rentrer dans le droit. Il faut d'abord savoir s'ils en sont sortis. L'examen de vos inventions ne peut venir qu'après, puisqu'il suppose l'accusation fondée, ce qu'ils nient.

Cette marche est tellement logique, que vous y acquiescez en ces termes:

« Vrai ou fausse, légitime ou illégitime, morale ou immorale, j'accepte l'usure, je l'approuve, je la loue même; je renonce à toutes les illusions du socialisme, et me refais chrétien, si vous me démontrez que la prestation des capitaux, de même que la circulation des valeurs, ne saurait, en aucun cas, être gratuite. »

Or, que fais-je autre chose? C'est bien là mon terrain: prouver que le capital porte en lui-même l'indestructible principe de la rémunérabilité.

Cette doctrine, vous l'avez d'abord combattue par la théorie des *contradictions*, ensuite par celle des *distinctions*. L'intérêt, avez-vous dit, a eu sa raison d'existence autrefois, il ne l'a plus aujourd'hui. Il fut un instrument d'égalité et de progrès, il n'est plus que vol et oppression. — Et, là-dessus, vous citez plusieurs institutions et usages d'abord légitimes et libéraux, devenus plus tard injustes et funestes à la liberté, entre autres, la torture, le jugement par l'eau bouillante, l'esclavage, etc.

Je repousse, quant à moi, ce fatalisme cruel qui consiste à justifier tous les excès comme ayant servi la cause de la civilisation. L'esclavage, la torture, les épreuves judiciaires, n'ont pas avancé, mais retardé la marche de l'humanité. Il en eût été de même de l'intérêt, s'il n'avait été, comme vous le dites, qu'un abus de la force.

En outre, s'il y a des choses qui changent, il y en a qui ne changent pas. Depuis la création, il a été vrai que les trois angles d'un triangle sont égaux à deux angles droits, et cela sera vrai jusqu'au jugement dernier et au-delà. De même, il a toujours été vrai, il le sera toujours, que le *travail accumulé*, ou le capital, mérite récompense.

Vous comparez ma logique à celle d'un entrepreneur qui dirait: « Que m'importent la vapeur, la pression atmosphérique, l'électricité? Prouver la légitimé du char à quatre roues, n'est-ce pas prouver que l'invention des chemins de fer est une chimère? »

J'accepte la similitude; mais voici comment:

Je reconnais que le chemin de fer est un progrès. Je me réjouis de ce qu'il fait baisser le prix des transports; mais si l'on en voulait conclure à la *gratuité des transports*, si l'on disait: un prix quelconque pour les transports a pu être légitime autrefois, mais le temps est venu où ils doivent s'exécuter gratuitement, je répondrais: la conclusion est fausse. De progrès en progrès, ce prix peut diminuer sans cesse, mais il ne peut arriver à zéro, parce qu'il y aura toujours là une intervention de travail humain, un *service* humain, qui porte en lui-même le principe de la rémunérabilité.

De même, je reconnais que le loyer des capitaux va baissant en raison de leur abondance. Je le reconnais et m'en réjouis, car ils pénètrent ainsi de plus en plus dans toutes les classes, et les soulagent, pour chaque satisfaction donnée, du poids du travail. Mais, de cette baisse constante de l'intérêt, je ne puis conclure à son anéantissement absolu, parce que jamais les capitaux ne naîtront spontanément, qu'ils seront toujours un service plus ou moins grand, et que dès lors ils portent en eux-mêmes, ainsi que les transports, le principe de la rémunérabilité.

Ainsi, Monsieur, je ne vois aucun motif de déplacer ce débat au moment de le clore; et il me semble qu'il n'est pas un de nos lecteurs qui ne considérât ma tâche comme remplie, si je prouvais ces propositions:

Tout capital (quelle que soit sa forme, moissons, outils, machines, maisons, etc.), tout capital résulte d'un travail antérieur, et féconde un travail ultérieur.

Parce qu'il résulte d'un travail antérieur, celui qui le cède reçoit une rémunération.

Parce qu'il féconde un travail ultérieur, celui qui l'emprunte doit une rémunération.

Et vous le dites vous-même: « Si la peine du créancier est zéro, l'intérêt doit devenir zéro. »

Donc, qu'avons-nous à rechercher? Ceci:

Est-il possible qu'un capital se forme sans peine?

Si c'est possible, j'ai tort; le crédit doit être gratuit.

Si c'est impossible, c'est vous qui avez tort, le capital doit être rémunéré. Vous avez beau faire; la question se réduit à ces termes: Le temps est-il arrivé, arrivera-t-il jamais où les capitaux écloront spontanément sans la participation d'aucun effort humain?

Mais, dans une revue rétrospective pleine de verve, vous élançant vers la Palestine, vers Athènes, Sparte, Tyr, Rome, Carthage, vous m'entraînez par la tangente hors du cercle où je ne puis vous retenir. Eh bien ! avant d'y rentrer, j'essaierai, sinon de vous suivre, du moins de faire quelques pas avec vous.

Vous débuter ainsi:

« Ce qui fait que l'intérêt du capital, excusable, juste même au point de départ de l'économie des sociétés, devient, avec le développement des institutions industrielles, une vraie spoliation, un vol, c'est que cet intérêt n'a pas d'autre principe, d'autre raison d'être, que la nécessité et la force. La nécessité, voilà ce qui explique l'exigence du prêteur; la force, voilà ce qui fait la résignation de l'emprunteur. Mais à mesure que, dans les relations humaines, la nécessité fait place à la vérité, et qu'à la force succède le droit, le capitaliste perd son excuse. »

Il perd plus que cela; il perd le seul titre que vous lui reconnaissez. Si, sous l'empire de la liberté et du droit, l'intérêt persiste, c'est sans doute qu'il a, quoi que vous en disiez, une autre *raison d'être* que la*force.*

En vérité, je ne comprends plus votre *distinguo.* Vous disiez: « L'intérêt a été juste autrefois, il ne l'est plus aujourd'hui. » Et quelle raison en donnez-vous? Celle-ci: « Jadis la force régnait, aujourd'hui c'est le droit. » Loin de conclure de là que l'intérêt a passé de la légitimité à l'illégitimité, n'est-ce pas le contraire qui se déduit de vos prémisses?

Et certes, le fait confirmerait cette déduction; car l'usure a pu être odieuse quand on devenait capitaliste par la rapine, et l'intérêt est justifié depuis qu'on le devient par le travail.

« C'est dans le commerce de mer qu'il faut chercher l'origine de l'intérêt. Le contrat à la grosse, variété ou plutôt démembrement du contrat de pacotille, fut sa première forme. »

Je crois que le capital a une nature qui lui est propre, parfaitement indépendante de l'élément par lequel les hommes exécutent leurs transports. Qu'ils voyagent et fassent voyager leurs marchandises par terre, par eau ou par l'air, en char, en barque ou en ballon, cela ne confère ni ne retire aucun droit au capital.

Il est d'ailleurs permis de penser que la pratique de l'intérêt a été antérieure à celle du commerce maritime. Très-probablement le patriarche Abraham ne prêtait pas des troupeaux sans se réserver une part quelconque dans le croît, et ceux qui, après le déluge, bâtirent à Babylone les premières maisons, n'en cédaient sans doute pas l'usage sans rétribution.

Eh quoi! Monsieur, ces transactions, qui ont prévalu et s'accomplissent volontairement depuis le commencement du monde, sous les noms de location, intérêt, fermage, baux, loyer, ne seraient pas sorties des entrailles mêmes de l'humanité! Elles seraient nées du *Contrat de pacotille!*

Ensuite, à propos du contrat à la grosse, vous faites une théorie du bénéfice qu'en vérité je crois inadmissible. — Mais la discuter ici, ce serait nous écarter du sujet.

Enfin vous arrivez à cette tige de toutes les erreurs économiques, à savoir: la confusion entre les capitaux et le numéraire; confusion à l'aide de laquelle il est aisé d'embrouiller la question. Mais vous n'y croyez pas vous-même, et je n'en veux pour preuve que ce que vous disiez naguère à M. Louis Blanc: « L'argent n'est pas une richesse pour la société: c'est tout simplement un moyen de circulation qui pourrait très-avantageusement être remplacé par du papier, par une substance de *nulle valeur*. »

Veuillez donc croire que lorsque je parle de la productivité du capital (outils, instruments, etc.) mis en œuvre par le travail, je n'entends pas attribuer une merveilleuse vertu prolifique à l'argent.

Vous suivrai-je, Monsieur, en Palestine, à Athènes et Lacédémone? Vraiment, cela n'est pas nécessaire. Un mot seulement sur le *Non fœnerabis* de Moïse.

J'admire la dévotion qui a saisi certains socialistes (avec lesquels je ne vous confonds pas), depuis qu'ils ont découvert, à l'appui de leur thèse, quelques textes dans l'Ancien et le Nouveau Testament, les conciles et les Pères de l'Eglise. Je me permettrai de leur adresser cette question: Entendent-ils nous donner ces autorités comme infaillibles en matière de sciences et d'économie sociale?

Certes, ils n'iront pas jusqu'à me répondre: Nous tenons pour infaillibles les textes qui nous conviennent, et pour faillibles ceux qui ne nous conviennent pas. — Quand on invoque les livres sacrés, à ce titre et comme dépositaires de la volonté indiscutable de Dieu, il faut tout prendre, sous peine de jouer une puérile comédie. Eh bien! sans parler d'une multitude de sentences de l'Ancien Testament, qui ne peuvent, sans danger, être prises au pied de la lettre, il y a, dans l'Evangile, d'autres textes que le

Frédéric Bastiat

fameux *Mutuum date,* dont ils veulent déduire la gratuité du crédit, entre autres ceux-ci:

« Heureux ceux qui pleurent. »

« Heureux ceux qui souffrent. »

« Il y aura toujours des pauvres parmi vous. »

« Rendez à César ce qui appartient à César. »

« Obéissez aux puissances. »

« Ne vous préoccupez pas du lendemain. »

« Faites comme le lis, qui ne file ni ne tisse. »

« Faites comme l'oiseau, qui ne laboure ni ne sème. »

« Si on vous frappe sur la joue gauche, tendez encore la joue droite. »

« Si on vous vole votre manteau, donnez encore votre robe. »

Que diraient messieurs les socialistes, si nous fondions sur un de ces textes la politique et l'économie sociale?

Il est permis de croire que lorsque le fondateur du christianisme a dit à ses disciples: *Mutuum date,* il a entendu leur donner un conseil de charité et non faire un cours d'économie politique. Jésus était charpentier, il travaillait pour vivre. Dès lors, il ne pouvait faire du *don* une prescription absolue. Je crois pouvoir ajouter, sans irrévérence, qu'il se faisait payer très-légitimement, non-seulement pour le travail consacré à faire des planches, mais aussi pour le travail consacré à faire des scies et des rabots, c'est-à-dire pour le capital.

Enfin, je ne dois pas laisser passer les deux apologues par lesquels vous terminez votre lettre, sans vous faire observer que, loin d'infirmer ma doctrine, ils condamnent la vôtre; car on n'en peut déduire la *gratuité du crédit* qu'à la condition d'en déduire aussi la *gratuité du travail*. Votre second drame me porte un grand coup d'épée; mais, par le premier, vous m'avez charitablement muni d'une cuirasse à toute épreuve.

En effet, par quel artifice voulez-vous m'amener à reconnaître qu'il est des circonstances où on est tenu en conscience de prêter gratuitement? Vous imaginez une de ces situations extraordinaires qui font taire les instincts personnels et mettent en jeu le principe sympathique, la pitié, la commisération, le dévouement, le sacrifice. — Un insulaire est bien pourvu de toutes choses. Il rencontre des naufragés que la mer a jetés nus sur la plage. Vous me demandez s'il est permis à cet insulaire de tirer, dans son intérêt, tout le parti possible de sa position, de pousser ses exigences jusqu'aux dernières limites, de demander mille pour cent de ses capitaux, et même de les louer au prix de l'honneur.

Je vois le piège. Si je réponds: Oh! dans ce cas, il faut voler, sans conditions, au secours de son frère, partager avec lui jusqu'à la dernière bouchée de pain. Vous triompherez, disant: Enfin mon adversaire a avoué qu'il est des occasions où le crédit doit être gratuit.

Heureusement, vous m'avez fourni vous-même la réponse dans le premier apologue, que j'aurais inventé, si vous ne m'aviez prévenu.

Un homme passe sur le bord d'un fleuve. Il aperçoit un de ses frères qui se noie, et, pour le sauver, n'a qu'à lui tendre la main. Pourra-t-il, en conscience, profiter de l'occasion pour stipuler les conditions les plus extrêmes, pour dire au malheureux qui se débat dans le torrent: Je suis libre, je dispose de mon travail. Meurs, ou donne-moi toute ta fortune!

Je me figure, Monsieur, que si un brave ouvrier se rencontre dans

Frédéric Bastiat

ces circonstances, il se jettera dans l'eau sans hésiter, sans calculer, sans spéculer sur son salaire et même sans y songer.

Mais ici, veuillez le remarquer, il n'est pas question de capital; il s'agit de travail. C'est du travail qui, en conscience, doit être sacrifié. Est-ce que vous déduirez de là, comme règle normale des transactions humaines, comme loi de l'économie politique, la *gratuité du travail*? Et parce que, dans un cas extrême, le service doit être gratuit, renoncerez-vous théoriquement à votre axiome: *mutualité des services*?

Et cependant, si de votre second apologue vous concluez qu'on est toujours tenu de *prêter* pour rien, du premier vous devez conclure qu'on est toujours obligé de *travailler* gratis.

La vérité est que, pour élucider une question d'économie politique, vous avez imaginé deux cas où toutes les lois de l'économie politique sont suspendues. Qui jamais a songé à nier que, dans certaines circonstances, nous ne soyons tenus de sacrifier capital, intérêt, travail, vie, réputation, affections, santé, etc.? Mais est-ce là la loi des transactions ordinaires? Et recourir à de tels exemples pour faire prévaloir la gratuité du crédit, ou la gratuité du travail, n'est-ce pas avouer son impuissance à faire résulter cette gratuité de la marche ordinaire des choses?

Vous recherchez, Monsieur, quelles sont, pour la classe travailleuse, les conséquences du prêt à intérêt, et vous en énumérez quelques-unes, m'invitant à en faire l'objet ultérieur de ce débat.

Je ne disconviens pas que, parmi vos objections, il n'y en ait de très-spécieuses et même de très-sérieuses. Il est même impossible, dans une lettre, de les relever une à une; j'essaierai de les réfuter toutes à la fois, par la simple exposition de la loi selon laquelle se répartissent, suivant moi, entre le capital et le travail, les produits de leur coopérations; et c'est par là que je rentrerai dans ma modeste circonférence économique.

Permettez-moi d'établir cinq propositions qui me semblent susceptibles d'être mathématiquement démontrées.

1° *Le capital féconde le travail.*

Il est bien clair qu'on obtient de plus grands résultats avec une charrue que sans charrue; avec une scie que sans scie; avec une route que sans route; avec des approvisionnements que sans approvisionnements, etc., d'où nous pouvons conclure que l'intervention du capital accroît la masse des produits à partager.

2° *Le capital est du travail.*

Charrues, scies, routes, approvisionnements, ne se font pas tout seuls, et le travail à qui on les doit a droit à être rémunéré.

Je suis obligé de rappeler ici ce que j'ai dit dans ma dernière lettre sur la différence dans le mode de rétribution quand elle s'applique au capital ou au travail.

La peine que prend chaque jour le porteur d'eau doit lui être payée par ceux qui profitent de cette peine quotidienne. Mais la peine qu'il a prise pour fabriquer sa brouette et son tonneau doit lui être payée par un nombre indéterminé de consommateurs.

De même l'ensemencement, le labourage, le sarclage, la moisson, ne regardent que la récolte actuelle. Mais les clôtures, les défrichements, les desséchements, les bâtisses entrent dans le prix de revient d'une série indéfinie de récoltes successives.

Autre chose est le travail actuel du cordonnier qui fait des souliers, du tailleur qui fait des habits, du charpentier qui fait des madriers, de l'avocat qui fait des mémoires; autre chose est le travail accumulé qu'ont exigé la forme, l'établi, la scie, l'étude du droit.

Frédéric Bastiat

C'est pourquoi le travail de la première catégorie se rémunère par le salaire, celui de la seconde catégorie par les combinaisons de l'intérêt et de l'amortissement, qui ne sont autre chose qu'un salaire ingénieusement réparti sur une multitude de consommateurs.

3° A mesure que le capital s'accroît l'intérêt baisse, mais de telle sorte que le revenu total du capitaliste augmente.

Ce qui a lieu sans injustice et sans préjudice pour le travail, parce que, ainsi que nous allons le voir, l'excédant de revenu du capitaliste est pris sur l'excédant de produit dû au capital.

Ce que j'affirme ici, c'est que, quoique l'intérêt baisse, le revenu total du capitaliste augmente de toute nécessité, et voici comment:

Soit 100 le capital, et le taux de l'intérêt 5. Je dis que l'intérêt ne peut descendre à 4 sans que le capital s'accumule au moins au-dessus de 120. En effet, on ne serait pas stimulé à accroître le capital, s'il en devait résulter diminution, ou même stationnement du revenu. Il est absurde de dire que le capital étant 100 et le revenu 5, le capital peut être porté à 200 et le taux descendre à 2; car, dans le premier cas, on aurait 5 francs de rente, et dans le second on n'aurait que 4 francs. Le moyen serait trop simple et trop commode: on mangerait la moitié du capital pour faire reparaître le revenu.

Ainsi, quand l'intérêt baisse de 5 à 4, de 4 à 3, de 3 à 2, cela veut dire que le capital s'est accru de 100 à 200, de 200 à 400, de 400 à 800, et que le capitaliste touche successivement pour revenu 5, 8 et 12. Et le travail n'y perd rien, bien au contraire: car il n'avait à sa disposition qu'une force égale à 100, puis il a eu une force égale à 200, et enfin une force égale à 800, avec cette circonstance qu'il paie de moins en moins cher une quantité donnée de cette force.

Il suit de là que ces calculateurs sont bien malhabiles qui vont disant: « L'intérêt baisse, donc il doit cesser. » Eh morbleu! il baisse, relativement à chaque 100 fr.; mais c'est justement parce que le nombre de 100 fr. augmente que l'intérêt baisse. Oui, le multiplicateur s'amoindrit, mais ce n'est que par la raison même qui fait grossir le multiplicande, et je défile le dieu de l'arithmétique lui-même d'en conclure que le produit arrivera ainsi à zéro.[1]

1 Cette loi, d'une décroissance qui, quoique indéfinie, n'arrive jamais à zéro, loi bien connue des mathématiciens, gouverne une foule de phénomènes économiques et n'a pas été assez observée.

Citons-en un exemple familier.

Tout le monde sait que dans une grande ville, dans un quartier riche et populeux, on peut gagner davantage tout en réduisant les prix de vente. C'est ce qu'on exprime familièrement par cette locution: *Se retrouver sur la quantité.*

Supposons quatre marchands de couteaux, l'un au village, l'autre à Bayonne, le troisième à Bordeaux, le quatrième à Paris.

Nous pourrons avoir le tableau suivant:

Nombre des couteaux vendus	Bénéfice par couteau	Bénéfice total	
Village	100	1 fr.	100 fr.
Bayonne	200	75 c.	150 fr.
Bordeaux	400	50 c.	200 fr.
Paris	1,000	25 c.	250 fr.

On voit ici un multiplicateur (deuxième colonne) décroître sans cesse, parce que le multiplicande (première colonne) s'accroît toujours; la progression constante du produit total (troisième colonne) exclut l'idée que le multiplicateur arrive jamais à zéro, alors même qu'on passerait de Paris à Londres, et à des villes de plus en plus grandes et riches.

Ce qu'il faut bien observer ici, c'est que l'acheteur n'a pas à se plaindre de l'accroissement progressif du bénéfice total réalisé par le marchand, car ce qui l'intéresse, lui acheteur, c'est le profit proportionnel prélevé sur lui comme rémunérateur du service rendu, et ce profit diminue sans cesse. Ainsi, à des points de vue divers, le vendeur et l'acheteur progressent en même temps.

C'est la loi des capitaux. Bien connue, elle révèle aussi l'harmonie des intérêts entre le

Frédéric Bastiat

4° *A mesure que les capitaux augmentent* (et avec eux les produits), la **part absolue** qui revient au capital augmente, et sa **part proportionnelle** diminue.

Cela n'a plus besoin de démonstration. Le capital retire successivement 5, 4, 3 pour chaque 100 fr. qu'il met dans l'association; donc son prélèvement *relatif* diminue. Mais comme il met successivement dans l'association 100 fr., 200 fr., 400 fr., il se trouve qu'il retire, pour sa part totale, d'abord 5, puis 8, ensuite 12, et ainsi de suite; donc son prélèvement *absolu* augmente.

5° *A mesure que les capitaux augmentent* (et avec eux les produits), *la part proportionnelle et la part absolue du travail augmentent.*

Comment pourrait-il en être autrement? puisque le capital voit grossir sa part absolue, encore qu'il ne prélève successivement que 1/2, 1/3, 1/4, 1/5 du capital total, le travail, à qui successivement il revient 1/2, 2/3, 3/4, 4/5, entre évidemment dans le partage pour une part progressive, dans le sens proportionnel comme dans le sens absolu.

La loi de cette répartition peut être figurée aux yeux par les chiffres suivantes, qui n'ont pas la prétention d'être précis, mais que je produis pour élucider ma pensée.

Produit total	Part du capital	Part du travail	
1ère période.	1000	1/2 ou 500	1/2 ou 500
2ème période.	1800	1/3 ou 600	1/2 ou 1200
3ème période.	2800	1/4 ou 700	1/2 ou 2100
4ème période.	4000	1/5 ou 800	1/2 ou 3200

On voit par là comment l'accroissement successif des produits, correspondant à l'accumulation progressive des capitaux, explique ce double phénomène, à savoir, que la part absolue du

capitaliste et le prolétaire, et leur progrès simultané.

capital augmente, encore que sa part proportionnelle diminue, tandis que la part du travail augmente à la fois dans les deux sens.

De tout ce qui précède, il résulte ceci:

Pour que le sort des masses s'améliore, il faut que le loyer des capitaux baisse.

Pour que l'intérêt baisse, il faut que les capitaux se multiplient.

Pour que les capitaux se multiplient, il faut cinq choses: *activité, économie, liberté, paix* et *sécurité*.

Et ces biens, qui importent à tout le monde, importent encore plus à la classe ouvrière.

Ce n'est pas que je nie les souffrances des travailleurs, mais je dis qu'ils sont sur une fausse piste quand ils les attribuent à l'*infâme* capital.

Telle est ma doctrine. Je la livre avec confiance à la bonne foi des lecteurs. On a dit que je m'étais constitué l'avocat du *privilège capitaliste*. Ce n'est pas à moi, c'est à elle de répondre.

Cette doctrine, j'ose le dire, est consolante et concordante. Elle tend à l'union des classes; elle montre l'accord des principes; elle détruit l'antagonisme des personnes et des idées, elle satisfait l'intelligence et le cœur.

En est-il de même de celle qui sert de nouveau pivot au socialisme? qui dénie au capital tout droit à une récompense? qui ne voit partout que contradiction, antagonisme et spoliation? qui irrite les classes les unes contre les autres? qui représente l'iniquité comme un fléau universel, dont tout homme, à quelque degré, est coupable et victime?

Que si néanmoins le principe de la gratuité du crédit est vrai, il faut bien l'admettre: *Fiat justitia, ruat cœlum.* Mais s'il est faux!!

Frédéric Bastiat

Quant à moi, je le tiens pour faux, et, en terminant, je vous remercie de m'avoir loyalement fourni l'occasion de la combattre.

Neuvième lettre : P. J. Proudhon à F. Bastiat

Vous m'avez trompé.

J'attendais de vous une controverse sérieuse: vos lettres ne sont qu'une perpétuelle et insipide mystification. Quand vous auriez fait un pacte avec l'usure, pour embrouiller la question et empêcher notre débat d'aboutir, en l'embarrassant d'incidents, de hors-d'œuvre, de vétilles et de chicanes, vous n'eussiez pu vous y prendre autrement.

De quoi s'agit-il entre nous, s'il vous plait? de savoir si l'intérêt de l'argent doit ou non être aboli. Je vous l'ai dit moi-même: c'est là le pivot du socialisme, la cheville ouvrière de la Révolution.

Une question préjudicielle s'élève donc tout d'abord, celle de savoir si, en fait, il y a possibilité d'abolir cet intérêt. Vous le niez; je l'affirme: lequel croire de nous deux? Évidemment, ni l'un ni l'autre. Il faut examiner la chose: voilà ce que dicte le sens commun, ce que la plus simple notion d'équité prescrit. Vous, au contraire, vous repoussez cet examen. Depuis deux mois que nous avons ouvert, dans la *Voix du Peuple*, cette assise solennelle où le capital devait être jugé, et l'usure condamnée ou absoute, vous ne cessez de me répéter sur tous les tons cette ritournelle:

« Le capital, tel que je le comprends, tel qu'il m'apparaît dans sa nature intime, est productif. Cette conviction me suffit: je ne veux pas en savoir davantage. D'ailleurs, vous reconnaissez qu'en prêtant à intérêt, je rends service et ne suis point voleur; qu'ai-je donc besoin de vous entendre? Quand j'ai prouvé, dans mon système, que la gratuité du crédit est impossible, et que vous accordez qu'un honnête homme peut, en toute sûreté de conscience, tirer de son fonds un revenu, vous devez tenir cette même gratuité pour impossible. Ce qui est démontré vrai, dans un système, ne peut devenir faux dans un autre: autrement, il faudrait dire qu'une même chose peut être vraie et fausse tout à la fois, ce que mon esprit se refuse absolument à comprendre. Je ne sors pas de là. »

Où donc, monsieur, avez-vous appris, je ne dis pas à raisonner, car il appert dès le commencement de cette polémique que le raisonnement en vous se réduit à affirmer et confirmer toujours votre proposition, sans infirmer celle de votre adversaire, mais à discuter? Le dernier clerc de procureur vous dirait qu'en tout débat, il faut examiner successivement et contradictoirement le dire de chaque partie; et, puisque nous avons pris le public pour juge, il est évident qu'une fois votre système exposé et débattu, il faut aborder le mien.

Avec vous les choses ne se passent point ainsi. Satisfait de la concession que je vous ai faite, à savoir, que dans l'état actuel des choses le prêt à intérêt ne peut être considéré comme un acte illicite, vous tenez la nécessité de l'intérêt pour démontrée, et là-dessus, sous prétexte que vous n'entendez rien à l'antinomie, me fermant la bouche, vous faites défaut au débat. Est-ce discuter, je vous le demande?

Forcé par une conduite si étrange, je fais alors un pas vers vous. Ma méthode de démonstration avait paru vous faire quelque peine: je quitte cette méthode, et vous montre, en employant la forme ordinaire de raisonnement, que tout change dans la société; que ce qui à une époque fut un progrès, à une autre devient une entrave; qu'ainsi, en faisant abstraction du temps, la même idée, le même fait, change complètement de caractère, selon l'aspect sous lequel on le considère; que rien n'empêche de croire que l'intérêt soit précisément dans ce cas; qu'en conséquence votre fin de non-recevoir ne peut être admise, et qu'il faut décidément examiner avec moi l'hypothèse de la gratuité du crédit, de l'abolition de l'intérêt.

A cela que répondez-vous? c'est à peine si j'ose vous le rappeler. Parce que, par égard pour vous, j'avais cru devoir changer de méthode, vous m'accusez, d'abord de *tergiversation*, ensuite de *fatalisme!* J'ai fait avec vous, permettez-moi cette comparaison, ce que le professeur de mathématiques fait avec ses élèves, lorsqu'à une démonstration difficile, il en substitue une autre plus saisissable à leur intelligence. Car, sachez-le bien, monsieur, la dialectique hégélienne, qui cependant n'est pas toute la logique, est au syllogisme et à l'induction ce que le calcul différentiel est à la géométrie ordinaire. Il vous est permis d'en rire; c'est le droit de l'esprit humain de rire de tout ce qu'il a une fois compris et deviné; mais il faut comprendre, sans quoi le rire n'est que la grimace de l'insensé. Et vous, pour prix de ma complaisance, vous me décernez le sarcasme: je ne suis, à vous entendre, qu'un sophiste. Est-ce sérieux?

Je fais plus encore. Vous aviez dit, — je cite vos propres paroles:

— Montrez-moi comment l'intérêt, de légitime devient illégitime, et je consens à discuter la théorie du crédit gratuit.

Pour satisfaire à ce désir, d'ailleurs très-légitime, je fais l'historique de l'intérêt, j'écris la biographie de l'usure. Je montre que cette pratique a sa cause dans un concours de circonstances politiques et économiques, indépendant de la volonté des contractants, et inévitable à l'origine des sociétés, savoir: 1° L'incommensurabilité des valeurs, résultant de la non-séparation des industries, et de l'absence des termes de ma comparaison; 2° les risques du commerce; 3° l'habitude, introduite de bonne heure parmi les négociants et devenue peu à peu constante et générale, de compter un excédant proportionnel à titre d'amende ou indemnité (*dommage-intérêt*), à tout débiteur retardataire; 4° la prépondérance des métaux précieux et monnayés sur les autres marchandises; 5° la pratique combinée des contrats de *pacotille*, d'*assurance*, et *à la grosse*; 6° enfin, l'établissement de la rente foncière; imité de l'intérêt de l'argent, et qui, admise sans contestation par les casuistes, devait servir plus tard à la justification de ce même intérêt.

Pour rendre la démonstration complète, je prouve ensuite, par un simple rapport arithmétique, que l'intérêt, excusable comme *accident*, dans les conditions où il a pris naissance, et où il s'est ensuite développé, devient absurde et spoliateur, dès qu'on prétend le généraliser et en faire une **règle** d'économie publique; qu'il est en contradiction formelle ave le principe économique, que dans la société le produit *net* est identique au produit *brut*, en sorte que tout prélèvement exercé par le capital sur le travail constitue, dans la balance sociale, une erreur de compte et une impossibilité. Je prouve, enfin, que si, à une autre époque, l'intérêt a servi de mobile à la circulation des capitaux, il n'est plus aujourd'hui pour cette circulation, de même que l'impôt sur le sel, le vin, le sucre, la viande, de même que la douane elle-même, qu'une entrave; que c'est à lui qu'il faut rapporter la stagnation des affaires, le chômage de l'industrie, la détresse de l'agriculture, et l'imminence toujours grandissante d'une banqueroute universelle.

Tout cela était d'histoire, de théorie et de pratique, comme de calcul: vous avez remarqué vous-même que je n'avais pas une seule fois fait appel, contre l'intérêt, à la fraternité, à la philanthropie, à l'autorité de l'Évangile et des Pères de l'Église. J'ai peu de foi à la philanthropie;

Frédéric Bastiat

quant à l'Église, elle n'a jamais rien entendu à cette matière, et sa casu- istique, depuis le Christ jusqu'à Pie IX, est tout simplement absurde. Absurde, dis-je, soit quand elle condamne l'intérêt, sans aucune consi- dération des circonstances qui l'excusent, qui l'exigent; soit quand elle restreint ses anathèmes à l'usure d'argent, et fait, pour ainsi dire, accep- tion de l'usure terrienne.

A cette exposition, dont vous avez vous-même apprécié l'intérêt, que répondez-vous, dans votre quatrième lettre?

— Rien.

Niez-vous l'histoire? — Point.

Contestez-vous mes calculs? — Non.

Que dites-vous donc? — Vous rebattez votre éternel refrain: Celui qui prête rend service; dès lors il est prouvé que le *capital porte en soi l'indestructible principe de la rémunération.* Sur quoi, vous me donnez, comme expression de la sagesse des siècles, cinq ou six aphorismes, excellents pour endormir les mauvaises consciences, mais qui, je vous le prouverai tout à l'heure, sont tout ce que la routine la plus brute a fait jamais dire de plus absurde. Puis, faisant votre signe de croix, vous déclarez la discussion close. *Amen!*

Vous êtes économiste, monsieur Bastiat, membre de l'Académie des sciences morales et politiques, membre du comité des finances, mem- bre du congrès de la Paix, membre de la ligue anglo-française pour le libre-échange, et, ce qui vaut mieux que tout cela, honnête homme et homme d'esprit. Eh bien! je suis forcé, pour mettre à couvert votre in- telligence et votre loyauté; de vous prouver, par A plus B, que vous savez pas le premier mot des choses dont vous avez entrepris de parler, ni du capital, ni de l'intérêt, ni du prix, ni de la valeur, ni de la circulation, ni de la finance, ni de toute l'économie politique, pas plus que de la mé- taphysique allemande.

Avez-vous, dans votre vie, entendu parler de la Banque de France? Faites-moi le plaisir, quelque jour, d'y jeter le pied; ce n'est pas loin de l'Institut. Vous trouverez là M. d'Argout, qui, en fait de capital et d'intérêt, en sait plus que vous et que tous les économistes de Guillaumin. La Banque de France est une compagnie de capitalistes, formée, il y a une cinquantaine d'années, à la sollicitation de l'État, et par privilège de l'État, pour exercer l'usure sur tout le territoire de France. Depuis sa fondation, elle n'a cessé de prendre de continuels accroissements: la révolution de Février en a fait, pat l'adjonction des banques départementales, le premier pouvoir de la République. Le principe sur lequel cette compagnie s'est formée est exactement le vôtre. Il ont dit: Nous avons acquis nos capitaux par notre travail, ou par le travail de nos pères. Pourquoi donc, en les faisant servir à la circulation générale, en les mettant au service de notre pays, n'en tirerions-nous pas un salaire légitime, quand le propriétaire foncier tire un revenu de sa terre; quand le constructeur de maisons tire loyer de ses maisons; quand l'entrepreneur tire de sa marchandise un bénéfice supérieur aux frais de sa gestion; quand l'ouvrier qui assemble nos parquets fait entrer dans le prix de sa journée un *quantum* pour l'usure de ses outils, lequel *quantum* dépasse assurément ce qui serait nécessaire pour amortir la somme qu'ils lui ont coûtée?

Cette augmentation, vous le voyez, est on ne peut plus plausible. C'est celle qu'on a opposée de tout temps, et avec juste raison, à l'Église, quand elle a voulu condamner l'intérêt exclusivement à la rente; c'est le thème qui revient dans chacune de vos lettres.

Or, savez-vous où ce beau raisonnement a conduit les actionnaires, que je tiens tous, ainsi que M. d'Argout, pour très-honnêtes gens, de la Banque de France? — Au vol, oui; monsieur, au vol le plus manifeste, le plus éhonté, le plus détestable; car c'est ce vol qui, lui seul, depuis Février, arrête le travail, empêche les affaires, fait périr le peuple du choléra, de la faim et du froid, et qui, dans le but secret d'une restauration monarchique, souffle le désespoir parmi les classes travailleuses.

C'est ici surtout que je me propose de vous faire voir comment l'intérêt, de légitime devient illégitime; et, ce qui vous surprendra bien davantage encore, comment le crédit payé, dès l'instant qu'il ne se fait pas voleur, qu'il ne réclame que le prix qui lui est légitiment dû, devient crédit gratuit.

Quel est le capital de la Banque de France?

Frédéric Bastiat

D'après le dernier inventaire, 90 millions.

Quel est le taux légal, convenu entre la Banque et l'État, pour les escomptes? — 4 p. 100 l'an.

Donc le produit annuel, légal et légitime de la Banque de France, le juste prix de ses services, c'est, pour un capital de 90 millions à 4 p. 100 l'an, 3 millions 600 mille francs de revenu.

3,600,000 francs, voilà suivant la fiction de la productivité du capital, ce que le commerce français doit chaque année à la Banque de France en rémunération de son capital qui est de 90 millions.

Dans ces conditions, les actions de la Banque de France sont comme des immeubles qui rendraient régulièrement 40 Francs de revenu: émises à 1,000 francs, elles valent 1,000 francs.

Or, savez-vous ce qui arrive?

Consultez le même inventaire: vous y verrez que lesdites actions, au lieu d'être cotées 1,000 fr., le sont à 2,400. — Elles étaient, la semaine dernière, à 2,445; et, pour peu que le portefeuille se remplit, elle monteraient à 2,500 et 3,000 fr. — Ce qui veut dire que le capital de la Banque, au lieu de lui rapporter 4 pour 100, taux légal et convenu, produit 8, 10 et 12 pour 100.

Le capital de la Banque s'est donc doublé, triplé? — C'est, en effet, ce qui devrait avoir lieu d'après la théorie énoncée dans vos troisième et quatrième propositions, savoir, que l'*intérêt baisse à mesure que le capital s'accroît, mais de telle sorte que le revenu total du capitaliste augmente.*

Eh bien, il n'en est rien. Le capital de la Banque est resté le même, 90 millions. Seulement, la Compagnie, en vertu de son privilège, et à l'aide de son mécanisme financier, a trouvé moyen d'opérer avec le commerce comme si son capital était, non plus seulement de 90 millions, mais de 450, c'est-à-dire cinq fois plus grand.

Est-il possible, direz-vous? — Voici le procédé; il est fort simple, et j'en puis parler: c'est précisément un de ceux que se proposait d'employer la *Banque du Peuple*, pour arriver à l'annihilation de l'intérêt.

Neuvième lettre

Pour éviter les ports d'espèces, et la manipulation encombrante des écus, la Banque de France fait usage de bons de crédit, représentatifs de l'argent qu'elle a dans ses caves, et qu'on appelle *Billets de Banque*. Ce sont ces billets qu'elle remet d'ordinaire à ses clients, contre les lettres de change et billets à ordre qu'ils lui portent, et dont elle se charge d'opérer, sous garantie toutefois des tireurs comme des tirés, le recouvrement.

Le papier de la Banque a, de la sorte, un double gage: le gage des écus qui sont dans la caisse, et le gage des valeurs de commerce qui sont dans le portefeuille. La sécurité donnée par ce double gage est si grande, qu'il est reçu dans le commerce de préférer le papier aux espèces, que chacun aime autant savoir à la Banque que dans le tiroir de sa commode.

On conçoit même, en thèse absolue, qu'à l'aide de ce procédé, la Banque de France puisse se passer entièrement de capital et faire l'escompte sans numéraire: en effet, les valeurs de commerce qu'elle reçoit à l'escompte, et contre lesquelles elle donne ses billets, devant lui être remboursées, à l'échéance, par pareille somme, soit en argent, soit en billets, il suffirait que les porteurs de billets n'eussent jamais la fantaisie de les convertir en écus, pour que le roulement s'effectuât tout en papier. Alors, la circulation aurait pour base, non plus le crédit de la Banque, dont le capital serait ainsi hors de service, mais le crédit public, par l'acceptation générale des billets.

Dans la pratique, les faits ne se passent pas tout à fait comme l'indique la théorie. Jamais on n'a vu le papier de Banque se substituer entièrement au numéraire; il y a seulement *tendance* à cette substitution. Or, voici ce qui résulte de cette tendance.

La Banque spéculant, et avec pleine sécurité, sur le crédit public, sûre d'ailleurs de ses recouvrements, ne limite pas ses escomptes au montant de son encaisse; elle émet toujours plus de billets qu'elle n'a d'argent: ce qui signifie que pour une partie de ses crédits, au lieu de remettre une valeur réelle et d'opérer un véritable change, elle ne fait qu'un transport d'écritures, ou virement de parties, sans aucun emploi de capital. Ce qui tient ici lieu de capital à la Banque, c'est, je le répète, l'usage établi, la confiance du commerce, en un mot, le crédit public.

Frédéric Bastiat

Il semble donc qu'alors le taux de l'escompte doive baisser dans la proportion de la surémission des billets; que si, par exemple, le capital de la Banque est 90 millions, et la somme des billets 112 millions, le capital fictif étant le quart du capital réel, l'intérêt de 4 pour 100 devra se réduire, pour les escomptes, à 3. Quoi de plus juste, en effet? Le crédit public n'est-il pas une propriété publique? Les billets surémis par la Banque n'ont-ils pas pour gage unique les obligations réciproques des citoyens? L'acceptation de ce papier, sans gage métallique, ne repose-t-elle pas exclusivement sur leur confiance mutuelle? N'est-ce pas cette confiance qui crée seule toute la probabilité du signe? En quoi le capital de la Banque y est-il intervenu? En quoi la garantie y parait-elle?

Vous pouvez déjà, par ce simple aperçu, juger combien est fausse votre proposition n°3, suivant laquelle: baisse d'intérêt suppose augmentation corrélative de capitaux. Rien n'est plus faux que cette proposition: il est démontré, au contraire, par la théorie et par la pratique de toutes les banques; qu'une banque peut très-bien tirer un intérêt de 4 pour 100 de ses capitaux en mettant à 3 pour 100 le taux de ses escomptes: nous verrons tout à l'heure qu'elle peut descendre beaucoup plus bas.

Pourquoi donc la Banque, qui, avec 90 millions de capital, émet, par hypothèse, pour 112 millions de billets: qui, par conséquent, opère, à l'aide du crédit public, comme si son capital s'était accru de 90 millions à 112; pourquoi, dis-je, ne réduit-elle pas ses escomptes dans la même proportion? Pourquoi cet intérêt de 4 pour 100, encaissé par la Banque, pour loyer d'un capital qui n'est pas le sien? Me donnerez-vous une raison qui justifie ce trop perçu de 1 pour 100 sur 112 millions? Quant à moi, monsieur,

J'appelle un chat un chat, et Rollet un fripon.

Et je dis tout uniment que la Banque **vole**.

Mais ceci n'est rien.

Tandis que la Banque de France émet, en place d'écus, des billets, une partie de ses recouvrements continue à s'opérer en numéraire: en sorte que, le capital de fondation restant toujours le même, 90 millions, l'encaisse, soit le montant des espèces présentes à la Banque, s'élève progressivement à 100, 200, 300 millions: il est aujourd'hui de 431 millions!

Cette accumulation d'espèces, dont certaines gens ont la manie de s'affliger, est le fait décisif qui anéantit la théorie de l'intérêt, et qui démontre de la manière la plus palpable la nécessité du crédit gratuit. Il est facile de s'en rendre compte.

C'est un point admis en théorie, que l'échange des produits peut très-bien s'opérer sans monnaie: vous le reconnaissez vous-même, et tous les économistes le savent. Or, ce que démontre la théorie est justement ce que la pratique réalise sous nos yeux. La circulation fiduciaire remplaçant peu à peu la circulation métallique, le papier étant préféré à l'écu, le public aimant mieux s'acquitter avec le numéraire qu'avec les billets, et la Banque étant toujours provoquée, soit par les besoins de l'État qui lui emprunte, soit par ceux du commerce qui vient en masse à l'escompte, soit par toute autre cause, à faire sans cesse des émissions nouvelles; il en résulte que l'or et l'argent sortent de la circulation et vont s'engouffrer à la Banque, et que là, s'ajoutant sans cesse à l'encaisse, la faculté de multiplier les billets devient littéralement illimitée.

C'est par cette conversion que l'encaisse de la Banque est arrivé à la somme énorme de 431 millions. De ce fait, il résulte que la compagnie de la Banque, malgré le renouvellement de son privilège, n'est plus seule en titre: elle a acquis, par le fait de l'augmentation de son encaisse, un associé plus puissant qu'elle: cet associé, c'est le pays, le pays, qui figure chaque semaine, dans le bilan de la Banque de France, pour un capital variable de 340 à 350 millions. Et, comme les intérêts sont conjoints et indivisibles, on peut dire, en toute vérité, que ce n'est plus la compagnie privilégiée de 1803, qui est banquière; ce n'est pas non plus l'État qui lui a donné son brevet: c'est le commerce, c'est l'industrie, ce sont les producteurs, c'est toute la nation, qui, en acceptant le papier de la Banque, de préférence aux écus, l'a véritablement gagée, et fondée, à la place de l'ancienne Banque de France, au capital de 90 millions, une Banque nationale au capital de 431.

Un décret de l'Assemblée nationale, qui aurait pour objet de rembourser les actions de la Banque de France, et de la convertir en une Banque centrale, commanditée par tous les citoyens français, ne serait qu'une déclaration de ce fait, maintenant accompli, de l'absorption de la compagnie dans la nation.

Ceci posé, je reprends mon raisonnement de tout à l'heure.

L'intérêt, convenu entre la Compagnie et l'État, est 4 pour 100 l'an de son capital.

Ce capital est de 90 millions.

L'encaisse est aujourd'hui, 31 décembre 1849, de 431 millions;

Le montant des billets émis, de 436 millions.

Le capital, réel ou fictif, sur lequel la Banque opère, ayant presque quintuplé, le taux de l'escompte devrait être réduit au cinquième de l'intérêt stipulé dans le contrat d'institution de la Banque, quelque chose comme 3/4 pour 100.

Vous devez vous apercevoir, monsieur, qu'il s'en faut que vos propositions soient aussi sûres que celles d'Euclide. Il n'est pas vrai, et les faits que je viens de vous citer le prouvent sans réplique, que l'intérêt ne baisse qu'au fur et à mesure de l'augmentation des capitaux. Entre le *prix* de la marchandise et l'*intérêt* du capital, il n'y a point la moindre analogie; la loi de leurs oscillations n'est pas la même; et tout ce que vous avez ressassé depuis six semaines, à propos du capital et de l'intérêt, est entièrement dépourvu de raison. La pratique universelle des banques et la raison spontanée du peuple vous donnent, sur tous ces points, le plus humiliant démenti.

Croiriez-vous maintenant, monsieur, car, en vérité, vous ne me paraissez au courant de rien, que la Banque de France, compagnie d'honnêtes gens, de philanthropes, d'hommes craignant Dieu, incapables de transiger avec leur conscience, continue à prendre 4 p. 100 sur tous ses escomptes, sans faire jouir le public de la plus légère bonification? Croiriez-vous que c'est sur ce pied de 4 p. 100 sur un capital de 431 millions, dont elle n'est pas propriétaire, qu'elle règle les dividendes de ses actionnaires, et qu'elle fait coter ses actions à la Bourse? Est-ce du vol, cela, oui ou non?

Nous ne sommes pas au bout. Je ne vous ai dit que la moindre partie des méfaits de cette société d'agioteurs, instituée par Napoléon tout exprès dans le but de faire fleurir le parasitisme gouvernemental et propriétaire, et de sucer le sang du peuple. Ce ne sont pas quelques millions de plus ou de moins qui peuvent atteindre d'une manière dangereuse un peuple de 36 millions d'hommes. Ce que je vous ai révélé des larcins de la Banque de France n'est que bagatelle: ce sont les conséquences qu'il faut surtout considérer.

La Banque de France tient aujourd'hui dans ses mains la fortune et la destinée du pays.

Si elle faisait remise à l'industrie et au commerce d'une différence sur le taux de ses escomptes, proportionnelle à l'augmentation de son encaisse; si, en autres termes, le prix de son crédit était réduit à 3/4 p. 100, ce qu'elle devrait faire pour s'exempter de tout vol, cette réduction produirait instantanément, sur toute la face de la République, et en Europe, des conséquences incalculables. Un livre ne suffirait pas à les énumérer: je me bornerai à vous en signaler quelques-unes.

Si donc le crédit de la Banque de France, devenue Banque nationale, était de 3/4 p. 100 au lieu de 4, les banquiers ordinaires, les notaires, les capitalistes, et jusqu'aux actionnaires de la Banque même, seraient bientôt forcés, par la concurrence, de réduire leurs intérêts, escomptes et dividendes au maximum de 1 p. 100, frais d'acte et commission compris. Quel mal, pensez-vous, ferait cette réduction aux débiteurs chirographaires, ainsi qu'au commerce et à l'industrie, dont la charge annuelle, de ce seul fait, est d'au moins deux milliards?

Si la circulation financière s'opérait à un taux d'escompte représentant seulement les frais d'administration et de rédaction, enregistrement, etc., l'intérêt compté dans les achats et ventes qui se font à terme, tomberait à son tour de 6 p. 100 à zéro, ce qui veut dire qu'alors les affaires se feraient au comptant: il n'y aurait plus de dettes. De combien pensez-vous encore que s'en trouverait diminué le chiffre honteux des suspensions de payements, faillites et banqueroutes?

Mais, de même que dans la société le produit *net* ne se distingue pas du produit *brut*; de même, dans l'ensemble des faits économiques, le capital ne se distingue pas du produit. Ces deux termes ne désignent point

Frédéric Bastiat

en réalité deux choses distinctes; ils ne désignent que des relations. Produit, c'est capital; capital, c'est produit: il n'y a de différence entre eux que dans l'économie domestique; elle est nulle dans l'économie publique. Si donc l'intérêt, après être tombé, pour le numéraire, à 3/4 p. 100, c'est-à-dire à zéro, puisque 3/4 p. 100 ne représentent plus que le service de la Banque, tombait encore à zéro pour les marchandises; par l'analogie des principes et des faits, il tomberait encore à zéro pour les immeubles: le fermage et le loyer finiraient par se confondre dans l'amortissement. — Croyez-vous, monsieur, que cela empêchât d'habiter les maisons et de cultiver la terre?...

Si, grâce à cette réforme essentielle de l'appareil circulatoire, le travail n'avait plus à payer au capital qu'un intérêt représentant le juste prix du service que rend le capitaliste, l'argent et les immeubles n'ayant plus aucune valeur reproductive, n'étant plus estimés que comme *produits*, comme choses consommables et fongibles, la faveur qui s'attache à l'argent et aux capitaux se porterait tout entière sur les produits; chacun, au lieu de resserrer sa consommation, ne songerait qu'à l'étendre. Tandis qu'aujourd'hui, grâce à l'interdiction mise sur les objets de consommation par l'intérêt, le débouché reste toujours, et de beaucoup, insuffisant; ce serait la production, qui, à son tour, ne suffirait pas: le travail serait donc de fait, comme de droit, garanti.

La classe travailleuse gagnant d'un seul coup 3 milliards environ d'intérêt, qu'on lui prend sur les 10 qu'elle produit, plus de 5 milliards que le même intérêt lui fait perdre en chômage, plus 5 milliards que la classe parasite, coupée aux vivres, serait alors forcée de produire: la production nationale se trouverait doublée, et le bien être du travailleur quadruplerait. — Et vous, monsieur, que le culte de l'intérêt n'empêche point d'élever votre pensée vers un autre monde, que dites-vous de cet amendement aux choses d'ici-bas? Est-il clair, à présent, que ce n'est pas la multiplication des capitaux qui fait baisser l'intérêt, mais bien, au contraire, la baisse de l'intérêt qui multiplie les capitaux?

Mais tout cela déplaît à MM. les capitalistes, et n'est point du goût de la Banque. La Banque tient à la main la corne d'abondance que lui a confié le peuple: ce sont ces 341 millions de numéraire accumulé dans ses caves, et qui témoignent si haut de la puissance du crédit public. Pour ranimer le travail et répandre partout la richesse, la Banque n'aurait à

Neuvième lettre

faire qu'une chose: ce serait de réduire le taux de ses escomptes au chiffre voulu pour la production d'un intérêt à 4 p. 100 sur 90 millions. Elle ne le veut pas. Pour quelques millions de plus à distribuer à ses actionnaires, et qu'elle vole, elle préfère faire perdre au pays, sur la production de chaque année, 10 milliards. Afin de payer le parasitisme, de solder les vices, d'assouvir la crapule de deux millions de fonctionnaires, d'agioteurs, d'usuriers, de prostituées, de mouchards, et d'entretenir cette lèpre du gouvernement, elle fera pourrir, s'il le faut, dans la misère, trente-quatre millions d'hommes. — Encore une fois, est-ce du vol, cela? Est-ce de la rapine, du brigandage, de l'assassinat avec préméditation et guet-apens?

Ai-je tout dit? — Non; j'en aurais pour dix volumes; mais il faut en finir. Je terminerai par un trait qui me paraît, à moi, le chef-d'œuvre du genre, et sur lequel j'appelle toute votre attention. Avocat du capital, vous ne connaissez pas toutes les roueries du capital.

La somme de numéraire, je ne dirai pas existant, mais circulant en France, y compris l'encaisse de la Banque, ne dépasse pas, suivant l'évaluation la plus commune, 1 milliard.

A 4 pour 100 d'intérêt, — je raisonne toujours dans l'hypothèse du crédit payé, — c'est donc une somme de 40 millions que le peuple travailleur doit chaque année pour le service de ce capital.

Sauriez-vous, monsieur, me dire pourquoi, au lieu de 40 millions, nous payons 1,600 millions, — je dis *seize cents millions,* — le louage dudit capital?

1,600 millions, 160 pour 100! dites-vous: Impossible!...

— Quand je vous dis, monsieur, que vous n'entendez rien à l'économie politique. Voici le fait qui, pour vous, j'en suis sûr, est encore une énigme.

La somme des créances hypothécaires, d'après les auteurs les mieux informés, est de 12 milliards, quelques-uns la portent à 16 milliards, ci: 12 milliards.

Celle des créances chirographaires, au moins 6

Frédéric Bastiat

La commandite, environ 2

A quoi il convient d'ajouter la dette publique, 8

Total. 28 milliards, que l'agriculture, l'industrie, le commerce, en un mot, le travail, qui produit tout, et l'État, qui ne produit rien, et pour qui le travail paye, doivent au capital.

Toutes ces dettes, notez ce point, proviennent d'argent prêté, ou censé l'avoir été, qui à 4 pour 100, qui à 5, qui à 6, qui à 8, qui à 12, et jusqu'à 15.

Je prends pour moyenne de l'intérêt, en ce qui concerne les trois premières catégories, 6 pour 100: soit donc, sur 20 milliards, 1,200 millions. — Ajoutez l'intérêt de la dette publique, environ 400 millions: en tout 1,600 millions d'intérêt annuel, pour un capital de 1 milliard.

Or ça, dites-moi, est-ce aussi la rareté de l'argent qui est cause de la multiplication exorbitante de ces usures? Non, puisque toutes ces sommes ont été prêtées, comme nous venons de le dire, à un taux moyen de 6 pour 100. Comment donc un intérêt, stipulé à 6 pour 100, est-il devenu un intérêt de 160 pour 100? Je m'en vais vous le dire.

Vous saurez, monsieur, vous qui croyez que tout capital est naturellement et nécessairement productif, que cette productivité n'a pas lieu également pour tous; qu'elle ne s'exerce d'habitude que sous deux espèces, l'espèce dite immeubles (terre et maison), quand on en trouve le placement, ce qui n'est ni toujours facile, ni toujours sûr: et l'espèce argent. L'argent, l'argent surtout! Voilà le capital par excellence, le capital qui se prête, c'est-à-dire qui se loue, qui se fait payer, qui produit toutes ces merveilles financières, que nous voyons s'élaborer à la Banque, à la Bourse, dans tous les ateliers de l'usure et de l'intérêt.

Mais l'argent n'est point chose qui s'exploite comme la terre, ni qui se consomme par l'usage comme une maison ou un habit. Ce n'est pas autre chose qu'un *bon d'échange*, ayant créance chez tous les négociants et producteurs, et avec lequel, vous qui faites des sabots, vous pouvez vous procurer une casquette. En vain, par le ministère de la Banque, le papier se substitue peu à peu, et du consentement de tous, au numéraire: le préjugé tient bon, et si le papier de banque est reçu à l'égal de l'argent, c'est qu'on se flatte de pouvoir, à volonté, l'échanger contre de l'argent. On ne veut que de l'argent.

Lorsque je loue de l'argent, c'est donc, au fond, la faculté d'échanger mon produit, présent ou futur, mais non encore vendu, que je loue: l'argent, en lui-même, m'est inutile. Je ne le prends que pour le dépenser; je ne le consomme ni ne le cultive. L'échange conclu, l'argent redevient disponible, capable, par conséquent, de donner lieu à une nouvelle location. C'est aussi ce qui a lieu; et comme, par l'accumulation des intérêts, le capital argent, d'échange en échange, revient toujours à sa source, il s'ensuit que la relocation, toujours faite par la même main, profite toujours au même personnage.

Direz-vous que, l'argent servant à l'échange des capitaux et des produits, l'intérêt qu'on lui paye s'adresse moins à lui qu'aux capitaux échangés; et qu'ainsi 1,600 millions d'intérêts payés pour 1 milliard de numéraire, représentent en réalité le loyer de 25 à 30 milliards de capitaux? Cela a été dit ou écrit quelque part par un économiste de votre école.[1]

Une pareille allégation ne peut se soutenir un instant. D'où vient, je vous prie, que les maisons se louent, que les terres s'afferment, que les marchandises vendues à terme portent intérêt? Cela vient précisément de l'usage de l'argent; de l'argent, qui intervient, comme un agent fiscal, dans toutes les transactions; de l'argent, qui empêche les maisons et les terres, au lieu de se louer, de s'échanger, et les marchandises de se placer au comptant. L'argent donc, intervenant partout comme capital supplémentaire, agent de circulation, instrument de garantie, c'est bien lui qu'il s'agit de payer, c'est bien le service qu'il rend qu'il est question de rémunérer.

Et, puisque d'un autre côté nous avons vu, d'après l'exposé du mécanisme de la Banque de France et les conséquences de l'accumulation de son encaisse, qu'un capital de 90 millions espèces, devant produire un intérêt de 4 p. 100 l'an, ne comporte, selon la masse d'affaires traités par la Banque, qu'un escompte de 3, de 2, de 1, de 3/4 p. 100, il est bien

1 Que M. Proudhon se soit fait illusion sur la valeur très-douteuse des chiffres et des arguments employés dans cette lettre, cela se conçoit à la rigueur. Mais il est bien difficile de regarder comme une erreur involontaire l'incroyable confusion qu'il fait ici entre *le numéraire* et *le capital* de la nation.

Frédéric Bastiat

évident que les 1,600 millions d'intérêts que le peuple paye à ses usuriers, banquiers, rentiers, notaires et commanditaires ont uniquement
pour objet d'acquitter le loyer d'un milliard, or et argent, à moins que
vous ne préfériez reconnaître, avec moi, que ces 1,600 millions sont le
produit du vol...

Je vous l'ai dit, monsieur, dès le commencement de cette dispute, et je
le répète, il n'est jamais entré dans ma pensée d'accuser les hommes. Ce
que j'incrimine, ce sont les idées et les institutions. Sous ce rapport, j'ai
été, dans toute cette discussion, plus juste que l'Église, plus charitable
que l'Évangile même. Vous avez vu avec quel soin j'ai séparé, dans la
question du prêt à intérêt, l'homme de l'institution, la conscience de la
théorie. Jamais je n'accuserai la société: en dépit de tous les crimes de
mes semblables, et des vices de mon propre cœur, je crois à la sainteté
du genre humain.

Cependant, quand je réfléchis que c'est contre des folies pareilles
que la Révolution se débat aujourd'hui; quand je vois des millions
d'hommes sacrifiés à de si exécrables utopies, je suis près de céder à
ma misanthropie, et je ne me sens plus le courage de la réfutation. Alors, j'essaye d'élever et d'ennoblir, par la sublimité de la dialectique, les
misères de mon sujet: votre impitoyable routine me ramène sans cesse
à la hideuse réalité.

La production à doubler,

Le bien-être du travailleur à quadrupler:

Voilà ce qu'en vingt-quatre heures, par une simple réforme de banque,
nous pourrions, si nous le voulions, réaliser, sans dictature, sans communisme, sans phalanstère, sans Icarie et sans Triade. Un décret, en
douze articles, de l'Assemblée nationale; une simple déclaration de ce
fait, que la Banque de France, par l'augmentation de son numéraire, est
devenue Banque nationale; qu'en conséquence elle doit fonctionner au
nom et pour le compte de la nation, et le taux des escomptes être réduit
à 3/4 p. 100, — et la Révolution est aux trois quarts faite.

Mais c'est ce que nous ne voulons pas, ce que nous refusons de comprendre, tant nos bavardages politiques et nos hâbleries parlementaires
ont étouffé en nous à la fois le sens moral et le sens pratique;

C'est ce que ne veut pas la Banque de France, citadelle du parasitisme;

Ce que ne veut pas le gouvernement, créé tout exprès pour soutenir, protéger, encourager le parasitisme;

Ce que ne veut pas la majorité de l'Assemblée nationale, composée de parasites et de fauteurs de parasites;

Ce que ne veut pas la minorité, entêtée de gouvernement, et qui se demande ce que deviendra la société quand elle n'aura plus de parasites;

Ce que ne veulent pas les socialistes eux-mêmes, prétendus révolutionnaires, à qui la liberté, l'égalité, la richesse, le travail, ne sont rien, s'il leur faut abandonner ou seulement ajourner leurs chimères, et renoncer à l'espoir du gouvernement;

Ce que ne sait pas demander le prolétariat, ahuri de théories sociales, de toasts à l'amour et d'homélies fraternelles.

Va donc, capital, va, continue d'exploiter ce misérable peuple! Consume cette bourgeoisie hébétée, pressure l'ouvrier, rançonne le paysan, dévore l'enfance, prostitue la femme, et garde tes faveurs pour le lâche qui dénonce, pour le juge qui condamne, pour le soldat qui fusille, pour l'esclave qui applaudit. La morale des marchands de cochons est devenue celle des honnêtes gens. Malédiction sur mes contemporains!

Frédéric Bastiat

Dixième lettre : F. Bastiat à P. J. Proudhon

Je vous ai trompé, dites-vous; non, je me suis trompé.

Admis sous votre tente, à votre foyer, pour discuter, au milieu de vos propres amis, une question grave, si mes arguments tombaient sous votre critique, je devais croire, du moins, que ma personne vous serait sacrée. Vous négligez mes arguments et qualifiez ma personne. Je me suis trompé.

En écrivant dans votre journal, m'adressant à vos lecteurs, mon devoir était de me renfermer sévèrement dans le sujet en discussion. J'ai cru que, comprenant la gêne de ma position, vous vous croiriez tenu de vous imposer, chez vous, sous votre toit, la même gêne. — Je me suis trompé.

Je me disais: M. Proudhon a un esprit indépendant. Rien au monde ne l'entraînera à manquer aux devoirs de l'hospitalité. Mais M. Louis Blanc vous ayant fait honte de votre urbanité *envers un économiste*, vous en avez eu honte, en effet. — Je me suis trompé.

Je me disais encore: la discussion sera loyale. *Le droit à une rémunération est-il inhérent au capital comme au travail lui-même?* Telle était la question à résoudre, afin d'en conclure pour ou contre la gratuité du crédit. Sans espérer tomber d'accord avec vous sur la solution, je croyais du moins que nous nous accorderions sur la question. Mais voici, chose étrange, que ce que vous me reprochez sans cesse avec amertume, presque avec colère, c'est de l'approfondir et de m'y renfermer. Nous avions avant tout à vérifier un **principe** d'où dépend, selon vous, la valeur du socialisme, et vous redoutez la lumière que je cherche à concentrer sur ce principe. Vous êtes mal à l'aise sur le terrain du débat; vous le fuyez sans cesse. — Je me suis trompé.

Quel singulier spectacle ne donnons-nous pas à nos lecteurs, et sans qu'il y ait de ma faute, par ce débat qui peut se résumer ainsi:

— Il fait jour.

— Il fait nuit.

— Voyez: le soleil brille au-dessus de l'horizon. Tous les hommes, sur la surface entière du pays, vont, viennent, marchent, se conduisent de manière à rendre témoignage à la lumière.

— Cela prouve qu'*il fait jour*. Mais j'affirme qu'en même temps *il fait nuit*.

— Comment cela se peut-il?

— En vertu de la belle loi des *Contradictions*. N'avez-vous pas lu *Kant*, et ne savez-vous pas qu'il n'y a de vrai au monde que les propositions qui se contredisent?

— Alors, cessons de discuter; car, avec cette logique, nous ne saurions nous entendre.

— Eh bien! puisque vous ne comprenez pas la sublime clarté des *contradictions*, je vais condescendre à votre ignorance et vous prouvez ma thèse par la méthode des *distinctions*. Il y a du jour qui éclaire et du jour qui n'éclaire pas.

— Je ne suis pas plus avancé.

— Il me reste encore pour ressource le système des *digressions*. Suivez-moi, et je vous ferai faire du chemin.

— Je n'ai pas à vous suivre. J'ai prouvé qu'*il fait jour*; vous en convenez, tout est dit.

— Vous ressassez toujours même assertion et mêmes preuves: vous avez prouvé qu'*il fait jour*, soit, maintenant, prouvez-moi qu'*il ne fait pas nuit*.

— Cela est-il sérieux?

Quand un homme se lève, et, s'adressant au peuple, lui dit: Le moment est venu où la *société* te doit le capital gratis, où tu dois avoir des maisons, des outils, des instruments, des matériaux, des approvisionnements *pour rien*; quand un homme, dis-je, tient ce langage, il doit s'attendre à rencontrer un adversaire qui lui demande quelle est la nature intime du capital. Vous aurez beau invoquer la*contradiction*, la dis-

tinction et la *digression,* je vous ramènerai au sujet principal et essentiel. C'est mon rôle; et peut-être, est-ce le vôtre de dire que je suis un ignorant opiniâtre, et que je ne sais pas raisonner.

Car enfin, pour qu'il y ait entre nous une divergence si profonde, il faut bien que nous ne nous entendions pas sur la signification de ce mot: Capital.

Dans votre lettre du 17 décembre vous disiez: « Si la peine du créancier est zéro, l'intérêt du créancier doit devenir zéro. »

Soit. Mais il en résulte ceci:

Si la peine du créancier est quelque chose, l'intérêt doit être quelque chose.

Prouvez donc que le temps est venu où les maisons, les outils, les provisions naissent spontanément. Hors de là, vous n'êtes pas fondé à dire que la peine du capitaliste est zéro, et que, par ce motif, sa rémunération doit être zéro.

En vérité, je ne sais pas ce que vous entendez par ce mot: Capital; car vous en donnez, dans votre lettre, deux définitions toutes différentes.

D'un côté, le capital d'une nation, ce serait le *numéraire* qu'elle possède. C'est de cette donnée que vous partez pour prouver que le taux de l'intérêt, en France, est de 160 pour 100. Vous calculez ainsi: La somme du numéraire est de un milliard. On paye pour les intérêts de toutes les dettes hypothécaires, chirographaires, commanditaires et publiques 1,600 millions. Donc le capital se fait payer au taux de 100 pour 100.

Il résulte de là qu'à vos yeux *capital* et *numéraire* c'est une seule et même chose.

Partant de cette donnée, je trouve votre évaluation de l'intérêt bien modérée. Vous eussiez dû dire que le capital prélève encore quelque chose sur le prix de tout produit, et vous seriez arrivé ainsi à estimer l'intérêt à 4 ou 500 pour 100.

Mais voici qu'après avoir raisonné de la sorte sur cette singulière définition du capital, vous la renversez vous-même en ces termes:

Dixième lettre

« Le capital ne se distingue pas du produit. Ces deux termes ne désignent point, en réalité, deux choses distinctes; ils ne désignent que des relations. Produit, c'est capital; capital, c'est produit. »

Voici une base autrement large que celle du numéraire. Si le Capital est le produit ou l'ensemble des produits (terres, maisons, marchandises, argent, etc.), assurément le capital national est de plus d'un milliard, et votre évaluation du taux de l'intérêt est un non-sens.

Convaincu que tout ce débat repose sur la notion du capital, souffrez que, au risque de vous ennuyer, je dise ce que j'en pense, non par voie de définition, mais par voie de description.

Un menuisier travaille pendant trois cents jours, gagne et dépense 5 fr. par jour.

Cela veut dire qu'il rend des services à la société et que la société lui rend des services équivalents, les uns et les autres estimés 1,500 fr., les pièces de cent sous n'étant ici qu'un moyen de faciliter les échanges.

Supposons que cet artisan économise 1 franc par jour. Qu'est-ce que cela signifie? Cela signifie qu'il rend à la société des services pour 1,500 francs, et qu'il n'en retire actuellement des services que pour 1,200. Il acquiert le droit de puiser dans le milieu social, où, quand et sous la forme qu'il lui plaira, des services, bien et dûment gagnés, jusqu'à concurrence de 300 fr. Les soixante pièces de cent sous qu'il a conservées sont à la fois le titre et le moyen d'exécution de son droit.

Au bout de l'an, notre menuisier peut donc, s'il le juge à propos, revendiquer don droit acquis sur la société. Il peut lui demander des satisfactions. Il peut choisir entre le cabaret, le spectacle, la boutique; il peut encore augmenter son outillage, acquérir des instruments plus parfaits, se mettre à même de rendre son travail ultérieur plus productif. C'est ce *droit acquis* que j'appelle *capital*.

Les choses en sont là, quand le forgeron, son voisin, vient dire au menuisier: Tu as acquis, par ton travail, tes économies, tes *avances*, le droit de retirer du milieu social des services jusqu'à concurrence de 300 fr.; substitue-moi à ton droit pour un an; car j'en userai de manière à avoir plus de marteaux, plus de fer, plus de houille, en un mot, à amélio-

Frédéric Bastiat

rer ma condition et mon industrie.

— Je suis dans le même cas, dit le menuisier; cependant je veux bien te céder mes droits et m'en priver pour un an, si tu veux me faire participer pour quelque chose à l'*excédant* des profits que tu vas faire.

Si ce marché, profitable aux deux parties, est librement conclu, qui osera le déclarer illégitime?

Voilà donc l'intérêt défini, et, comme vous l'avez dit, il a dû se présenter, à l'origine, sous forme d'un partage de bénéfices, d'une part accordée au capital sur l'*excédant* des profits qu'il a aidé à réaliser.

C'est cette part afférente au capital que je dis être d'autant plus grande ou plus petite, que le capital lui-même est plus rare ou plus abondant.

Plus tard, les parties contractantes, pour leur commodité, pour n'avoir pas à se surveiller réciproquement, à débattre des comptes, etc., ont traité à *forfait* sur cette part. Comme le métayage s'est transformé en fermage, la prime incertaine de l'assurance en prime fixe; de même l'intérêt, au lieu d'être une participation variable aux bénéfices, est devenu une rémunération déterminée. Il a un taux, et ce taux, grâce au ciel, tend à baisser en proportion de l'ordre, de l'activité, de l'économie, de la sécurité qui règnent dans la société!

Et certes, si vous voulez la gratuité du crédit, vous êtes tenu de prouver que le capital n'est pas né du travail de celui qui le prête et qu'il ne féconde pas le travail de celui qui l'emprunte.

Qu'on dise donc qui perd à cet arrangement. Est-ce le menuisier qui en tire un profit? Est-ce le forgeron qui y trouve un moyen d'accroître la production et ne cède qu'une partie de l'excédant? Est-ce un tiers quelconque dans la société? Est-ce la société elle-même qui obtient de la forge plus de produits et des produits moins chers?

Il est vrai que les transactions relatives au capital peuvent donner lieu à des tromperies, à des abus de force ou de ruse, à des escroqueries, à des extorsions. L'ai-je jamais nié et est-ce là l'objet de notre débat? N'y a-t-il pas beaucoup de transactions relatives au travail, où le capital n'est pour rien, et auxquelles on peut adresser le même reproche? Et serait-il plus logique de conclure de ces abus, dans le premier cas, à la *gratuité du crédit*, que dans le second à la *gratuité du travail*?

Ceci m'amène à dire quelques mots de la nouvelle série d'arguments que vous cherchez dans les procédés de la Banque de France. Si même je me décide à revenir sur la résolution que j'avais prise de clore cette discussion, c'est que je suis bien aise de saisir cette occasion de protester énergiquement contre une imputation qui a été mal à propos dirigée contre moi.

On a dit que je m'étais constitué le défenseur du *privilège capitaliste*.

Non; je ne défends aucun privilège, je ne défends autre chose que les droits du capital considéré en lui-même. Vous serez assez juste, monsieur, pour reconnaître qu'il ne s'agissait pas entre nous de questions de faits particuliers, mais d'une question de science.

Ce que je défends, c'est la liberté des transactions.

Par votre théorie des *contradictions*, vous rendez contradictoire ce qui est identique, est-ce que vous voudriez aussi, par une théorie de *conciliation* non moins étrange, rendre identique ce qui est contradictoire; par exemple, la liberté et le privilège?

Qu'avait donc à faire le privilège de la Banque de France dans notre débat? Quand, où ai-je justifié ce privilège et le mal qu'il engendre? Ce mal a-t-il été contesté par aucun de mes amis? Lisez plutôt le livre de M. Ch. Coquelin.

Mais quand, pour atteindre la légitime rémunération du capital, vous frappez les illégitimes extorsions du privilège, cet artifice ne renferme-t-il pas l'aveu que vous êtes impuissant contre les droits du Capital exercés sous l'empire de la liberté?

L'émission d'une chose que le public recherche, — à savoir, les *Bons au porteur*, — est interdite à tous les Français, hors un. Ce privilège met celui qui en est investi en situation de faire de gros profits. Quel rapport cela a-t-il avec la question de savoir si le capital a droit de recevoir une récompense *librement* consentie?

Frédéric Bastiat

Remarquez ceci: le capital, qui, comme vous dites, ne se distingue pas du produit, représente du travail, tellement que, depuis le début de cette discussion, vous ne portez jamais un coups à l'un qui ne retombe sur l'autre; c'est ce que je vous ai montré, dans ma dernière lettre, à propos de deux apologues: Pour prouver qu'il est des cas où on est tenu, en conscience, de prêter gratis, vous supposez un riche capitaliste en face d'un pauvre naufragé. — Et vous-même, un instant avant, vous aviez placé un ouvrier en présence d'un capitaliste près d'être englouti dans les flots. Que s'ensuit-il? qu'il est des circonstances où le capital, comme le travail, doivent se *donner*. Mais on n'en peut pas plus conclure à la gratuité normale de l'un, qu'à la gratuité normale de l'autre.

Maintenant, vous me parlez des méfaits du capital, et me citez en exemple un *capital privilégié*. Je vous répondrai, en vous citant du *travail privilégié*.

Je suppose qu'un réformateur, plus radical que vous, se lève au milieu du peuple et lui dise: « Le travail doit être gratuit, le salaire est un vol. *Mutuum date, nil indè sperantes.* Et, pour vous prouver que les produits du travail sont illégitimes, je vous signale cet agent de change qui exploite le privilège exclusif de faire des courtages, ce boucher qui a le droit exclusif d'alimenter la ville, ce fabriquant qui a fait fermer toutes les boutiques, excepté la sienne: vous voyez bien que le travail ne porte pas en lui-même le principe de la rémunération, qu'il vole tout ce qu'on lui paye, et que le salaire doit être aboli. »

Assurément, en entendant le réformateur assimiler les rétributions *forcées* aux rétributions *libres*, vous seriez fondé à lui adresser cette question: Où avez-vous appris à raisonner?

Eh bien! monsieur, si vous concluez du privilège de la Banque à la gratuité du crédit, je crois pouvoir retourner contre vous cette question que vous m'adressez dans votre dernière lettre: Où avez-vous appris à raisonner?

« Dans Hégel, direz-vous. Il m'a fourni une logique infaillible. » Malebranche aussi avait imaginé une méthode de raisonnement, au moyen de laquelle il ne devait jamais se tromper... et il s'est trompé toute sa vie, au point qu'on a pu dire de ce philosophe:

Dixième lettre

Lui qui voit tout en Dieu, n>y voit pas qu>il est fou.

Laissons donc là la Banque de France. Que vous appréciiez bien ou mal ses torts, que vous exagériez ou non son action funeste, elle a un privilège, cela suffit pour qu'elle ne puisse en rien éclairer ce débat.

Peut-être, néanmoins, pourrions-nous trouver là un terrain de conciliation. N'y a-t-il pas un point sur lequel nous sommes d'accord? C'est de réclamer et poursuivre avec énergie la liberté des transactions, aussi bien celles qui sont relatives aux capitaux, au numéraire, aux billets de banque, que toutes les autres. Je voudrais qu'on pût librement ouvrir partout des boutiques d'argent, des bureaux de prêt et d'emprunt, comme on ouvre boutique de souliers ou de comestibles.

Vous croyez à la gratuité du crédit; je n'y crois pas. Mais enfin, à quoi bon disputer, si nous sommes d'accord sur ce fait que les transactions de crédit doivent être libres?

Assurément, s'il est dans la nature du capital de se prêter gratuitement, ce sera sous le régime de la liberté, et sans doute vous ne demandez pas cette révolution à la contrainte.

Attaquons donc le privilège de la Banque de France, ainsi que tous les privilèges. Réalisons la liberté et laissons-la agir. Si vous avez raison, s'il est dans la nature du crédit d'être gratuit, la liberté développera cette nature, — et soyez bien convaincu que je serai, si je vis encore, le premier à m'en réjouir. J'emprunterai gratis, et pour le reste de mes jours, une belle maison sur le boulevard, avec un mobilier assorti et un million au bout. Mon exemple sera sans doute contagieux, et il y aura emprunteurs dans le monde. Pourvu que les prêteurs ne fassent pas défaut, nous mènerons tous joyeuse vie.

Et puisque le sujet m'y entraîne, voulez-vous, tout profane que je suis, que je dise un mot, en terminant, de la métaphysique des *antinomies*? Je n'ai pas étudié Hégel, mais je vous ai lu, et voici l'idée que je m'en suis formée.

Oui il est une multitude de choses dont on peut dire avec vérité qu'elles sont un *bien* et un *mal*, selon qu'on les considère dans leur rapport avec l'infirmité humaine ou au point de vue de la perfection absolue.

Frédéric Bastiat

Nos jambes sont un bien, car elles nous permettent de nous transporter d'un lieu à un autre. Elles sont un mal aussi, car elles attestent que nous n'avons pas le don de l'ubiquité.

Il en est ainsi de tout remède douloureux et efficace; il est un bien et un mal: un bien parce qu'il est efficace; un mal parce qu'il est douloureux.

Il est donc vrai que l'on peut voir des *antinomies* dans chacune de ces idées: *Capital, intérêt, propriété, concurrence, machines, État, travail, etc.*

Oui, si l'homme était absolument parfait, il n'aurait pas à payer d'intérêts, car les capitaux naîtraient pour lui spontanément et sans mesure, ou plutôt il n'aurait pas besoin de capitaux.

Oui, si l'homme était absolument parfait, il n'aurait pas à travailler: un *fiat* suffirait à satisfaire ses désirs.

Oui, si l'homme était absolument parfait, nous n'aurions que faire de gouvernement ni d'État. Comme il n'y aurait pas de procès, il ne faudrait pas de juges. Comme il n'y aurait ni crimes ni délits, il ne faudrait pas de police. Comme il n'y aurait pas de guerres, il ne faudrait pas d'armées.

Oui, si l'homme était absolument parfait, il n'y aurait pas de propriété, car chacun ayant, comme Dieu, la plénitude des satisfactions, on ne pourrait imaginer la distinction du *tien* et du *mien*.

Les choses étant ainsi, on conçoit qu'une métaphysique subtile, abusant du dogme incontestable de la perfectibilité humaine, vienne dire: Nous marchons vers un temps où le crédit sera gratuit, où l'État sera anéanti. Ce n'est même qu'alors que la société sera parfaite, car les idées *intérêt, État*, sont exclusives de l'idée: *Perfection*.

Autant elle en pourrait dire des idées: *travail, bras, jambes, yeux, estomac, intelligence, vertu, etc.*

Et certes, cette métaphysique tomberait dans le plus grossier sophisme, si elle ajoutait: Puisque la société ne sera arrivée à la perfection que lorsqu'elle ne connaîtra plus l'intérêt et l'État, supprimons l'État et l'intérêt, et nous aurons la société parfaite.

C'est comme si elle disait: Puisque l'homme n'aura plus que faire de ses jambes quand il aura le don de l'ubiquité, pour le rendre ubiquiste, coupons-lui les jambes.

Le sophisme consiste à dissimuler que ce qu'on nomme ici un mal est un remède; que ce n'est pas la suppression du remède qui fait la perfection, que c'est, au contraire, la perfection qui rend le remède inutile.[1]

Mais on conçoit combien la métaphysique dont je parle peut troubler et égarer les esprits, si elle est habilement maniée par un vigoureux publiciste.

Il lui sera aisé, en effet, de montrer, tour à tour, comme un *bien* et comme un *mal*, la propriété, la liberté, le travail, les machines, le capital, l'intérêt, la magistrature, l'État.

Il pourra intituler son livre: *Contradictions économiques*. Tout y sera alternativement attaqué et défendu. Le faux y revêtira toujours les couleurs du vrai. Si l'auteur est un grand écrivain, il couvrira les principes du bouclier le plus solide, en même temps qu'il tournera contre eux les armes les plus dangereuses.

Son livre sera un inépuisable arsenal pour et contre toutes les causes. Le lecteur arrivera au bout sans savoir où est la vérité, où est l'erreur. Effrayé de se sentir envahi par le scepticisme, il implorera le maître et lui dira ce qu'on disait à Kant: *De grâce, dégagez l'inconnue.* mais l'inconnue ne se dégagera pas.

Que si, joueur téméraire, vous entrez dans la lice, vous ne saurez par où prendre le terrible athlète, car celui-ci s'est ménagé, par son système, un monde de refuges.

Lui diriez-vous: Je viens défendre la propriété? Il vous répondra: Je l'ai défendue mieux que vous. — Et cela est vrai. Lui diriez-vous: Je viens attaquer la propriété? Il vous répondra: Je l'ai attaquée avant vous. — Et c'est encore vrai. Soyez pour ou contre le crédit, l'État, le travail, la religion, vous le trouverez toujours prêt à approuver ou à contredire, son livre à la main.

---

1 L'auteur avait déjà présenté, sous une autre forme, la réfutation de ce sophisme

Frédéric Bastiat

Et tout cela, pour avoir faussement conclu de la perfectibilité indéfinie à la perfection absolue, ce qui n'est, certes jamais permis, quand on traite de l'homme.

Mais ce que vous pouvez dire, monsieur Proudhon, et ce que ma faible voix répétera avec vous, c'est ceci: Approchons de la perfection, pour rendre de plus en plus inutiles l'intérêt, l'État, le travail, tous les remèdes onéreux et douloureux.

Créons autour de nous l'ordre, la sécurité, les habitudes d'économie et de tempérance, afin que les capitaux se multiplient et que l'**intérêt** baisse.

Créons parmi nous l'esprit de justice, de paix et de concorde, afin de rendre de plus en plus inutiles l'armée, la marine, la police, la magistrature, la répression, en un mot l'**État**.

Et surtout, réalisons la **liberté**, par qui s'engendrent toutes les puissances civilisatrices.

Aujourd'hui même, 6 janvier 1850, *la Voix du Peuple* interpelle la *Patrie* en ces termes:

« La *Patrie* veut-elle demander avec nous la suppression du privilège des banques, la suppression des monopoles des notaires, des agents de change, des avoués, des huissiers, des imprimeurs, des boulangers; la liberté du transport des lettres, de la fabrication des sels, des poudres et des tabacs; l'abolition de la loi sur les coalitions, l'abolition de la douane, de l'octroi, de l'impôt sur les boissons, de l'impôt sur les sucres? La *Patrie* veut-elle appuyer l'impôt sur le capital, le seul proportionnel; le licenciement de l'armée et son remplacement par la garde nationale; la substitution du jury à la magistrature, la liberté de l'enseignement à tous les degrés? »

C'est mon programme; je n'en eus jamais d'autre. Qu'en résulte-t-il? C'est que le capital doit se prêter non *gratuitement*, mais *librement*.

Dixième lettre

Onzième lettre : P. J. Proudhon à F. Bastiat

Vous ne m'avez pas trompé: le ton de bonne foi et d'extrême sincérité, qui éclate à chaque ligne de votre dernière lettre, m'en est une preuve. Aussi est-ce avec une joie bien franche que je rétracte mes paroles.

Je ne vous ai pas trompé non plus; je n'ai pas manqué, comme vous dites, au devoir de l'hospitalité. Toutes vos lettres ont été, comme je l'avais promis, religieusement insérées dans *la Voix du Peuple*, sans réserves, sans réflexions, sans commentaires. De mon côté, j'ai fait les plus grands efforts pour donner à la discussion une marche régulière, me plaçant, pour cela, tantôt dans la métaphysique, tantôt dans l'histoire, tantôt, enfin, dans la pratique, dans la routine même. Vous seul, et nos lecteurs en sont témoins, avez résisté à toute espèce de méthode. Enfin, quant au ton général de notre polémique, vous reconnaissez que la manière dont j'en ai usé avec vous défenseur du capital, a fait envie à ceux de mes coreligionnaires qui soutiennent en ce moment contre moi une cause plus malheureuse encore que celle de l'intérêt, et qui, par malheur, ont à défendre, dans cette cause, quelque chose de plus que leur opinion, qui ont à venger leur amour-propre. Si, dans ma dernière réplique, mon style s'est empreint de quelque amertume, vous ne devez l'attribuer qu'à l'impatience, certes bien naturelle, où j'étais de voir mes efforts se briser sans cesse contre cette obstination, cette force d'inertie intellectuelle qui, ne faisant compte ni de la philosophie, ni du progrès, ni de la finance, se borne à reproduire éternellement cette question puérile: Quand j'ai épargné cent écus, et que pouvant les utiliser dans mon industrie, je les prête moyennant intérêt ou part de bénéfice, est-ce que je vole?...

Je rends donc pleine justice à votre loyauté; j'ose dire que ma courtoisie vis-à-vis de vous ne s'est pas démentie un instant. Mais, aujourd'hui plus que jamais, je suis forcé d'insister sur mon dernier jugement: Non, monsieur Bastiat, vous ne savez pas l'économie politique.

Laissons de côté, je vous prie, la loi de contradiction, à laquelle, décidément, votre esprit répugne; laissons l'histoire, ou plutôt le progrès, dont vous méconnaissez la tendance, dont vous récusez l'autorité; laissons la Banque, au moyen de laquelle je vous prouve que l'on peut, sans y rien changer, réduire instantanément l'intérêt des capitaux à 1/2 pour 100. Je vais, puisque tel est votre désir, me renfermer dans la notion pure du capital. J'analyserai cette notion; j'en ferai, au point de vue de l'intérêt, la déduction théorique et mathématique; après avoir établi ma thèse par la métaphysique, par l'histoire et par la Banque, je l'établirai une quatrième fois; je justifierai chacune de mes assertions, par la comptabilité, cette science modeste et trop dédaignée, qui est à l'économie sociale ce que l'algèbre est à la géométrie. Peut-être, cette fois, mon esprit parviendra-t-il à saisir le vôtre: mais qui me garantit que vous n'allez pas me reprocher encore de changer, pour la quatrième fois, de méthode?

Qu'est-ce que le *capital*?

Les auteurs ne sont point d'accord de la définition: à peine s'ils s'entendent même sur la chose.

J. B. Say définit le capital: La *simple accumulation des produits.*

Rossi: *Un produit épargné, et destiné à la reproduction.*

J. Garnier, qui les cite: *Du travail accumulé*; ce qui rentre dans la définition de J. B. Say, *accumulation des produits.*

Ce dernier, toutefois, s'exprime ailleurs d'une façon plus explicite: On entend, dit-il, par capital, *une somme de valeurs consacrées à faire des avances à la production.*

Suivant vous enfin, le capital est un *excédant* ou *reste de produit non consommé, et destiné à la reproduction.* — C'est ce qui résulte de votre apologue de l'ouvrier qui gagne 1,500 fr. par an, en consomme 1,200, et réserve les 300 fr. restants, soit pour les mettre dans son fonds d'exploitation, soit, ce qui revient, selon vous, au même, pour les prêter à intérêt.

Il est visible, d'après cette incertitude des définitions, que la notion de capital conserve quelque chose de louche, et la grande majorité de nos lecteurs ne sera pas peu surprise d'apprendre que l'économie politique, science, suivant ceux qui font profession de l'enseigner, et vous êtes du nombre, positive, réelle, exacte, en est encore à trouver ses définitions!

J. Garnier désespérant, par la parole, de donner l'idée de la chose, essaye, comme vous, de la montrer: « Ce sont produits, dit-il, tels que marchandises, outils, bâtiments, bestiaux, sommes de monnaie, etc., fruits d'une industrie antérieure, et qui servent à la reproduction. »

Plus loin il fait observer, tant il y a d'hésitation en son esprit, que dans la notion de *capital* entre celle d'*avance*. « Or, qu'est-ce qu'une *avance?* — Une avance est une valeur employée de telle sorte qu'elle se trouvera rétablie plus tard. » Ainsi dit M. Granier; et je pense que le lecteur, après cette explication, n'en sera lui-même guère plus avancé.

Essayons de venir au secours des économistes.

Ce qui résulte jusqu'ici des définitions des auteurs, c'est qu'ils ont tous le *sentiment* d'un quelque chose qui a nom **capital**; mais ce quelque chose, ils sont impuissants à le déterminer, il ne le *savent* pas. A travers le fatras de leurs explications, on entrevoit l'idée qui leur est commune, mais cette idée, faute de philosophie, ils ne savent point la dégager, ils n'en trouvent pas le mot, la formule. Eh bien, Monsieur, vous allez voir que la dialectique, même hégélienne, peut être bonne à quelque chose.

Frédéric Bastiat

Vous remarquerez d'abord que l'idée de *produit* se trouve implicitement ou explicitement dans toutes les définitions qu'on a essayé de donner du capital. C'est déjà un premier pas. Mais à quelle condition, comment et quand le *produit* peut-il se dire **capital**? Voilà ce qu'il s'agit de déterminer. Reprenons nos auteurs, et, corrigeant leurs définitions les unes par les autres, nous viendrons peut-être à bout de leur faire nommer ce que tous ont dans la conscience, mais que l'esprit d'aucun d'eux ne perçoit.

Ce qui fait le capital, suivant J. B. Say, c'est *la simple* **accumulation** *des produits.*

L'idée d'accumulation, comme celle de produit, entre donc dans la notion de capital. Voilà un second pas. Or, tous les produits sont susceptibles d'accumulation; donc tous les produits peuvent devenir capitaux; donc l'énumération que M. Joseph Garnier a faite des différentes formes que prend le capital, est incomplète, partant inexacte, en ce qu'elle exclut de la notion les produits servant à la subsistance des travailleurs, tels que blé, vin, huile, provisions de bouche, etc. Ces produits peuvent être réputés capitaux aussi bien que les bâtiments, les outils, les bestiaux, l'argent, et tout ce que l'on considère comme instrument ou matière première.

Rossi: Le capital est *un produit épargné, destiné à la* **reproduction**.

La *reproduction*, c'est-à-dire la destination du produit, voilà une troisième idée contenue dans la notion de capital. *Produit, accumulation, reproduction*: trois idées qui entrent déjà dans la notion de capital.

Or, de même que tous les produits peuvent être accumulés, de même ils peuvent servir, et servent effectivement, quand c'est le travailleur qui les consomme, à la reproduction. Le pain qui sustente l'ouvrier, le fourrage qui alimente les animaux, la houille qui produit la vapeur, aussi bien que la terre, les chariots et les machines, tout cela sert à la reproduction, tout cela, au moment où il se consomme, est du capital. Tout ce qui se consomme, en effet, se consomme, du moins est censé se consommer reproductivement. Ce qui sert à entretenir ou à faire mouvoir l'instrument, aussi bien que l'instrument même; ce qui nourrit le travailleur, aussi bien que la matière même du travail. Tout produit devient donc, à un moment donné, capital: la théorie qui distingue entre consommation *productive* et *improductive*, et qui entend par celle-ci la consommation quotidienne du blé, du vin, de la viande, des vêtements, etc., est fausse. Nous verrons plus bas qu'il n'y a de consommation improductive que celle du capitaliste même.

Ainsi le capital n'est point chose spécifique et déterminée, ayant une existence ou réalité propre, comme la *terre*, qui est une chose; le *travail*, qui en est une autre; et le *produit*, qui est la façon donnée par le travail aux choses de la nature, lesquelles deviennent par là une troisième chose. Le capital ne forme point, comme l'enseignent les économistes, une quatrième catégorie avec la terre, le travail et le produit: il indique simplement, comme j'ai dit, un état, un rapport; c'est, de l'aveu de tous les auteurs, du produit accumulé et destiné à la reproduction.

Un pas de plus, et nous tenons notre définition.

Comment le produit devient-il capital? Car il ne suffit pas, il s'en faut bien, que le produit ait été accumulé, emmagasiné, pour être censé capital. Il ne suffit pas même qu'il soit destiné à la reproduction: tous les produits ont cette destination. N'entendez-vous pas dire tous les jours que l'industrie regorge de produits, tandis qu'elle manque de capitaux? Or, c'est ce qui n'aurait pas lieu si la simple accumulation de produits, comme dit Say, ou la destination reproductive de ces produits, comme le veut Rossi, suffisait à les faire réputer capitaux. Chaque producteur n'aurait alors qu'à reprendre son propre produit, et à se créditer lui-même de ce que ce produit lui coûte, pour être en mesure de produire encore, sans fin et sans limite. Je réitère donc ma question: Qu'est-ce qui fait que la notion de produit se transforme tout à coup en celle de capital? Voilà ce que les économistes ne disent pas, ce qu'ils ne savent point, je dirai même, ce qu'aucun d'eux ne se demande.

C'est ici que se place une idée intermédiaire dont la vertu particulière est de convertir le produit en capital, comme, au souffle du vent d'ouest, la neige, tombée à Paris ces jours derniers, est passée à l'état de liquide: cette idée est l'idée de **valeur**.

Voilà ce qu'entrevoyait Garnier, quand il définissait le capital *une somme de* **valeurs** *consacrées à faire des avances à la production;* — ce que vous sentiez vous-même, quand vous cherchiez la notion de capital, non pas simplement, avec J. B. Say, dans *l'accumulation des produits,* ni, avec Rossi, dans *l'épargne destinée à la reproduction,* mais dans la partie non consommée du salaire de l'ouvrier, c'est-à-dire, évidemment, dans la valeur de son travail ou produit.

Cela veut dire que le produit, pour devenir capital, doit avoir passé par une évaluation authentique, avoir été acheté, vendu, apprécié; son prix débattu et fixé par une sorte de convention légale. En sorte que l'idée de capital indique un rapport essentiellement social, un acte synallagmatique, hors duquel le produit reste produit.

Ainsi le cuir, sortant de la boucherie, est le produit du boucher: quand vous en empliriez une halle, ce ne serait jamais que du cuir, ce ne serait point une valeur, je veux dire une valeur *faite*; ce ne serait point capital, ce serait toujours produit. — Ce cuir est-il acheté par le tanneur, aussitôt celui-ci le porte, ou, pour parler plus exactement, en porte la *valeur* à son fonds d'exploitation, dans son avance, conséquemment la répute capital. Par le travail du tanneur, ce capital redevient produit; lequel produit, acquis à son tour, à prix convenu, par le bottier, passe de nouveau à l'état de capital, pour redevenir encore, par le travail du bottier, produit.

Ce dernier n'étant plus susceptible de recevoir une façon nouvelle, sa consommation est dite, par les économistes, improductive, ce qui est une aberration de la théorie. La chaussure faite par le bottier, et acquise par le travailleur, devient, par le fait de cette acquisition, comme le cuir passant du boucher au tanneur, et du tanneur au bottier, de simple produit valeur: cette valeur entre dans l'avance de l'acheteur, et lui sert, comme les autres objets de sa consommation, comme le logement qu'il habite, comme les outils dont il se sert, mais d'une autre manière, à créer de nouveaux produits. La consommation est donc toujours production; il suffit, pour cela, que le consommateur travaille. Ce mouvement, une fois commencé, se perpétue à l'infini.

Tel est le capital. Ce n'est pas simplement une accumulation de produits, comme dit Say: — ce n'est pas même encore une accumulation de produits faite en vue d'une reproduction ultérieure, comme le veut Rossi: tout cela ne répond point à la notion du capital. Pour que le capital existe, il faut que le produit ait été, si j'ose ainsi dire, authentiqué par l'échange. C'est ce que savent parfaitement tous les comptables, lorsque, par exemple, ils portent dans leurs écritures, les cuirs verts achetés par le tanneur, à son *débit*, ce qui veut dire à son capital; et les cuirs tannés ou corroyés à son *crédit* ou *avoir*, ce qui veut dire à son produit; ce que comprennent encore mieux le commerçant et l'industriel, quand, à la moindre émotion de la politique, ils se voient périr à côté des marchandises accumulées dans leurs magasins, sans qu'ils puissent les employer à aucune reproduction: situation douloureuse, que l'on exprime en disant que le capital *engagé* ne se dégage plus.

Tout ce qui est capital est nécessairement produit; mais tout ce qui est produit, même accumulé, même destiné à la reproduction, comme les instruments de travail qui sont dans les magasins des constructeurs, n'est pas pour cela capital. Le capital, encore une fois, suppose une évaluation préalable, opération de change, ou mise en circulation, hors de laquelle pas de capital. S'il n'existait

Frédéric Bastiat

au monde qu'un seul homme, un travailleur unique, produisant tout pour lui seul, les produits qui sortiraient de ses mains resteraient produits: ils ne deviendraient pas capitaux. Son esprit ne distinguerait point entre ces termes: *produit, valeur, capital, avance, reproduction, fonds de consommation, fonds de roulement,* etc. De telles notions ne naîtraient jamais dans l'esprit d'un solitaire.

Mais, dans la société, le mouvement d'échange une fois établi, la valeur contradictoirement fixée, le produit de l'un devient incessamment le capital de l'autre; puis, à son tour, ce capital, soit comme matière première, soit comme instrument de travail, soit comme subsistance, se transforme de nouveau en produit. En deux mots, la notion de capital, opposée à celle de produit, indique la situation des échangistes les uns à l'égard des autres. Quant à la société, l'homme collectif, qui est justement ce travailleur solitaire, dont je parlais tout à l'heure, la distinction n'existe plus; il y a identité entre le capital et le produit, de même qu'entre le produit net et le produit brut.

J'ai donc eu raison de dire, et je m'étonne qu'après l'exégèse que vous avez faite vous-même du capital, vous n'ayez su comprendre mes paroles:

« Le capital ne se distingue pas du produit. Ces deux termes ne désignent point, en réalité, deux choses distinctes; ils ne désignent que des relations. Produit, c'est capital: capital, c'est produit. »

Et mon ami Duchêne, soutenant la même thèse comme Louis Blanc, a eu bien plus raison encore de dire:

« Les distinctions de *capital* et de *produit*, retenez-le bien une fois pour toutes, n'indiquent que des relations d'individu à individu: dans la société, il y a simplement *production, consommation, échange.* On peut dire de toutes les industries qu'elles créent des capitaux ou des produits, indistinctement. Le mécanicien est fabricant de capitaux pour les chemins de fer, les usines, les manufactures; le drapier est fabricant de capitaux pour les tailleurs; le taillandier est fabricant de capitaux pour la menuiserie, la charpente, la maçonnerie; une charrue est produit pour le charron qui la vend, et capital pour le cultivateur qui l'achète. Toutes les professions ont besoin de *produits pour produire,* ou, ce qui revient au même, de *capitaux pour confectionner des capitaux.* »

Cela vous semblerait-il donc inintelligible? Il n'y a pas d'antinomie, cependant.

Au point de vue des intérêts privés, le capital indique un rapport d'échange, précédé d'une évaluation synallagmatique. C'est le produit apprécié, pour ainsi dire, juridiquement, par deux arbitres responsables, qui sont le vendeur et l'acheteur, et déclaré, à la suite de cette appréciation, instrument ou matière de reproduction. — Au point de vue social, capital et produit ne se distinguent plus. *Les produits s'échangent contre des produits,* ou bien: *Les capitaux s'échangent contre les capitaux,* sont deux propositions parfaitement synonymes. Quoi de plus simple, de plus clair, de plus positif, de plus scientifique, enfin, que tout cela.

J'appelle donc capital, *toute valeur faite, en terres, instruments de travail, marchandises, subsistances, ou monnaies, et servant ou étant susceptible de servir à la production.*

La langue usuelle confirme cette définition. Le capital est dit *libre,* quand le produit, quel qu'il soit, ayant été seulement évalué entre les parties, peut être considéré comme réalisé, ou immédiatement réalisable, c'est-à-dire converti en tel autre produit qu'on voudra: dans ce cas, la forme que le capital affecte le plus volontiers, est celle de monnaie. Le capital est dit *engagé,* au contraire, quand la valeur qui le constitue est entrée définitivement dans la production: dans ce cas, il prend toutes les formes possibles.

La pratique est aussi d'accord avec moi. Dans toute entreprise qui se fonde, l'entrepreneur qui, au lieu d'argent, engage dans son industrie des instruments ou des matières premières, commence par en faire l'estimation vis-à-vis de lui-même, à ses risques et périls; et cette estimation pour ainsi dire unilatérale, *constitue son capital*, ou sa mise de fonds: c'est la première chose dont il soit passé écriture.

Nous savons ce qu'est le capital: il s'agit maintenant de tirer les conséquences de cette notion, en ce qui concerne l'intérêt. Ce sera peut-être un peu long, quant à l'exposé graphique, mais très-simple de raisonnement.

Les produits s'échangent contre les produits, a dit J. B. Say; ou bien, les capitaux s'échangent contre des capitaux; ou bien encore, les capitaux s'échangent contre des produits, et *vice versa*: voilà le fait brut.

La condition absolue, *sine qua non*, de cet échange; ce qui en fait l'essence et la règle, est l'évaluation contradictoire et réciproque des produits. Otez de l'échange l'idée de prix, et l'échange disparaît. Il y a transposition; il n'y a pas transaction, il n'y a pas échange. Le produit, sans le prix, est comme s'il n'existait pas: tant qu'il n'a pas reçu, par le contrat de vente et d'achat, sa valeur authentique, il est censé non avenu, il est nul. Voilà le fait intelligible.

Chacun donne et reçoit, d'après la formule de J. B. Say, énonciative du fait matériel; — mais, d'après la notion du capital, telle que nous la fournit l'analyse, chacun doit donner et recevoir une valeur égale. Un échange inégal est une idée contradictoire: le consentement universel l'a appelé fraude et vol.

Or, de ce fait primitif que les producteurs sont entre eux en rapport perpétuel d'échange, qu'ils sont les uns pour les autres, tour à tour et tout à la fois producteurs et consommateurs, travailleurs et capitalistes, et de l'appréciation numériquement égalitaire qui constitue l'échange, il résulte que les comptes de tous les producteurs et consommateurs doivent se balancer les uns les autres; que le société, considérée au point de vue de la science économique, n'est autre chose que cet équilibre général des produits, services, salaires, consommations et fortunes; que, hors de cet équilibre, l'économie politique n'est qu'un mot, et l'ordre public, le bien-être des travailleurs, la sécurité des capitalistes et propriétaires, une utopie.

Or, cet équilibre, duquel doivent naître l'accord des intérêts et l'harmonie dans la société, aujourd'hui n'existe pas: il est rompu par diverses causes, selon moi, faciles à détruire, et au nombre desquelles je signale, en première ligne, l'usure, l'intérêt, la rente. Il y a, comme je l'ai dit tant de fois, erreur et malversation dans les comptes, falsification dans les écritures de la société: de là le luxe mal acquis des uns, la misère croissante des autres; de là, dans les sociétés modernes, l'inégalité des fortunes et toutes les agitations révolutionnaires. Je vais, Monsieur, vous en donner, par écriture de commerce, la preuve et la contrepreuve.

Constatons d'abord les faits.

Les produits s'échangent contre des produits, ou, pour parler plus juste, les valeurs s'échangent contre les valeurs: telle est la loi.

Mais cet échange ne se fait pas toujours, comme l'on dit, *donnant donnant*; la tradition des objets échangés n'a pas toujours lieu simultanément de part et d'autre; souvent, et c'est le cas le plus ordinaire, il y a entre les deux livraisons, un intervalle. Or, il se passe dans cet intervalle des choses curieuses, des choses qui dérangent l'équilibre, et faussent la balance. Vous allez voir.

Tantôt l'un des échangistes n'a pas le produit qui convient à l'autre, ou, ce qui revient au même, celui-ci, qui consent bien à vendre, veut se réserver d'acheter. Il veut bien recevoir le prix de sa chose, mais il ne veut, pour le moment du moins, rien accepter en échange. Dans l'un et l'autre cas, les échangistes ont recours à une marchandise intermédiaire, faisant, dans le commerce l'office de proxénète, toujours acceptable et toujours acceptée: c'est la monnaie. Et comme la monnaie, recherchée de tout le monde, manque pour tout le monde, l'acheteur s'en procure, contre son obligation, auprès du banquier, moyennant une prime plus ou moins considérable, appelé *escompte*. — L'escompte se compose de deux parties: la *commission*, qui est le salaire du service rendu par le banquier, et l'*intérêt*. Nous dirons tout à l'heure ce que c'est que l'*intérêt*.

Tantôt l'acheteur n'a ni produit, ni argent à donner en échange du produit ou du capital dont il a besoin, mais il offre de payer dans un certain laps de temps, en un ou plusieurs termes. Dans les deux cas sus-mentionnés la vente était faite *au comptant*; dans celui-ci, elle a lieu *à crédit*.

Ici donc, la condition du vendeur était moins avantageuse que celle de l'acheteur, on compense l'inégalité en faisant porter au produit vendu, et jusqu'à parfait paiement, un intérêt. C'est cet intérêt compensatoire, origine première de l'usure, que j'ai signalé dans une de mes précédentes lettres comme l'agent coercitif du remboursement. Il dure autant que le crédit; il est la rémunération du crédit: mais il a surtout pour objet, notez ce point, d'*abréger la durée du crédit*. Tel est le sens, la signification légitime de l'intérêt.

Souvent il arrive, et c'est l'extrémité où se trouvent généralement les travailleurs, que le capital est absolument indispensable au producteur, et que cependant celui-ci n'espère pouvoir de longtemps, ni par son travail, ni par son épargne, bien moins encore par les sommes de monnaie dont il dispose, en recomposer l'équivalent, en un mot, le rembourser. Il lui faudrait 20 ans, 30 ans, 50 ans, un siècle quelquefois; et le capitaliste ou propriétaire ne veut point accorder un si long terme. Comment sortir de cette difficulté?

Ici commence la spéculation usuraire. Tout à l'heure nous avons vu l'intérêt imposé au débiteur comme indemnité du crédit, et moyen de hâter le remboursement: à présent nous allons voir l'intérêt cherché pour lui-même, l'usure pour l'usure, comme la guerre pour la guerre, ou l'art pour l'art. Par convention expresse, légale, authentique, consacrée par toutes les jurisprudences, toutes les législations, toutes les religions, le demandeur s'engage envers le bailleur à lui payer — à *perpétuité*, l'intérêt de son capital, terre, meuble ou argent; il s'inféode, corps et âme, lui et les siens, au capitaliste, et devient son tributaire*ad vitam æternam*. C'est ce qu'on appelle *Constitution de rente*, et, dans certains cas, *emphytéose*. Par cette espèce de contrat, l'objet passe en la possession du demandeur, qui n'en peut plus être dépossédé; qui en jouit comme acquéreur et propriétaire; mais qui en doit, à tout jamais, payer le revenu comme un amortissement sans fin. Telle est l'origine économique du système féodal.

Mais voici qui est mieux.

La constitution de rente et l'emphytéose sont aujourd'hui, presque partout, hors d'usage. On a trouvé qu'un produit ou capital échangé contre un intérêt perpétuel était encore trop de la part du capitaliste: le besoin d'un perfectionnement se faisait sentir dans le système. De nos jours, les capitaux et immeubles ne se placent plus en rente perpétuelle, si ce n'est sur l'État: ils se **louent**, c'est-à-dire se prêtent, toujours contre intérêt, mais à courte échéance. Cette nouvelle espèce d'usure a nom *loyer* ou *fermage*.

Concevez-vous, Monsieur, ce que c'est que le prêt à intérêt (loyer ou fermage) à courte échéance? Dans l'emplytéose et la constitution de rente, dont je parlais tout à l'heure, si la rente était perpétuelle, la cession du capital l'était aussi: entre le paiement et la jouissance, il y avait encore une sorte de parité. Ici, le capital ne cesse jamais d'appartenir à celui qui le loue et qui peut en exiger, à volonté, la restituions. En sorte que le capitaliste n'échange point capital contre capital, produit contre produit: il ne donne rien, il garde tout, ne travaille pas, et vit de ses loyers, intérêts et usures, comme 1,000, 10,000 et 100,000 travailleurs réunis ne vivent pas de leur production.

Par le prêt à intérêt, — fermage ou loyer, — avec faculté d'exiger, à volonté, le remboursement de la somme prêtée, et d'éliminer le fermier ou locataire, le capitaliste a imaginé quelque chose de plus grand que l'espace, de plus durable que le temps. Il n'y a pas d'infini qui égale l'infini de l'usure locative, de cette usure qui dépasse autant la perpétuité de la rente, que la perpétuité de la rente elle-même dépasse le remboursement à terme et au comptant. L'emprunteur à intérêt et courte échéance paie, paie encore, paie toujours; et il ne jouit point de ce qu'il paie; il n'en a que la vue, il n'en possède que l'ombre. N'est-ce pas à cette image de l'usurier, que le théologien a imaginé son Dieu, ce Dieu atroce, qui fait éternellement payer le pécheur, et qui jamais ne lui fait remise de sa dette! Toujours! Jamais! Voilà le Dieu du catholicisme, voilà l'usurier!...

Eh bien, je dis que tout échange de produits et de capitaux peut s'effectuer au comptant;

Qu'en conséquence, l'escompte du banquier doit se réduire aux frais de bureaux et à l'indemnité du métal improductivement engagé dans la monnaie.

Partant, que tout intérêt, loyer, fermage ou rente, n'est qu'un déni de remboursement, un vol à l'égard de l'emprunteur ou locataire, la cause première de toutes les misères et subversions de la société.

Je vous ai prouvé, en dernier lieu, par l'exemple de la Banque de France, que c'était chose facile et pratique d'organiser l'égalité dans l'échange, soit la circulation gratuite des capitaux et des produits. Vous n'avez voulu voir, dans ce fait catégorique et décisif, qu'un cas particulier de monopole, étranger à la théorie de l'intérêt. Que me fait, répondez-vous avec nonchalance, la Banque de France et son privilège? Je vous parle de l'intérêt des capitaux. — Comme si le crédit foncier et commercial étant organisé partout sur le pied de 1/2 pour 100, il pouvait exister quelque part encore un intérêt!... Je vais vous montrer à présent, à la façon des teneurs de livres, que ce solde particulier, qui vient se placer constamment entre les deux termes de l'échange, ce péage imposé à la circulation, ce droit établi sur la conversion des produits en valeurs, et des valeurs en capitaux, cet intérêt, enfin, ou pour l'appeler par son nom, cet entremetteur (*interesse*) du commerce, dont vous vous obstinez à prendre la défense, est précisément le grand faussaire qui, pour s'approprier, frauduleusement et sans travail, des produits qu'il ne crée pas, des services qu'il ne rend jamais, falsifie les comptes, fait des surcharges et des suppositions dans les écritures, détruit l'équilibre des transactions, met le désordre dans les affaires, et produit fatalement dans les nations le désespoir et la misère.

Vous trouverez, dans ce qui va suivre, la représentation graphique des opérations de la société, exposées tour à tour dans les deux systèmes, le système de l'*intérêt*, actuellement régnant, et le système de la*gratuité*, qui est celui que je propose. Tout raisonnement, toute dialectique, toute controverse tombe devant cette image intelligible du mouvement économique.

Dans ce système, la production, la circulation et la consommation des richesses s'opèrent par le concours de deux classes de citoyens, distinctes et séparées: les propriétaires, capitalistes et entrepreneurs d'une part, et les travailleurs salariés d'autre part. Ces deux classes, quoique en état flagrant d'antagonisme, constituent ensemble un organisme clos, qui agit en lui-même, sur lui-même, et par lui-même.

Il suit de là que toutes les opérations d'agriculture, de commerce, d'industrie, qui peuvent se traiter dans un pays, tous les comptes de chaque manufacture, fabrique, banque, etc., peuvent se résumer et être représentés par un seul compte, dont je vais donner les parties.

Frédéric Bastiat

Je désigne par A la classe entière des propriétaires, capitalistes et entrepreneurs que je considère comme une personne unique, et par B, C, D, E, F, G, H, I, K, L, la classe des travailleurs salariés.

A l'ouverture du compte, A commence sa spéculation avec un capital que je suppose de 10,000 fr. Cette somme forme sa mise de fonds; c'est avec cela qu'il va travailler et entamer des opérations de commerce. Cet acte d'installation de A s'exprime de la manière suivante:

1. *Caisse doit à A.*

1er janvier, compte de capital... 10,000 fr.

Le capital formé, que va faire A? Il louera des ouvriers, dont il payera les produits et services avec ses 10,000 fr.; c'est-à-dire qu'il convertira ces 10,000 fr. en marchandises, ce que le comptable exprime comme suit:

2. *Marchandises générales, à Caisse.*

Achat au comptant, ou par anticipation, des produits de l'année courante, des travailleurs ci-après dénommés:

De B,	x (journées de travail ou produit): ensemble.	1,000 fr.
De C,	—	1,000
De D,	—	1,000
De E,	—	1,000
De F,	—	1,000
De G,	—	1,000
De H,	—	1,000
De I,	—	1,000
De K,	—	1,000
De L,	—	1,000
	Total...	10,000 fr.

L'argent converti en marchandises, il s'agit, pour le propriétaire-capitaliste-entrepreneur A, de faire l'opération inverse, et de convertir ses marchandises en argent. Cette conversion suppose un bénéfice (agio, intérêt, etc.), puisque, par hypothèse et d'après la théorie de l'intérêt, la terre et les maisons ne se prêtent pas pour rien, les capitaux pour rien, la garantie et la considération de l'entrepreneur pour rien. Admettons, suivant les règles ordinaires du commerce, que le bénéfice soit 10 pour 100.

A qui se fera la vente des produits de A? Nécessairement à B, C, D, etc., travailleurs: puisque la société tout entière se compose de A, propriétaire-capitaliste-entrepreneur, et de B, C, D, etc., travailleurs salariés, hors desquels il n'y a personne. Voici comment s'établit le compte:

3. *Les Suivants, à Marchandises générales:*

B,	mes ventes à lui faites dans le courant de l'année,	1,100 fr.
C,	—	1,100
D,	—	1,100
E,	—	1,100
F,	—	1,100
G,	—	1,100
H,	—	1,100
I,	—	1,100
K,	—	1,100
L,	—	1,100
	Total...	11,000 fr.

La vente terminée, reste à faire l'encaissement des sommes dues par les acheteurs. Nouvelle opération que le comptable sur son livre, en la façon ci-après:

4. *Doit Caisse aux Suivants:*

à B,	son versement en espèces pour solde de son compte au 31 décembre.	1,100 fr.
à C,	—	1,100
à D,	—	1,100
à E,	—	1,100

à F,	—	1,100
à G,	—	1,100
à H,	—	1,100
à I,	—	1,100
à K,	—	1,100
à L,	—	1,100
	Somme égale...	11,000 fr.

Ainsi, le capital avancé par A, — après conversion de ce capital en produits, puis vente de ces produits aux travailleurs-consommateurs B, C, D etc., et, enfin, payement de la vente, — lui rentre augmenté d'un dixième, ce qui s'exprime à l'inventaire par la balance ci-dessous:

5. Résumé des opérations de A, propriétaire-capitaliste-entrepreneur, pour son inventaire au 31 décembre.

Doivent.	marchandises générales.		Avoir.
10,000 fr.	Débit de ce compte au 31 décembre.	Crédit de ce compte au 31 décembre...	11,000 fr.
1,000	Bénéfice sur ce compte à porter au crédit du compte du capital A.		
11,000 fr.		Balance...	11,000 fr.

On voit ici, pour le dire en passant, comment et à quelle condition les produits deviennent capitaux. Ce ne sont pas les marchandises en magasin qui, à l'inventaire, sont portées au crédit du compte de capital, c'est le *bénéfice*. Le bénéfice, c'est-à-dire le produit vendu, livré, dont le prix a été encaissé ou doit l'être prochainement: en deux mots, c'est le produit fait *valeur*.

Passons à la contre-partie de ce compte, au compte des travailleurs.

B, travailleur, sans propriété, sans capital, sans ouvrage, est embauché par A, qui lui donne de l'occupation et acquiert son produit. Première opération, que l'on fait figurer au compte de B, ainsi:

1. Doit Caisse, 1er janvier, à B. — Compte de Capital.

Vente au comptant ou par anticipation de tout le produit de son travail de l'année, à A, propriétaire-capitaliste-entrepreneur, ci...	1,000 fr.

En échange de son produit, le travailleur reçoit donc 1,000 fr., somme égale à celle que nous avons vue figurer au chapitre précédent, art. 2, *Compte de marchandises générales.*

Mais B vit de son salaire, c'est-à-dire qu'avec l'argent que lui donne A, propriétaire-capitaliste-entrepreneur, il se pourvoit chez ledit A de tous les objets nécessaires à la consommation de lui B, objets qui lui sont facturés, comme nous l'avons vu plus haut, chap. 1ᵉʳ, art. 3, à 10 pour 100 de bénéfice en sus du prix de revient. L'opération a donc pour B le résultat que voici:

2. Doit B, compte de Capital, à A, propriétaire-capitaliste-entrepreneur:

Montant des fournitures de toute espèce de ce dernier dans le cours de l'année	1,100 fr.

3. *Résumé des opérations de B, pour son inventaire:*

Doivent.	compte de capital.	Avoir.
1,100 fr.	Débit de ce compte au 31 décembre.	
	Crédit de ce compte au 31 décembre	1,000 fr.
	Perte sur ce compte, que B ne peut payer qu'au moyen d'un emprunt	100
1,000 fr.		1,100 fr.

Tous les autres travailleurs se trouvant dans les mêmes conditions que B, leurs comptes présentent individuellement le même résultat. Pour l'intelligence du fait que j'ai voulu faire ressortir, savoir: le défaut d'équilibre dans la circulation générale, par suite

Frédéric Bastiat

des prélèvements du capital, il est donc inutile de reproduire chacun de ces comptes.

Le tableau qui précède, bien autrement instructif et démonstratif que celui de Quesnay, est l'image fidèle, présentée algébriquement, de l'économie actuelle de la société. C'est là qu'on peut se convaincre que le prolétariat et la misère sont l'effet, non pas seulement de causes accidentelles, telles qu'inondation, guerre, épidémie; mais qu'ils résultent aussi d'une cause organique, inhérente à la constitution de la société.

Par la fiction de la productivité du capital et par les prérogatives sans nombre que s'arroge le monopoleur, il arrive toujours et nécessairement l'une de ces deux choses:

Ou bien c'est le monopoleur qui enlève au salarié partie de son capital social. B, C, D, E, F, G, H, I, K, L, ont produit dans l'année comme 10, et ils n'ont consommé que comme 9. En autres termes, le capitaliste a mangé un travailleur. — En outre, par la capitalisation de l'intérêt, la position des travailleurs s'aggrave chaque année de plus en plus; de telle sorte qu'en poussant la démonstration jusqu'au bout, on arrive, vers la septième année, à trouver que tout l'apport primitif des travailleurs est passé, à titre d'intérêts et de bénéfices, entre les mains du propriétaire-capitaliste-entrepreneur, ce qui signifie que les travailleurs salariés, s'ils voulaient payer leurs dettes, devraient travailler chaque septième année pour rien.

Ou bien, c'est le travailleur qui, ne pouvant donner de son produit que le prix qu'il en a lui-même reçu, pousse le monopoleur à la baisse, et par conséquent le met à découvert de tout le montant des intérêts, loyers et bénéfices dont l'exercice de la propriété lui faisait un droit et une nécessité.

On est donc amené à reconnaître que le crédit, dans le système de l'intérêt, a pour résultat inévitable la spoliation du travailleur, et, pour correctif non moins inévitable, la banqueroute de l'entrepreneur, la ruine du capitaliste propriétaire. L'intérêt est comme une épée à deux tranchants: de quelque côté qu'il frappe, il tue.

Je viens de vous montrer comment les choses se passent dans le régime de l'intérêt. Voyons maintenant comment elles se passeraient sous le régime de la gratuité.

D'après la théorie du crédit gratuit, la qualité de travailleur salarié et celle de propriétaire-capitaliste-entrepreneur sont identiques l'une à l'autre et adéquates: elles se confondent sous celle de *producteur-consommateur*. L'effet de ce changement est de ramener toutes les opérations du crédit actuel, prêt, vente à terme, agio, loyer, fermage, etc., à la simple forme de l'échange; comme toutes les opérations de banque à un simple virement de parties.

Admettons donc que la Banque de France, organe principal de ce système, ait été réorganisée suivant les idées du crédit gratuit, et le taux de ses escomptes réduit à 1 pour 100, taux que nous regarderons provisoirement comme le juste salaire du service particulier de la Banque, et, conséquemment, comme représentant un intérêt égal à zéro. Et voyons les changements qui en résultent pour la comptabilité générale. C'est par l'entremise de la Banque et de ses succursales, remplaçant toutes les variétés du crédit usuraire, que s'effectuent désormais les transactions: c'est donc avec la Banque que B, C, D, etc., travailleurs, associés, groupés ou libres, entrent d'abord, et directement, en compte.

1. *Compte des opérations de B, travailleur, avec x, Banque nationale.*

Doit Caisse, 1er janvier, à *x*, Banque nationale,

Avance de celle-ci sur tous les produits de mon travail de l'année, à lui rembourser au fur et à mesure de mes ventes, 1,000 fr.; escompte 1 pour 100 déduit, ci...	990 fr.

Ainsi qu'on l'a vu plus haut, B vit exclusivement de son travail: c'est-à-dire que, sur la garantie de son produit, il obtient de x, Banque nationale, soit des billets, soit des espèces, avec lesquels il achète chez A, — travailleur comme lui, mais qui, dans les opérations de vente ou échange dont nous parlerons tout à l'heure, remplit le rôle de propriétaire-capitaliste-entrepreneur, — tous les objets nécessaires à son industrie et à sa consommation. Par le fait, B achète tous ces objets au comptant: il peut donc, et d'autant plus rigoureusement, en débattre le prix.

Cet achat, fait avec les billets ou espèces de la Banque, donne ouverture au compte suivant sur les livres de B:

2. *Doivent Marchandises générales à Caisse,*

Achat au comptant, chez A, de toute ma consommation de l'année...	990 fr.

Au fur et à mesure de sa fabrication, B vend ses produits. Mais la production se règle sur la consommation: or, celle-ci n'étant plus entravée, comme sous le régime de l'intérêt, par l'usure, c'est-à-dire par la vente à terme, par le loyer des instruments de travail et les charges qui en résultent, surtout par le préjugé de la monnaie, devenue improductive, et même inutile; il s'ensuit que B, comme tous les autres travailleurs, peut non-seulement racheter, à une fraction minime près, son propre produit, mais donner carrière à son énergie, à sa puissance productive, sans crainte de créer des non-valeurs ou d'amener l'avilissement des prix, avec l'espoir légitimement fondé, au contraire, de se compenser, par ce surcroît de production et d'échange, de la faible rétribution qu'il paye à la Banque, pour la négociation de ses valeurs. C'est ce qui va paraître dans l'article suivant du compte de B.

Tout travail doit laisser un excédant; cet aphorisme est un des premiers de l'économie politique. Il est fondé sur ce principe que, dans l'ordre économique, quel que soit le capital mis en œuvre, *toute valeur est créée, par le travail, de rien;* de même que, selon le théologie chrétienne, toutes choses dans la nature ont été créées de Dieu, également de rien. En effet, le produit étant défini: *l'utilité ajoutée par le travail aux objets que fournit la nature* (J. B. Say et tous les économistes), il est clair que le produit tout entier est le fait des travailleurs; et si l'objet auquel s'ajoute l'utilité nouvelle est déjà lui-même un produit, la valeur reproduite est nécessairement plus grande que la valeur consommée. Admettons que, par son travail, B ait augmenté de 10 pour 100 la valeur qu'il consomme, et constatons, par ses écritures, le résultat:

3. *Doit Caisse à Marchandises générales,*

Mes ventes au comptant à divers, courant de l'année...	1,089 fr.

Il appert de ce compte que l'usure est une cause de misère, en ce qu'elle empêche la consommation et la reproduction, d'abord en élevant le prix de vente des produits d'une quantité plus forte que l'excédent obtenu par le travail reproducteur: la somme des usures, en France, sur un produit total de 10 milliards, est de 6 milliards, 60 pour 100: — puis, en entravant la circulation par toutes les formalités de l'escompte, de l'intérêt, du loyer, du fermage, etc.: — toutes difficultés qui disparaissent sous le régime du crédit gratuit.

Nous voici au moment où B a réalisé tout le produit de son travail de l'année. Il faut qu'il se liquide avec x, Banque nationale, ce qui donne lieu à l'opération que voici:

4. Doit *x*, Banque nationale, à Caisse,

Mon versement pour solde	1,000 fr.

Maintenant B doit se rendre compte: il le fait de la manière suivante:

5. *Résumé des opérations de B pour son inventaire.*

Doit.	Compte de marchandises générales.	Avoir.

990 fr.	Débit de ce compte au 31 décembre.	Crédit de ce compte au 31 décembre.	1,089 fr.
99	Bénéfice sur ce compte.		
1,089 fr.	Somme égale.		1,089 fr.

L'année suivante, B, au lieu d'opérer sur un produit de 1,000, opérera sur un produit de 1,089, ce qui lui donnera un nouveau surcroît de bénéfice; puis le même mouvement se renouvelant la 3e, la 4e, la 5e, etc., année, le progrès de sa richesse suivra le progrès de son industrie; il ira à l'infini.

Les autres travailleurs, C, D, E, F, etc., étant dans les mêmes conditions que B, leurs comptes présentent individuellement le même résultat; il est inutile de les reproduire.

Je passe à la contre-partie des comptes ouverts chez B, et tout d'abord à celui de la Banque.

On a vu plus haut que *x*, Banque nationale, a fait à B une avance sur son travail ou produit; qu'elle en a usé de même avec tous les autres travailleurs; et qu'ensuite elle s'est couverte et rémunérée, par le remboursement des valeurs qu'ils lui avaient remises, et par la déduction, faite à son profit, de 1 pour 100 d'escompte. Voici comment se traduiraient ces diverses opérations sur les livres de la Banque.

Doivent les Suivants à Caisse:

B,	mes avances sur le produit de son travail de l'année, contre son engagement de 1,000 fr.; escompte déduit	990 fr.
C,	—	990
D,	—	990
E,	—	990
F,	—	990
C,	—	990
G,	—	990
H,	—	990

Onzième lettre

I,	—	990
K,	—	990
L,	—	990
		9,900 fr.

Lors du remboursement par les débiteurs, nouvelle opération que le comptable coucherait sur les livres comme suit:

Doit Caisse aux Suivants:

à B,	son versement pour solde	990 fr.
à C,	—	990
à D,	—	990
à E,	—	990
à F,	—	990
à G,	—	990
à H,	—	990
à I,	—	990
à K,	—	990
à L,	—	990
à Profits et pertes, reçu desdits pour escompte 1 pour 100		100
	Total	10,000 fr.

Le crédit donné par x, Banque nationale, — après conversion de la somme créditée, en produits, puis vente de ces produits à tous les membres de la société, producteurs-consommateurs, depuis A jusqu'à L, et enfin payement de la vente au moyen de la même somme fournie par la Banque; — ce crédit, disons-nous, lui rentre, sous forme de billets ou espèces, augmenté de l'escompte de 1 pour 100, avec lequel la Banque paye ses employés et acquitte ses frais. Si même, après avoir couvert ses dépenses, il restait à la Banque un bénéfice net tant soit peu considérable, elle réduirait proportionnellement le taux de son escompte, de manière à ce qu'il lui restât toujours, pour intérêt du capital, zéro.

Résumé des opérations de x, *Banque nationale, pour son inventaire au 31 décembre.*

Frédéric Bastiat

Doit.	profits et pertes.		Avoir.
100 fr.	Bénéfice sur ce compte	Produit des escomptes de l'année	100 fr.

En se reportant au compte de Caisse de x, Banque nationale, on voit tout d'abord que l'excédant du débit de ce compte sur le crédit est de fr. 100, somme égale à celle du bénéfice d'escompte constatée par le compte de *Profits et pertes*.

Venons enfin au comte de A, propriétaire-capitaliste-entrepreneur, lequel ne se distingue plus, comme nous l'avons dit, de B, C, D, etc., travailleurs salariés, et ne prend ce titre que fictivement, par suite de ses opérations avec ces derniers.

Dans le régime du crédit gratuit, A ne prête plus les matières premières, l'instrument du travail, le capital, en un mot; il ne le donne pas non plus pour rien; il le vend. Dès qu'il en a reçu le prix, il est déchu de ses droits sur son capital; il ne peut plus s'en faire payer éternellement, et au delà de l'éternité même, l'intérêt.

Voyons donc comment se comportera le compte de A, dans ce nouveau système.

D'abord, la monnaie n'étant qu'un instrument de circulation, devenu, par son accumulation à la Banque et la substitution presque générale du papier au numéraire, une propriété commune, dont l'usage, partout dédaigné, est gratuit, les producteurs-consommateurs B, C, D etc., n'ont plus que faire des écus de A. Ce qu'il leur faut, ce sont les matières premières, instruments de travail et subsistances dont A est détenteur.

A commence donc ses opérations avec son capital, *marchandises*, que par hypothèse nous fixerons à 10,000 fr. Cette ouverture d'opérations de A s'exprime sur ses livres de la manière suivante:

1. Doit Marchandises générales à A, compte de Capital:

Marchandises en magasin, au 1ᵉʳ janvier dernier, suivant inventaire	10,000 fr.

Que fera A de cette marchandise? Il la vend aux travailleurs B, C, D, etc., c'est-à-dire à la société consommatrice et reproductrice qu'ici ils représentent, de même que lui, A, représente, pour le moment, la société capitaliste et propriétaire. C'est ce que le comptable de A constatera comme suit:

2. Vente au comptant

à B	...	990
à C	...	990
à D	...	990
à E	...	990
à F	...	990
à G	...	990
à H	...	990
à I	...	990
à K	...	990
à L	...	990
	Total...	9,990 fr.

Mais si les travailleurs B, C, D, etc., consomment les articles de A, à son tour le propriéraire-capitaliste-entrepreneur A consomme les produits des travailleurs B, C, D, etc., de qui il doit les acheter, comme ils achètent eux-mêmes les siens. Or, nous avons vu, chapitre 1er, article 3, que la mieux-value donnée aux valeurs consommées par B, C, D, etc., étant, par hypothèse, dans un régime exempt de tout chômage, stagnation, avilissement de prix, de 10 pour 100, le capital de 990 fr. que B a obtenu, par crédit, de la Banque, reproductivement consommé, se transforme en un autre de 1,089 fr.: c'est donc d'après ce prix que A fait ses achats auprès de B, et en acquitte les factures. Ce qui se traduit dans les écritures comme suit:

3. Doit Marchandise générale à Caisse:

Achat au comptant, aux travailleurs ci-après:

Frédéric Bastiat

à B,	ses livraisons de divers articles pour ma consommation...	1,089 fr
C	—	1,089
D	—	1,089
E	—	1,089
F	—	1,089
G	—	1,089
H	—	1,089
I	—	1,089
K	—	1,089
L	—	1,089
	Total...	10,890 fr.

Pour achever la démonstration, nous n'avons plus qu'à dresser l'inventaire de A.

Résumé des opérations de A, propriétaire-capitaliste-entrepreneur pour son inventaire au 31 décembre.

Doit.		marchandises générales.	Avoir.
10,890 fr.	Débit de ce compte au 31 décembre.	Crédit de ce compte au 31 décembre.	9,900 fr.
		Restant en magasin des marchandises inventoriées au 1er janvier dernier	100
		Perte sur ce compte	890
10,890 fr.		Somme égale.	10,890 fr.

Maintenant que nous avons établi notre double comptabilité, rapprochons les comptes, et notons les différences: 1° Sous le régime de l'*usure*, le compte de chaque travailleur se solde par une perte de 100 fr., soit pour les 10: 1,000 fr.

En même temps, celui de A, propriétaire-capitaliste-entrepreneur, se solde par un bénéfice de 1,000 fr.; ce qui prouve que dans la société capitaliste le déficit, soit la misère, est en raison de l'agio.

2° Sous le régime du *crédit gratuit*, au contraire, le compte de chaque travailleur se solde par un boni de 99 fr., soit pour les dix, 990 fr.; et celui de A, propriétaire-capitaliste, par un déficit de 890 fr., qui, avec les 100 fr. de marchandises restant en magasin et venant en couverture du déficit de l'année, font bien les 990 fr. dont la fortune des dix travailleurs s'est augmentée. Ce qui prouve que, dans la société mutuelliste, c'est-à-dire de l'égal échange, la fortune de l'ouvrier augmente en raison directe de son travail, tandis que celle du capitaliste diminue aussi en raison directe de sa consommation improductive, et qui détruit le reproche que m'adressait Pierre Leroux, qu'il n'a cessé depuis deux mois de reproduire dans sa polémique, savoir, que le crédit gratuit, la Banque du peuple, la mutualité ne sont aussi que du*propriétarisme*, du *bourgeoisisme*, de l'exploitation, enfin, comme le régime que la Banque du peuple avait la prétention d'abolir.

Dans le régime mutuelliste, la fortune de l'ouvrier augmente en raison directe de son travail, tandis que celle du propriétaire-capitaliste diminue en raison directe de sa consommation improductive: — cette proposition, mathématiquement démontrée, répond à toutes les divagations de Pierre Leroux et de Louis Blanc, sur la communauté, la fraternité et la solidarité.

Renversons maintenant la formule:

Sous le régime de l'usure, la fortune de l'ouvrier décroît en raison directe de son travail, tandis que celle du propriétaire-capitaliste augmente en raison directe de sa consommation improductive: — cette proposition, démontrée comme la précédente, mathématiquement, répond à toutes les divagations des jésuites, malthusiens et philanthropes, sur l'inégalité des talents, les compensations de l'autre vie, etc., etc.

Comme corollaire à ce qui précède, et en nous basant toujours sur la logique des chiffres, nous disons encore:

Dans la société capitaliste, l'ouvrier ne pouvant jamais racheter son produit pour le prix qu'il l'a vendu, est constamment en déficit. D'où, nécessité pour lui de réduire indéfiniment sa consommation, et, par suite, nécessité pour la société entière de réduire indéfiniment sa consommation, et, par suite, nécessité pour la société entière de réduire indéfiniment la production; partant, interdiction de la vie, obstacle à la formation des capitaux, comme des *subsistances*.

Dans la société mutuelliste, au contraire, l'ouvrier échangeant, sans retenue, produit contre produit, valeur contre valeur, ne supportant qu'un droit léger d'escompte largement compensé par l'excédant que lui laisse, au bout de l'année son travail, l'ouvrier profite exclusivement de son produit. D'où, faculté pour lui de produire indéfiniment, et, pour la société, accroissement indéfini de la vie et de la richesse.

Diriez-vous qu'une pareille révolution dans les rapports économiques ne ferait, après tout, que déplacer la misère; qu'au lieu de la misère du travailleur salarié, qui ne peut racheter son propre produit, et qui devient d'autant plus pauvre qu'il travaille davantage, nous aurions la misère du propriétaire-capitaliste-entrepreneur, qui se verrait forcé d'entamer son capital, et, partant, de détruire incessamment, avec la matière du produit, l'instrument du travail même?

Mais qui ne voit que si, comme cela est inévitable dans le régime de la gratuité, les deux qualités de *travailleur salarié* d'une part, et de *propriétaire-capitaliste-entrepreneur* de l'autre, deviennent égales et inséparables dans la personne de chaque ouvrier, le déficit qu'éprouve A dans les opérations qu'il fait comme capitaliste, il le couvre immédiatement par le bénéfice qu'il obtient à son tour comme travailleur: de sorte que, tandis que, d'un côté, par l'annihilation de l'intérêt, la somme des *produits* du travail s'accroît indéfiniment; de l'autre, par les facilités de la circulation, ces produits se convertissent incessamment en **valeur**, et les valeurs en **CAPITAUX**?

Onzième lettre

Que chacun, au lieu de crier à la spoliation contre le socialisme, fasse donc son propre compte; que chacun dresse l'inventaire de sa fortune et de son industrie, de ce qu'il gagne comme capitaliste-propriétaire, et de ce qu'il peut obtenir comme travailleur; et, je me trompe fort, ou, sur les 10 millions de citoyens inscrits sur les listes électorales, il ne s'en trouvera pas 200,000, 1 sur 50, qui aient intérêt à conserver le régime usuraire et à repousser le crédit gratuit. Quiconque, encore une fois, gagne plus par son travail, par son talent, par son industrie, par sa science, que par son capital, est directement et surabondamment intéressé à l'abolition la plus immédiate et la plus complète de l'usure; celui-là, dis-je, qu'il le sache ou qu'il l'ignore, est, au premier chef, partisan de la *République démocratique et sociale*; il est, dans l'acception la plus large, la plus conservatrice, **révolutionnaire**. Quoi donc! Serait-il vrai, parce qu'ainsi l'a dit Malthus et qu'ainsi le veut, à sa suite, une poignée de pédants, que 10 millions de travailleurs, avec leurs enfants et leurs femmes, doivent servir éternellement de pâture à 200,000 parasites, et que c'est afin de protéger cette exploitation de l'homme par l'homme, que l'État existe, qu'il dispose d'une force armée de 500,000 soldats, d'un million de fonctionnaires et que nous lui payons deux milliards d'impôts?...

Mais qu'ai-je besoin, après tout ce qui a été dit le cours de cette polémique, d'entretenir plus longtemps l'opposition purement factice de *travailleurs-salariés* et *capitalistes-propriétaires*? Le moment est venu de faire cesser tout antagonisme entre les classes, et d'intéresser à l'abolition de la rente et de l'intérêt, jusqu'aux propriétaires et aux capitalistes eux-mêmes. La Révolution, ayant assuré son triomphe par la justice, peut, sans manquer à sa dignité, s'adresser aux intérêts.

N'avons-nous pas vu que l'intérêt est né des risques de l'industrie et du commerce, qu'il s'est manifesté d'abord dans les contrats plus ou moins aléatoires de *pacotille* et *à la grosse*? Or, ce qui fut au commencement l'effet inévitable de l'état de guerre, ce qui devait, de toute nécessité, apparaître dans une société antagoniste, se

Frédéric Bastiat

reproduira encore et toujours, dans la société harmonique et pacifiée. Le progrès, dans l'industrie comme dans la science, est sans fin; le travail ne connaît pas de bornes à ses aventureuses entreprises. Mais qui dit entreprise, dit toujours chose plus ou moins aléatoire, par conséquent, risque plus ou moins grand du capital engagé, partant nécessité d'un intérêt compensateur.

Au loyer, au fermage, à la rente, au prêt sur hypothèque, à l'agio mercantile, aux spéculations de bourse, à la spoliation bancocratique, doit succéder pour le capital, dans des conditions de plus en plus heureuses, la *Commandite*. Alors le capital, divisé par actions et fourni par les masses ouvrières, au lieu de spolier le travail, produira pour le travail; alors le dividende ne sera qu'une manière de faire participer la société tout entière aux bénéfices des spéculations privées: ce sera le gain légitime du génie contre la fortune. Que les capitalistes actuels, au lieu de s'entasser à la Bourse, de comprimer la révolution et de mettre l'embargo sur les bras, osent donc se faire nos chefs de file; qu'ils deviennent, comme en 92, nos généraux dans cette nouvelle guerre du travail contre la misère, dans cette grande croisade de l'industrie contre la nature. N'y a-t-il donc plus rien à découvrir, plus rien à oser, plus rien à faire pour le développement de notre nationalité, pour l'augmentation de notre richesse et de notre gloire?...

Je m'arrête: il est temps. Malgré moi, Monsieur, vous m'avez poussé à cette déduction abstraite, fatigante pour le public et peu facile pour les colonnes d'un journal populaire. Fallait-il donc m'entraîner à cette dissertation épineuse, quand il était si facile, si simple de nous renfermer dans cette question péremptoire autant que positive: *Le crédit peut-il ou ne peut-il pas être gratuit?* Au risque de rebuter les lecteurs de la *Voix du Peuple*, j'ai voulu satisfaire votre désir: vous me direz, si vous le jugez convenable, ce que vous trouvez à reprendre, d'abord à l'analyse que j'ai faite de la notion de *capital*; puis à la définition que j'en ai fait sortir; enfin aux théorèmes et aux corollaires qui en ont fait le développement.

Dans ce que vous venez de lire il y a, vous ne le nierez pas, toute une révolution non-seulement politique et économique, mais encore, ce qui doit vous être, ainsi qu'à moi-même, beaucoup plus sensible, scientifique. A vous de voir si vous acceptez, pour votre compte et pour celui de vos coreligionnaires, la conclusion qui ressort avec éclat de toute cette discussion, savoir, que ni vous, monsieur Bastiat, ni personne de votre école, n'entendez rien à l'économie politique.

Je suis, etc.

Frédéric Bastiat

Douzième lettre : F. Bastiat à P. J. Proudhon

Vous venez de rendre à la société un signalé service. Jusqu'ici la *gratuité du crédit* était demeurée enveloppée de nuages philosophiques, métaphysiques, économiques, antinomiques, historiques. En la soumettant à la simple épreuve de la comptabilité, vous la faites descendre de ces vagues régions; vous l'exposez nue à tous les regards; chacun pourra la reconnaître: c'est la *monnaie de papier*.

Multiplier et égaliser les richesses sur la terre en y jetant une pluie de *papier-monnaie*, voilà tout le mystère. Voilà le *conclusum*, l'*ultimatum* et le *desideratum* du socialisme.

La *gratuité du crédit*, c'est son dernier mot, sa dernière formule, son dernier effort. Vous l'avez dit cent fois avec raison. D'autres, il est vrai, donnent à ce mot un autre sens. Est socialiste, disait, ces jours-ci, la *Démocratie pacifique*, quiconque aspire à réaliser un peu de bien. — Certes, si la définition est vague, elle est du moins compréhensive et surtout prudente. Ainsi défini, le socialisme est impérissable.

Mais un désir, non plus que vingt aspirations qui s'entredétruisent, ne constituent pas une science. Qu'est devenue l'*Icarie*? Où en sont le *phalanstère*, l'*atelier national*, la *triade*? Ces formules sont mortes, et vous n'avez pas peu contribué à les tuer. Si quelques autres ont fait récemment leur entrée dans le monde, sous des noms sanscrits (que j'ai oubliés), il est permis de croire qu'elles ne sont pas nées viables. Une seule survivait encore: *gratuité du crédit*. Il m'a semblé qu'elle puisait sa vie dans le mystère. Vous l'exposez au grand jour: survivra-t-elle long-temps?

L'altération des monnaies, pouvant aller jusqu'à la monnaie fictive, c'est une invention qui n'est ni neuve, ni d'origine très-démocratique. Jusqu'ici cependant, on avait pris la peine de donner ou de supposer au *papier-monnaie* quelques garanties, les futures richesses du Mississipi, le sol national, les forêts de l'Etat, les biens des émigrés, etc. On comprenait bien que le papier n'a pas de valeur intrinsèque, qu'il ne vaut que comme *promesse*, et qu'il faut que cette promesse inspire quelque confiance pour que le papier qui la constate soit volontairement reçu en échange de réalités. De là le mot *crédit* (*credere*, croire, avoir foi). Vous ne paraissez pas vous être préoccupé de ces nécessités. Une fabrique inépuisable de papier-monnaie, voilà votre solution.

Permettez-moi d'intervertir l'ordre de la discussion que vous m'indiquez, et d'examiner d'abord votre mécanisme social, exposé sous ce titre: *Gratuité du crédit.*

Il est bon de constater que vous définissez ainsi le capital: *Toute valeur faite, en terres, instruments de travail, marchandises, subsistances ou monnaies, et servant ou pouvant servir à la production.* Cette définition, je l'accepte. Elle suffit à la discussion actuelle.

Ceci posé, A, B, C, D, E, F, G, H, I, K, L, etc., sont tout à la fois capitalistes et travailleurs.

Vous faites le compte de l'un d'eux, A, pris en sa qualité de capitaliste; puis celui de B, représentant tous les travailleurs; enfin vous dressez la comptabilité de la Banque.

A est détenteur de capitaux, de *valeurs faites,* en terres, instruments, subsistances, etc.; B désire se les approprier, mais il n'a rien à donner en échange et ne doit pas les emprunter sous peine de payer un intérêt.

Il se présente à la Banque et lui dit: Livrez-moi pour mille francs de billets, je vous rembourserai sur le produit de mon travail futur au fur et à mesure de mes ventes. La banque s'exécute et donne des billets pour 990 fr.[1]

Muni de ces précieux talismans, B se présente à A et lui dit: « Vous espériez peut-être me *prêter* vos capitaux, mais vous voilà réduit à me les *vendre,* car je suis en mesure de les payer. » A s'empresse de livrer ses capitaux (terres, marchandises, subsistances) à B contre les billets. B entreprend son travail. En vertu de l'aphorisme: *Tout travail doit laisser un excédant,* il ajoute 10 pour 100 à la valeur qu'il vient d'acheter, court à la Banque payer (en billets sans doute) les 990 fr. qu'il lui doit, et se trouve avoir réalisé 99 fr. de profits. Ainsi de C, D, E, F, etc., en un mot de tous les hommes.

---

1 Cette retenue de 10 fr., n'ayant pour objet que les frais de bureau, cet improprement nommée *escompte.* Elle pourrait être réduite à quelques centimes. Peut-être même eût-il mieux valu, dans la théorie et la comptabilité, ne point s'en préoccuper.

Frédéric Bastiat

Ayant imaginé ces données, vous dressez la comptabilité de A, de B et celle de la Banque. Certes, cette compatibilité, les données étant admises, est irréprochable.

Mais peut-on admettre vos données? Sont-elles conformes à la nature des hommes et des choses? C'est ce qu'il s'agit d'examiner.

Les billets de la Banque offriront-ils quelques garanties? en d'autres termes, inspireront-ils ou non de la confiance? En d'autres termes encore, la Banque aura-t-elle ou n'aura-t-elle pas un capital primitif et des *valeurs faites suffisantes* pour répondre de toutes ses émissions?

Comment réunira-t-elle le capital en *valeurs faites?* Si elle a des actionnaires, dans l'ordre de choses actuel, qui est notre point de départ, ils voudront toucher un intérêt, et comment la Banque prêtera-t-elle à titre gratuit ce qu'elle emprunte à titre onéreux?

On s'emparera du capital de la Banque de France, dites-vous, et on remboursera les actionnaires en rentes sur l'Etat. Ceci recule la difficulté sans la résoudre. C'est la masse, la nation qui empruntera le capital à 5 pour 100 pour le prêter gratis. L'intérêt ne sera pas anéanti, mais mis sur le dos du contribuable.

Mais enfin, admettons que ce capital de 10,000 fr., sur lequel vous opérez fictivement, soit réuni, et mettons de côté ce cercle vicieux qui consiste à *supposer* la gratuité pour la *réaliser.* Puisque vous l'avez cru nécessaire, vous jugez sans doute indispensable qu'il se conserve.

Pour cela vous raisonnez sur cette hypothèse que B, C, D, E, etc., rembourseront chaque année à la Banque les billets qu'ils lui auront pris. Mais si cette hypothèse fait défaut? Si B est un débauché qui va dépenser ses 1,000 fr. au cabaret? Si C les donne à sa maîtresse? Si D les jette dans une entreprise ridicule? Si E fait une fugue en Belgique? etc., etc., que deviendra la Banque? A qui A s'adressera-t-il pour avoir la contrevaleur des capitaux dont il se sera défait?

Car enfin votre Banque n'aura pas la vertu de changer notre nature, de réformer nos mauvaises inclinations. Bien au contraire, et il faut reconnaître que l'extrême facilité de se procurer du *papier-monnaie*, sur la simple promesse de travailler à le rembourser ultérieurement, serait un puissant encouragement au jeu, aux entreprises folles, aux opérations hasardeuses, aux spéculations téméraires, aux dépenses immorales ou inconsidérées. C'est une chose grave que de placer tous les hommes en situation de se dire: Tentons la fortune avec le bien d'autrui; si je réussis, tant mieux pour moi; si j'échoue, tant pis pour les autres. Je ne puis concevoir, quant à moi, le jeu régulier des transactions humaines en dehors de la loi de responsabilité. Mais, sans rechercher ici les effets moraux de votre invention, toujours est-il qu'elle ôte à la Banque nationale toute condition de *crédit* et de durée.

Vous me direz peut-être qu'avant de livrer ses billets la Banque s'enquerra avec soin du degré de confiance que méritent les demandeurs. Propriété, moralité, activité, intelligence, prudence, tout sera scruté et pesé avec soin. Mais prenez garde; si, d'un côté, vous exigez que la Banque ait un capital primitif de garantie, si, de l'autre, elle ne prête qu'en toute sécurité, que fera-t-elle de plus que ne font aux États-Unis les Banques libres? Et celui qui est pauvre diable aujourd'hui ne sera-t-il pas pauvre diable sous votre régime?

Je ne crois pas que vous puissiez sortir de ces alternatives:

Ou la Banque aura un capital dont elle payera l'intérêt, et alors elle ne pourra, sans se ruiner, prêter sans intérêt;

Ou elle disposera d'un capital gratuit, et, en ce cas, expliquez-nous d'où elle le tirera, en dehors de A, B, C, D, etc., qui forment toute la nation?

Dans l'une et l'autre hypothèse, ou elle prêtera avec mesure et discernement, et alors vous n'aurez pas le crédit universel; ou elle prêtera sans garantie, et en ce cas elle fera faillite avant deux mois.

Mais passons sur ces premières difficultés.

A, que vous mettez en scène, est capitaliste, partant avisé, prudent, timoré, peureux même. Ce n'est pas vous qui le nierez. Après tout, cela lui est bien permis. Tout ce qu'il a, il l'a acquis au prix de ses sueurs, et ne veut pas s'exposer à le perdre. Ce sentiment, au point de vue social, est éminemment conservateur. Avant donc de livrer ses capitaux contre des billets, A tournera et retournera bien souvent ces billets dans ses mains. Peut-être finira-t-il par les refuser, et voilà votre système en fumée. Que ferez-vous? Décréterez-vous le *cours forcé*? Que devient alors la liberté, dont vous êtres le champion? Après avoir fait de la Banque une inquisition, en ferez-vous une gendarmerie? Ce n'était pas la peine de supprimer l'État.

Mais je vous concède, pour la discussion seulement, le cours forcé. Vous n'empêcherez pas A de calculer ses risques. Il est vrai qu'il n'y a guère de risques qu'un vendeur n'affronte, pourvu qu'il trouve dans l'élévation du prix une prime d'assurance satisfaisante. A, capitaliste, c'est-à-dire menuisier, cordonnier, forgeron, tailleur, etc., etc., dira donc à B, C, D: Messieurs, si vous voulez mes meubles, mes souliers, mes clous, mes habits, qui sont des *valeurs faites*, donnez-moi une *valeur faite*, c'est-à-dire 20 fr. en argent. — Voilà 20 fr. en billets, répond B. — Ce n'est qu'une promesse, répond A, et je n'y ai pas confiance. — Le cours forcé est décrété, réplique B: — Soit, riposte A, mais je veux 100 fr. de ma marchandise.

Comment arrêtez-vous cette hausse de prix, évidemment destructive de tous les bienfaits que vous attendez de la Banque? Que ferez-vous? Décréterez-vous le *maximum*?

L'universelle cherté se manifestera encore par une autre cause. Certes, vous ne doutez pas que la Banque, dès qu'elle aura fait battre le rappel par tous les organes de la publicité, dès qu'elle aura annoncé qu'elle prête pour rien, n'attire à elle de nombreux clients. Tous ceux qui ont des dettes, dont ils payent l'intérêt, voudront profiter de cette belle occasion de se libérer. En voilà pour une vingtaine de milliards. L'État voudra s'acquitter aussi des 5 milliards qu'il doit. La Banque sera encore assaillie de tout négociant qui a conçu une opération, de tout manufacturier qui veut fonder ou agrandir une fabrique, de tout monomane qui a fait une découverte merveilleuse, de tout ouvrier, compagnon, ou apprenti qui veut devenir maître.

Je ne crains pas de trop m'avancer en disant que l'émission des billets, si elle a la prétention de satisfaire tous les appétits, toutes les cupidités, toutes rêveries, dépassera 50 milliards dès les six premiers mois. Voilà de quel poids la demande des capitaux pèsera sur le marché. Mais où en sera l'offre? Dans six mois, la France n'aura pas créé assez de *valeurs faites* (terres, instruments, marchandises, subsistances), pour satisfaire à ce prodigieux accroissement de prétentions; car les valeurs faites, les réalités, ne tombent pas aussi facilement dans le tablier de dame Offre, que les valeurs fictives dans celui de dame Demande. Cependant vendre et acheter sont des termes corrélatifs; ils expriment deux actes qui s'impliquent, et, à vrai dire, ne font qu'un. Quel sera le résultat? Une hausse exorbitante de tous les prix, ou, pour mieux dire, une désorganisation sociale telle que le monde n'en a jamais vu. — Et, soyez-en sûr, si quelqu'un en réchappe, ce ne sera pas le moins fripon, ce ne sera pas surtout le pauvre diable à qui la Banque a refusé crédit.

Ainsi, mesures arbitraires pour fonder la Banque, inquisition si elle veut mesurer la confiance, cours forcé, maximum, et, en définitive, banqueroute et désorganisation, dont les plus pauvres et les moins roués seront les premières victimes; voilà les conséquences logiques du papier-monnaie. Ce n'est pas tout.

Vous pourriez me dire: Votre critique porte sur les moyens d'exécution. On y avisera. Il ne s'agit que du principe. Or, vous ne pouvez nier que ma Banque, sauf les moyens d'exécution, détruit l'intérêt. Donc la *gratuité du crédit* est au moins possible.

Je pourrais répondre: Non, si les moyens d'exécution ne le sont pas. Mais je vais droit au fond, et je dis: Votre invention n'eût-elle pas tous les dangers que j'ai signalés, n'atteint pas votre but. Elle ne réalise pas la *gratuité du crédit*.

Vous savez aussi bien que moi, Monsieur, que cette rémunération du capital, qu'on nomme intérêt, ne s'attache pas seulement au prêt. Elle est aussi comprise dans le prix de revient des produits. Et puisque vous invoquez la comptabilité, je l'invoque à mon tour. Ouvrons les livres du premier entrepreneur venu. Nous y verrons qu'il n'opère jamais sans s'être assuré non-seulement le salaire de son travail, mais encore la rentrée, l'amortissement et l'intérêt de son capital. Cet intérêt se trouve confondu dans le prix de vente. En réduisant toutes les transactions à des achats et des ventes, votre Banque ne résout donc pas, ne touche même pas le problème de la suppression de l'intérêt.

Eh quoi! Monsieur, vous prétendez arriver à des arrangements tels, que celui qui travaille sur son propre capital ne gagne pas plus que celui qui travaille sur le capital d'autrui emprunté pour rien! Vous poursuivez une impossibilité et une injustice.

Je vais plus loin, et je dis qu'eussiez-vous raison sur tout le reste, vous auriez encore tort de prendre pour devise ces mots: *gratuité du crédit*. Prenez-y garde en effet, vous n'aspirez pas à rendre le crédit*gratuit*, mais à le *tuer*. Vous voulez tout réduire à des achats et des ventes, à des virements de parties. Vous croyez que, grâce à votre papier-monnaie, il n'y aura plus occasion de prêter ni d'emprunter; que tout crédit sera inutile, nul, aboli, éteint faute d'occasion. Mais peut-on dire d'une chose qui n'existe pas, ou qui a cessé d'exister, qu'elle est gratuite?

Et ceci n'est point une querelle de mots. Après tout, d'ailleurs, les mots sont les véhicules des idées. En annonçant la *gratuité du crédit*, vous donnez certainement à entendre, que ce soit ou non votre intention, que chacun pourra jouir, pendant un temps indéterminé, de la propriété d'autrui sans rien payer. Les malheureux, qui n'ont pas le temps d'approfondir les choses et de discerner en quoi vos expressions manquent d'exactitude, ouvrent de grands yeux. Ils sentent se remuer en eux les plus déplorables appétits. Mettre la main sur le bien d'autrui, et cela sans injustice, quelle attrayante perspective! Aussi vous avez eu et vous deviez avoir d'abord beaucoup d'adeptes.

Mais si votre mot d'ordre eut été *anéantissement du crédit*, qui exprime votre pensée réelle, on aurait compris que, sous votre régime, on n'aura rien pour rien. La cupidité, ce grand organe de la créance, comme dit Pascal, eût été neutre. On se serait borné à examiner froidement, d'abord, si votre système est un progrès sur ce qui est, ensuite, s'il est praticable. Le mot *gratuité* est toujours fort séduisant; mais je ne crains pas de dire que, s'il a été un leurre pour beaucoup de vos adeptes, il a été un piège pour votre esprit.

Il explique les hésitations qu'on a pu remarquer dans votre polémique. Quand je m'attachais à circonscrire le débat dans cette question de la *gratuité*, vous étiez mal à l'aise. Vous sentiez bien, au fond de votre conscience et de votre science, que le crédit, *tant qu'il existe*, ne peut être gratuit; que le remboursement d'une valeur empruntée ne peut être identique, soit qu'on l'opère immédiatement, soit qu'on l'ajourne indéfiniment. Vous faisiez à cet égard des concessions loyales qui vous ont été reprochées dans votre église. D'un autre côté, entraîné, engagé, par votre devise: *gratuité du crédit*, vous faisiez des efforts incroyables pour vous tirer de ce mauvais pas. Vous invoquiez l'*antinomie*, vous alliez jusqu'à dire que le *oui* et le *non* peuvent être vrais de la même chose et en même temps. Après la dialectique, venait le rhétorique. Vous apostrophiez l'intérêt, le qualifiant de vol, etc., etc.

Et tout cela pour avoir revêtu votre pensée d'une expression fausse. Notre débat eût été bien abrégé, si vous m'aviez dit: Tant que le crédit existe, il ne peut être gratuit; mais j'ai trouvé le moyen de faire qu'il n'existe pas, et dorénavant j'écrirai sur mon drapeau, au lieu de ces mots: *Gratuité du crédit*, ceux-ci: *Anéantissement du crédit*.

La question ainsi posée, je n'aurais eu qu'à examiner vos moyens d'exécution. C'est ce que, par votre dernière lettre, vous m'avez mis à même de faire. J'ai prouvé que ces moyens d'exécution se résument en un mot: *papier-monnaie*.

J'ai prouvé, en outre:

Que, pour que les billets d'une Banque soient reçus, il faut qu'ils inspirent confiance;

Que, pour qu'ils inspirent confiance, il faut que la Banque ait des capitaux;

Que, pour que la Banque ait des capitaux, il faut qu'elle les emprunte précisément à A, B, C, D, qui sont le peuple, et en paye l'intérêt au cours;

Que si elle en paye l'intérêt, elle ne peut les prêter sans intérêt;

Que, si elle les prête à A, B, C, D, gratis, après les leur avoir pris de force sous forme de contribution, il n'y a rien de changé dans le monde, si ce n'est une oppression de plus;

Et enfin que, dans aucune hypothèse, même en réduisant toutes les transactions à des ventes, vous ne détruisez pas cette rémunération du capital, toujours confondue avec le prix de vente.

Il résulte de là, que si votre Banque n'est qu'une fabrique de papier-monnaie, elle amènera la désorganisation sociale.

Que si, au contraire, elle est établie sur les bases de la justice, de la prudence et de la raison, elle ne fera rien que ne puisse faire mieux qu'elle la *liberté des Banques*.

Est-ce à dire, Monsieur, qu'il n'y ait rien de vrai, selon moi, dans les idées que vous soutenez? En m'expliquant à cet égard, je vais faire un mouvement vers vous. Puisse-t-il vous déterminer à en faire un vers moi, ou plutôt vers la vraie solution: la liberté des Banques!

Mais, pour être compris, j'ai besoin, au risque de me répéter, d'établir quelques notions fondamentales sur le *crédit*.

Le Temps est précieux. Time is money, disent les Anglais. *Le temps, c'est l'étoffe dont la vie est faite,* dit le Bonhomme Richard.

C'est de cette vérité incontestable que se déduit la notion et la pratique de l'intérêt.

Car faire crédit, c'est accorder du temps.

Sacrifier du temps à autrui, c'est lui sacrifier une chose précieuse, et il n'est pas possible de soutenir qu'en affaires un tel sacrifice doive être gratuit.

A dit à B: Consacrez cette semaine à faire pour moi un chapeau; je l'emploierai à faire pour vous des souliers. — Souliers et chapeau se valent, répond B, j'accepte.

Un instant après, B s'étant ravisé dit à A: J'ai réfléchi que le temps m'est précieux; je désire me consacrer à moi-même cette semaine et les suivantes; ainsi, faites-moi les souliers tout de suite, je vous ferai le chapeau dans un an. — J'y consens, répond A, mais, dans un an, vous me donnerez une semaine et deux heures.

Je le demande à tout homme de bonne foi, A fait-il acte de piraterie en plaçant une nouvelle condition à son profit à côté d'une nouvelle condition à sa charge?

Ce fait primitif contient en germe toute la théorie du crédit.

Douzième lettre

Je sais que, dans la société, les transactions ne sont pas aussi simples que celle que je viens de décrire, mais elles sont identiques par leur essence.

Ainsi, il est possible que A vende les souliers à un tiers pour 10 fr. et remette cette somme à B en lui disant: Donnez-moi le chapeau immédiatement, ou, si vous voulez un délai d'un an, vous me restituerez une semaine de travail, plus deux heures, ou bien 10 fr., plus un vingtième en sus. Nous rentrons tout à fait dans l'hypothèse précédente.

D'accord, je l'espère du moins, sur la légitimité du crédit, voyons maintenant à quels arrangements il peut donner lieu.

B peut n'avoir pris qu'un engagement verbal, et cependant, il n'est pas impossible que A ne le transmette et ne l'escompte. Il peut dire à C: Je vous dois 10 fr. B m'a donné sa parole qu'il me donnerait 10 fr. et 10 sous dans un an. Voulez-vous accepter en payement mes droits sur B? — Si C a confiance, s'il croit, l'opération pourra se faire. Mais qui oserait dire que, pour multiplier les souliers et les chapeaux, il suffit de multiplier les promesses de ce genre, indépendamment de la confiance qui s'y attache?

B peut livrer un titre écrit. Le titre, sous cette forme, évitera les contestations et dénégations; il inspirera plus de confiance et circulera plus facilement que la promesse verbale. Mais ni la nature ni les effets du crédit n'auront changé.

Enfin un tiers, une Banque, peut garantir B, se charger de son titre et émettre à la place son propre billet. Ce sera une nouvelle facilité à la circulation. Mais pourquoi? précisément parce que la signature de la Banque inspire au public plus de confiance que celle de B. Comment donc peut-on penser qu'une Banque soit bonne à quelque chose, si elle n'a pas pour base la confiance, et comment l'aurait-elle, si ses billets offrent moins de garantie que ceux de B?

Il ne faut donc pas que ces titres divers nous fassent illusion. Il ne faut pas y voir valeur propre, mais la simple promesse de livrer une valeur, promesse souscrite par quelqu'un qui est en mesure de la tenir.

Mais ce que je veux faire remarquer, car c'est ici que s'opère le rapprochement que j'ai annoncé entre votre opinion et la mienne, c'est un singulier déplacement du droit à l'intérêt, qui s'opère par l'intervention des Banques.

Dans le cas d'un billet à ordre ou d'une lettre de change, qui paye l'intérêt? Évidemment l'emprunteur, celui à qui d'autres ont sacrifié du temps. Et qui profite de cet intérêt? Ceux qui ont fait ce sacrifice. Ainsi, si B a emprunté, pour un an, 1,000 fr. à A, et lui a souscrit un billet de 1,040 fr., c'est A qui profite des 40 fr. S'il négocie immédiatement ce billet, à 4 pour 100 d'escompte, c'est le preneur qui gagne l'intérêt, comme il est juste, puisque c'est lui qui fait l'*avance* ou le sacrifice du temps. Si A négocie son billet au bout de six mois à C, celui-ci ne lui en donne que 1,020 fr., et l'intérêt se partage entre A et C, parce que chacun a sacrifié six mois.

Mais quand la Banque intervient, les choses se passent différemment.

C'est toujours B, l'emprunteur, qui paye l'intérêt. Mais ce n'est plus A et C qui en profitent, c'est la Banque.

En effet, A vient de recevoir son titre. S'il le gardait, à quelque époque qu'il le négociât, il toucherait toujours l'intérêt pour tout le temps où il aurait été privé de son capital. Mais il le porte à la Banque. Il remet à celle-ci un titre de 1,040 fr., et elle lui donne en échange un billet de 1,000 fr. C'est donc elle qui gagne les 40 fr.

Quelle est la raison de ce phénomène? Il s'explique par la disposition où sont les hommes de faire des sacrifices à la commodité. Le billet de banque est un titre très-commode. Quand on le prend, on ne se propose pas de le garder. On se dit: Il ne restera pas en mes mains plus de huit à dix jours, et je puis bien sacrifier l'intérêt de 1,000 fr. pendant une semaine en vue des avantages que le billet me procure. Au reste, les billets ont cela de commun avec l'argent; celui qu'on a dans sa bourse ou dans sa caisse ne rapporte pas d'intérêt, ce qui montre, pour le dire en passant, l'absurdité des personnes qui déclament sans cesse contre la productivité de l'argent, rien au monde n'étant plus improductif d'intérêts que la monnaie.

Ainsi, si un billet de banque reste un an dans la circulation, et passe par quarante mains, séjournant neuf jours dans chacune, c'est quarante personnes qui ont renoncé, en faveur de la Banque, aux droits qu'elles avaient sur les 40 fr. d'intérêts dus et payés par B. Chacune d'elles a fait un sacrifice de 1 fr.

Dès lors on a pu se demander si cet arrangement était juste, s'il n'y aurait pas moyen d'organiser une Banque nationale, commune, qui fît profiter le public du sacrifice supporté par le public, en un mot, qui ne perçut pas d'intérêts.

Si je ne me trompe, Monsieur, c'est sur l'observation de ce phénomène que se fonde votre invention. Elle n'est pas nouvelle. Ricardo avait conçu un plan moins radical, mais analogue,[1] et je trouve dans Say (*Commentaires sur Storch*) ces lignes remarquables:

Cette idée ingénieuse ne laisse qu'une question non résolue. Qui devra jouir de l'intérêt de cette somme considérable mise dans la circulation? Serait-ce le Gouvernement? Ce ne serait pour lui qu'un moyen d'augmenter les abus, tels que les sinécures, la corruption parlementaire, le nombre des délateurs de la police et les armées permanentes. Serait-ce une compagnie financière, comme la Banque d'Angleterre, la Banque de France? Mais à quoi bon faire à une compagnie financière déjà riche le cadeau des intérêts *payés en détail par le public?...* Telles sont les questions qui naissent à ce sujet. Peut-être ne sont-elles pas insolubles. Peut-être y a-t-il des moyens de rendre hautement *profitable au public* l'économie qui en résulterait; mais je ne suis pas appelé à développer ici ce nouvel ordre d'idées.

Puisque c'est le *public* qui paye en détail ces intérêts, c'est au *public* d'en profiter. Certes, il n'y avait qu'un pas de ces prémisses à la conclusion. Quant au moyen, je le crois tout trouvé; ce n'est pas la Banque nationale, mais la liberté des banques.

Remarquons d'abord que la Banque ne bénéficie pas de la totalité de l'intérêt.

Outre les frais, elle a un capital. Et puis elle est dans la nécessité de tenir toujours prête dans ses caisses, une somme d'argent improductive.

Les billets d'une banque, on ne saurait trop le répéter, sont les titres

---

1 *Proposals for an economical and secure currency.*

Frédéric Bastiat

de confiance. Le jour où elle les émet, la Banque proclame hautement qu'elle est prête à les rembourser à bureau ouvert et à toute heure. Rigoureusement, elle devrait donc tenir toujours en disponibilité une *valeur faite* égale à la *valeur représentative* lancée dans la circulation, et alors l'intérêt payé par B serait perdu pour tout le monde. Mais l'expérience ayant appris à la Banque que ses billets courent le monde pendant un temps déterminé, elle ne prend ses précautions qu'en conséquence. Au lieu de garder 1,000 fr. elle n'en garde que 400 (par hypothèse), et fait valoir 600 fr. C'est l'intérêt de ces 600 fr. qui est supporté par le public, par les détenteurs successifs du billet, et gagné par la Banque.

Or, cela ne devrait pas être. Elle ne devrait gagner que ses frais, l'intérêt de tout capital de fondation, et les justes profits de tout travail, de toute spéculation. C'est ce qui arriverait avec la liberté des banques; car la concurrence, tendant à rendre uniforme le taux de l'intérêt, ne permettrait pas aux actionnaires d'une banque d'être mieux traités que les actionnaires de toute autre entreprise analogue. En d'autres termes, les banques rivales seraient forcées de réduire le taux des escomptes à ce qui est nécessaire pour placer leurs capitaux dans la condition commune, et ce phénomène étrange que j'ai signalé, je veux dire l'abandon volontaire des intérêts, auxquels se soumettent les détenteurs successifs de ces billets, profiterait au *public* sous forme de réduction dans le taux des escomptes. Pour être plus précis, je dirai que l'intérêt d'un billet de 1,000 fr. mis en circulation, se partagerait. Une partie irait à la Banque pour couvrir la somme qu'elle est obligée de tenir en réserve, les frais, et la rente de son capital primitif; — l'autre partie serait forcée, par la concurrence, à se convertir en diminution d'escompte.

Et cela, prenez-y garde, ne veut pas dire que l'intérêt tendra à devenir gratuit ou à s'anéantir. Cela veut dire seulement qu'il tendrait à être perçu par celui qui y a droit.

Mais le privilège est intervenu qui en a disposé autrement, et la Banque de France, n'ayant pas de concurrents, au lieu de retenir la partie, empoche le tout.

Je voudrais, Monsieur, montrer la liberté des banques sous un autre aspect; mais cette lettre est déjà trop longue. Je me bornerai à indiquer ma pensée.

Ce qu'on nomme vulgairement l'intérêt[1] comprend trois éléments qu'on a trop l'habitude de confondre:

1° L'intérêt proprement dit, qui est la rémunération du délai, le prix du temps;

2° Les frais de circulation;

3° La prime d'assurance.

La liberté des banques agirait à la fois d'une manière favorable, et dans le sens de la réduction, sur ces trois éléments. Elle maintiendrait au taux le plus bas, par les raisons que j'ai dites, l'intérêt proprement dit, sans jamais l'anéantir. Elle ferait tomber les frais de circulation à un chiffre qui, dans la pratique, se confondrait avec zéro. Enfin elle tendrait à diminuer et surtout à égaliser la prime d'assurance, qui est de beaucoup l'élément le plus onéreux, — principalement pour les classes laborieuses, — dont se compose l'intérêt total.

Si, en effet, les hommes qui jouissent de la plénitude du crédit en France, comme les Mallet, les Hottinger, les Rothschild, trouvent des capitaux à 3 pour 100, on peut dire que c'est là l'élément *intérêt*, et que tout ce que les autres payent en sus représente l'élément *frais*, et surtout l'élément *prime d'assurance*; ce n'est plus le *prix du temps*, c'est le prix du *risque*, ou de la difficulté et de l'incertitude du recouvrement.

Comment la liberté des banques améliorerait-elle et égaliserait-elle la condition des emprunteurs sous ces rapports? Que le lecteur veuille bien résoudre la question. J'aime mieux lui laisser cette fatigue que de la lui donner.

En cette matière, comme en toutes, la véritable solution est donc la liberté. La liberté fera surgir des banques partout où il y a un centre d'activité, et associera ces banques entre elles; elle mettra à porté de chaque marchand, de chaque artisan, ces deux grands leviers du progrès, l'épargne et le crédit. Elle restreindra l'intérêt au taux le plus bas où il puisse descendre. Elle répandra les habitudes les plus favorables à la formation des capitaux. Elle fera disparaître toute ligne de démarca-

---

1 Quant à la rémunération du capital indépendante de la circonstance du prêt, voyez, à la quatrième lettre,

tion entre les classes et réalisera la *mutualité des services,* sans anéantir ce *prix du temps,* qui est un des éléments légitimes et nécessaires des transactions humaines.

Liberté des banques! Liberté du crédit! Oh! pourquoi, monsieur Proudhon, votre brûlante propagande n'a-t-elle pas pris cette direction? Est-ce qu'à tous autres égards, vous ne réclamez pas ce qui est pour tous les hommes un droit, un attribut, un enseignement, la liberté? Est-ce que vous ne demandez pas la liberté des achats et des ventes? Et qu'est-ce, après tout, que le prêt, si ce n'est la vente d'un usage; la vente du temps? Pourquoi faut-il que cette transaction seule soit réglementée par l'État ou renfermée dans le cercle de vos conceptions? Avez-vous foi dans l'humanité? Travaillez à faire tomber ses chaînes et non à lui en forger de nouvelles. Admettez que le mobile qui la pousse vers son perfectionnement indéfini réside en elle-même et non dans le cerveau du législateur. Réalisons la liberté, et l'humanité saura bien en faire sortir tout le progrès que sa nature comporte. S'il est possible et bon que le crédit soit jamais gratuit ou anéanti, comme vous le croyez, l'humanité libre accomplira cette œuvre plus sûrement que votre banque. Si cela n'est ni bon ni possible, comme j'en suis convaincu, l'humanité libre évitera les abîmes où votre banque la pousse.

Au nom du droit, au nom de la justice, au nom de votre foi dans les destinés humaines, au nom de cette concordance qu'il est toujours désirable de mettre entre toutes les parties d'une propagande, je vous adjure donc de substituer sur votre drapeau à ces mots: *Gratuité du crédit,* ceux de *Liberté du crédit.* — Mais j'oublie qu'il ne m'appartient pas de donner des conseils. D'ailleurs à quoi serviraient-ils? A-t-on jamais vu un chef d'école revenir sur ses pas et braver ce mot injuste, mais terrible: Apostasie? — Il y en a qui ont fait dans leur vie bien des témérités; ils ne feront pas celle-là, encore qu'elle soit plus digne que toutes les autres de flatter l'orgueil d'un noble cœur.

Douzième lettre

Treizième lettre : P. J. Proudhon à F. Bastiat

Monsieur Bastiat,

Votre dernière lettre justifie toutes mes prévisions. J'étais si sûr de ce qui m'arrive, qu'avant même d'avoir reçu la *Voix du Peuple* du 4 février, j'avais écrit les trois quarts de la réponse que vous allez lire, et à laquelle je n'ai plus qu'à mettre une fin.

Vous êtes de bonne foi, monsieur Bastiat, vous ne souffrez pas qu'on en doute; je l'ai d'ailleurs reconnu et ne prétends point me rétracter. Mais il faut bien que je vous le dise, votre intelligence sommeille, ou plutôt elle n'a jamais vu le jour: c'est ce que je vais avoir l'honneur de vous démontrer à vous-même, en faisant le résumé de notre débat. Je souhaite que l'espèce de consultation psychologique à laquelle vous allez assister, et dont le sujet sera votre propre esprit, commence pour vous cette éducation intellectuelle, sans laquelle un homme, quelque dignité de caractère qui le distingue, quelque talent qu'il déploie, n'est et ne sera jamais autre chose qu'un *animal parlant*, comme dit Aristote.

Ce qui constitue dans l'homme l'intelligence, c'est l'exercice complet, harmonique, suivi, des quatre facultés suivantes: *Attention, Comparaison, Mémoire, Jugement*. — Voilà du moins ce qu'on m'a appris au collège, et que vous trouverez dans toutes les philosophies.

Deux ou plusieurs jugements enchaînés l'un à l'autre, et formant un tout systématique sont une *opération*. — Les opérations de l'entendement sont de plusieurs espèces, syllogisme, induction, sorite, dilemme, etc. On leur donne à toutes le nom commun de *raisonnement*.

L'art de raisonner s'appelle la *logique*: c'est, à proprement parler, la mécanique intellectuelle. — L'ensemble des facultés est la **Raison**.

L'induction de Platon, le syllogisme d'Aristote, la contradiction des sophistes, l'identité de Condillac, l'antinomie de Kant et Hégel, ne sont que des formes variées du raisonnement, des applications particulières de la logique: c'est ainsi que l'emploi de la vapeur comme force motrice a fait inventer des machines de toute espèce, locomotives, bateaux à vapeur, machines fixes, machines à haute ou basse pression, etc.; mais qui toutes découlent du même principe, la vapeur.

Toutes les sciences, sans exception, sont fondées sur la logique, c'est-à-dire sur l'exercice des quatre facultés primordiales: attention, comparaison, mémoire, jugement. C'est pourquoi la science est essentiellement démonstrative: la spontanéité, l'intuition, l'imagination, ne sont d'aucune autorité scientifique. C'est pour cela aussi, c'est en vertu de leurs facultés rationnelles, que les hommes deviennent capables de se communiquer leurs pensées et de converser entre eux: ôtez-leur l'attention, la comparaison, la mémoire et le jugement; ils parlent l'un après l'autre ou tous à la fois, ils ne se répondent pas, ils ne s'entendent plus.

Appliquons ces règles de la raison humaine, notre commun criterium.

Dès le commencement de cette dispute, répondant catégoriquement à la question que vous m'avez posée, savoir, *si l'intérêt du prêt est légitime,* je vous ai dit que, dans les conditions économiques actuelles, et tant que le crédit ne serait pas démocratiquement organisé, l'affirmative me paraissait indubitable; qu'ainsi les démonstrations que vous preniez la peine de me faire étaient inutiles; que je les acceptais d'avance; que toute la question, pour moi, était de savoir si le milieu économique pouvait être changé, et que le socialisme, au nom duquel je prenais la parole, affirmait cette possibilité. J'ajoutais que le changement des conditions du crédit était une nécessité de la tradition elle-même, le dernier terme de cette routine que vous défendez avec tant d'obstination et si peu de philosophie.

Ainsi donc, à la question que vous m'adressiez, l'intérêt du capital est-il légitime? j'ai répondu sans hésiter: — Oui, dans l'ordre actuel des choses, l'intérêt est légitime. Mais j'affirme que cet ordre peut et doit être modifié, et qu'inévitablement, de gré ou de force, il le sera. Etait-ce donc une réponse obscure? Et n'avais-je pas le droit d'espérer qu'après avoir répondu si nettement à votre question, vous répondriez à votre tour à la mienne?

Mais j'avais affaire à un homme dont l'intelligence est hermétiquement fermée, et pour qui la logique n'existe pas. C'est en vain que je vous crie: Oui, l'intérêt est légitime dans certaines conditions indépendantes de la volonté du capitaliste; non, il ne l'est pas dans telles autres, qu'il dépend aujourd'hui de la société de faire naître; et c'est pour cela que l'intérêt, excusable dans le prêteur, est, au point de vue de la société et de l'histoire, une spoliation! Vous n'entendez rien, vous ne comprenez pas, vous n'écoutez seulement pas ma réponse. Vous manquez de la première faculté de l'intelligence, l'attention.

C'est ce qui résulte, au surplus, de votre seconde lettre, dont voici le début: « Monsieur, vous me posez sept questions. Rappelez-vous qu'il ne s'agit en ce moment que d'une seule: *L'intérêt du capital est-il légitime?* » Tout le reste de votre épître n'est qu'une reproduction des arguments de la première; arguments auxquels je n'avais pas répondu, parce que je n'avais que faire d'y répondre. Changez le milieu, vous disais-je, et vous changez le principe, vous changez la pratique. — Vous n'avez pas tenu compte de mes paroles. Vous avez cru plus utile de plaisanter sur la contradiction et l'antinomie, sur la thèse, l'antithèse et la synthèse, mettant de votre côté, à si peu de frais, les usuriers et les sots, heureux de rire de ce qu'ils tremblent de concevoir.

Que fais-je alors?

Pour exciter en vous cette attention rebelle, je prends divers termes de comparaison. Je vous montre, par l'exemple de la monarchie, de la polygamie, du combat judiciaire, de corporations industrielles, qu'une même chose peut très-bien avoir été bonne, utile, légitime, respectable, puis après devenir mauvaise, illicite et funeste, tout cela suivant les circonstances qui l'environnement; que le progrès, la grande loi de l'humanité, n'est pas autre chose que cette transformation incessante du bien en mal, et du mal en bien; qu'il en est ainsi, entre autres, de l'intérêt; que l'heure est venue pour lui de disparaître, ainsi qu'il est facile d'en juger aux signes politiques, historiques et économiques, que je me contente de vous indiquer en les résumant.

C'était faire appel à la plus précieuse de vos facultés. C'était vous dire: Quand j'affirme que les conditions qui rendent le prêt excusable et licite ont disparu, je n'affirme point une chose extraordinaire, je ne fais qu'énoncer un cas particulier du progrès social. Observez, comparez; et, la comparaison faite, l'analogie reconnue, revenons à la question posée par moi à la suite de la vôtre. Les formes du crédit peuvent-elles,

Frédéric Bastiat

doivent-elles être modifiées, de manière à amener la suppression de l'intérêt? Voilà, sans préjudice de l'absolution que la science doit à tous prêteurs, spéculateurs, capitalistes et usuriers, ce que nous avons à examiner.

Mais, bah! est-ce que M. Bastiat compare, lui? Est-ce que seulement il est capable de comparaison, plus que d'attention? Les analogies de l'histoire, vous ne les saisissez point; le mouvement des institutions et la loi générale qui en ressort, vous l'appelez du *fatalisme*. — « *Je veux*, dites-vous dans votre troisième lettre, *rester sur mon terrain!* » Et là-dessus, faisant tourner votre crécelle, vous accrochant à tous les mots qui peuvent vous fournir un prétexte, vous reproduisez, comme arguments nouveaux, quelques faits dont je n'attaque point la légitimité dans la routine établie, mais dont je conteste la nécessité, dont, par conséquent, je demande la révision, la réforme.

Quand un homme, qui se dit économiste, qui a la prétention de raisonner, de démontrer, de soutenir une discussion scientifique, en est là, j'ose dire, Monsieur, que c'est un homme désespéré. Ni *attention*, ni*comparaison*; incapacité absolue d'écouter et de répondre! Que puis-je désormais tirer de vous? Vous êtes hors de la philosophe, hors de la science, hors de l'humanité.

Cependant je ne me rebute pas. Peut-être, me dis-je, l'attention et la comparaison s'éveilleront-elles en M. Bastiat, à l'aide d'une autre faculté. Observer avec attention une idée, comparer ensuite cette idée avec une autre, c'est chose trop subtile, trop abstraite. Essayons de l'histoire: l'histoire est la série des observations et des expériences du genre humain. Montrons à M. Bastiat le progrès: pour saisir le progrès dans son unité, et conséquemment dans sa loi, il ne faut que de la *mémoire*.

Quand je parle de la mémoire, comme faculté de l'entendement humain, je la distingue essentiellement du *souvenir*. Les animaux se souviennent, ils n'ont pas la mémoire. La mémoire est la faculté d'enchaîner et de classer les souvenirs; de considérer plusieurs faits consécutifs comme un seul et même fait, d'y mettre de la série et de l'unité. C'est l'attention appliquée à une suite de choses accomplies dans le temps et généralisées.

J'écris donc la monographie de l'usure. Je vous montre l'usure dans son origine, ses causes, ses prétextes, ses analogies, son développement, ses effets, ses conséquences. Je prouve que les résultats du principe de l'usure sont tout à l'impossible et à l'absurde, qu'ils engendrent fatalement l'immoralité et la misère. Cela fait, je vous dis: Vous voyez que l'ordre et la conservation de la société sont désormais incompatibles avec l'usure; que les conditions du crédit ne peuvent plus rester les mêmes; que l'intérêt, licite au commencement, excusable encore aujourd'hui dans le prêteur, dont il ne dépend pas de s'en priver, est devenu, au point de vue de la conscience sociale, une loi spoliatrice, une institution monstrueuse, qui appelle invinciblement une réforme.

C'était le cas, si je ne me trompe, d'étudier enfin l'histoire, les conditions nouvelles du crédit, la possibilité, attestée par moi, de le rendre gratuit. Et rappelez-vous qu'écartant avec le plus grand soin la question de personnes, je vous disais sans cesse: Je n'accuse point les capitalistes; je ne me plains pas des propriétaires; je n'ai garde de condamner, comme a fait l'Eglise, les banquiers et les usuriers: je reconnais la bonne foi de tous ceux qui profitent de l'intérêt. Je dénonce une erreur exclusivement collective, une utopie antisociale et pleine d'iniquité. Eh bien! m'avez-vous seulement compris? Car pour ce qui est de me réfuter, vous n'y songez seulement pas.

J'ai sous les yeux votre quatrième lettre: y a-t-il ombre de cette aperception historique, qui est, comme je vous le dis, la mémoire? Non. Les faits accomplis existent pour vous uniquement comme souvenirs: c'est-à-dire qu'ils ne sont rien. Vous ne les niez point: mais comme il vous est impossible d'en suivre la filière et de les généraliser, vous n'en dégagez pas le contenu; leur intelligence vous échappe. Votre faculté mnémonique, comme votre faculté d'attention et de comparaison, est nulle. Vous ne savez que répéter toujours la même chose: Celui qui prête à intérêt n'est point un voleur; et nul ne peut être contraint de prêter. Que sert, après cela, de savoir si le crédit peut être organisé sur d'autres bases, ou d'examiner ce qui résulte pour les classes travailleuses de la pratique de l'intérêt? — Votre thème est fait: vous ne vous en départez point. Et sur cela, après avoir exposé la routine usuraire, sous forme d'exemples, vous la reproduisez sous forme de propositions, et vous dites: Voilà la science!

Frédéric Bastiat

Je vous l'avoue, Monsieur, j'ai douté un instant qu'il y eût sur la terre un homme aussi disgracié de la nature sous le rapport de l'intellect, et j'ai accusé votre volonté. Pour ma part, je préférerais mille fois être suspecté dans ma franchise, que de me voir dépouillé du plus bel apanage de l'homme, de ce qui fait sa force et son essence.[1]

C'est sous cette impression pénible qu'a été écrite ma lettre du 31 décembre, dont il vous est facile à présent d'apprécier la signification.

Je me suis dit: Puisque M. Bastiat ne daigne ni honorer de son attention ma réponse, ni comparer les faits qui la motivent, ni faire état du mouvement historique qui met à néant sa théorie; puisqu'il est incapable d'entrer avec moi en dialogue et d'entendre les raisons de son contradicteur, il faut croire qu'il y a en lui excès de personnalité. C'est un homme, comme l'on dit, qui abonde dans son propre jugement, et qui, à force de n'écouter que soi, s'est séquestré de toute conversation avec ses semblables. Attaquons-le donc dans son jugement, c'est-à-dire dans sa conscience, dans sa personnalité, dans son *moi*.

Voilà comment, Monsieur, j'ai été conduit à m'en prendre, non plus à vos raisonnements, radicalement nuls dans la question, mais à votre volonté. J'ai accusé votre bonne foi: c'était une expérience, je vous en demande pardon, que je me permettais sur votre individu. Pour donner corps et figure à mon accusation, j'ai concentré toute notre discussion sur un fait contemporain, palpable, décisif, avec lequel j'ai identifié, non-seulement votre théorie, mais vous-même, sur la Banque de France.

La Banque de France, vous ai-je fait observer, est la preuve vivante de ce que je ne cesse de vous répéter depuis six semaines, savoir, que si l'intérêt fut un jour nécessaire et licite, il y aujourd'hui, pour la société,

---

1 Quelques mois après la clôture de cette discussion, M. Proudhon, au nom d'une compagnie industrielle, demandait au gouvernement une garantie de 5 pour % d'intérêt, pour certaine entreprise de transports, entre Chalons et Avignon. Choqué d'une telle entreprise de la part de l'apôtre du *crédit gratuit* et de *l'anarchie*, Bastiat manifesta son impression par une lettre restée inédite, dont nous reproduisons les dernières lignes. « M. Proudhon, déplorant la faiblesse de mes facultés intellectuelles, disait: — Pour ma part, je préférerais mille fois être suspecté dans ma franchise que de me voir dépouillé du plus bel apanage de l'homme, de ce qui fait sa force et son essence. — Que M. Proudhon le sache bien: j'accepte le partage. A moi l'humble intelligence qu'il a plu à Dieu de me départir; à lui, puisqu'il le préfère, d'être suspecté dans sa franchise. »

devoir et possibilité de l'abolir.

Il est prouvé, en effet, par la comparaison du capital de la Banque avec son encaisse, que tout en servant à ses actionnaires l'intérêt dudit capital à 4 pour 100, elle peut faire le crédit et l'escompte à 1 pour 100, et réaliser encore de beaux bénéfices. Elle le peut, elle le doit: en ne le faisant pas, elle vole. Elle est cause, par son refus, que le taux des intérêts, loyers et fermages, qui devrait descendre partout à 1 pour 100, en maximum, reste élevé à 3, 4, 5, 6, 7, 8, 10, 12 et 15 pour 100. Elle est cause que le peuple paie chaque année aux classes improductives plus de six milliards de gratifications et pots-de-vin, et que, tandis qu'il pourrait produire chaque année vingt milliards de valeurs, il n'en produit que dix. Donc, ou vous justifierez la Banque de France, ou, si vous ne le pouvez pas, si vous ne l'osez pas, vous reconnaîtrez que la pratique de l'intérêt n'est qu'une pratique de transition, qui doit disparaître dans une société supérieure.

Voilà, monsieur, ce que je vous ai dit, et en termes assez vifs pour provoquer de votre part, à défaut d'attention, de comparaison, de mémoire, sur la question tout historique que je vous avais jusqu'alors soumise, cet acte simple et tout intuitif de la pensée, lorsqu'elle se trouve en présence d'un fait, et interrogée par *oui* ou par *non*, je veux dire, un jugement. Vous n'aviez qu'à répondre, en deux mots, *cela est*, ou *cela n'est pas*, et le procès était fini.

Cela est, c'est-à-dire, oui, la Banque de France peut, sans faire tort à ses actionnaires et se nuire à elle-même, faire l'escompte à 1 pour 100; elle peut donc en vertu, de la concurrence qu'elle créerait par cette diminution, faire baisser le loyer de tous les capitaux, et du sien propre, au-dessous de 1 pour 100. Et puisque le mouvement de décroissance, une fois commencé, ne s'arrêterait plus, elle peut, si elle veut, faire disparaître tout à fait l'intérêt. Donc le crédit payé, quand il ne prend que ce qui lui est dû, mène droit au crédit gratuit; donc l'intérêt n'est qu'un fait d'ignorance et de barbarie; donc l'usure et la rente, dans une démocratie organisée, sont illicites.

Cela n'est pas, c'est-à-dire, non, il n'est pas vrai, quoi qu'en dise le bilan publié chaque semaine par la Banque de France, qu'elle ait un capital de 90 millions et un encaisse de 460 millions; il n'est pas vrai que cet

Frédéric Bastiat

encaisse énorme vienne de la substitution du papier de banque au numéraire dans la circulation commerciale, etc. etc. Dans ce cas, je vous
renvoyais à M. d'Argout, à qui revenait le débat.

L'eût-on jamais cru, si vous ne nous l'aviez fait voir? A ce fait si catégorique, si palpitant de la Banque de France, vous ne répondez
ni *oui* ni *non*. Vous ne vous doutez seulement pas de l'identité qui existe entre le fait soumis à votre jugement et votre théorie de l'intérêt.
Vous n'apercevez point la synonymie de ces deux propositions: Oui, la
Banque de France peut faire crédit à 1 pour 100, donc ma théorie est
fausse; — Non, la Banque de France ne peut pas faire crédit à 1 pour
100, donc ma théorie est vraie.

Votre réponse, monument irrécusable d'une intelligence que le Verbe
divin n'illumina jamais, c'est: qu'il ne s'agit pas pour vous de la Banque
de France, mais du capital; que vous ne défendez point le privilège de la
Banque, mais seulement la légitimité de l'intérêt; que vous êtes pour la
liberté des banques, comme pour la liberté du prêt; que, s'il est possible
à la Banque de France de faire le crédit et l'escompte pour rien, vous ne
l'empêchez point; que vous vous bornez à affirmer une chose, à savoir,
que la notion du capital suppose et implique nécessairement celle de
l'intérêt; que le premier ne va pas sans le second, bien que le second
existe quelquefois sans le premier, etc.

Ainsi, vous êtes aussi impuissant à juger qu'à observer, comparer
et vous remémorer. Il vous manque cette conscience juridique qui,
en présence de deux faits identiques ou contraires, prononce: Oui,
l'identité existe; non, l'identité n'existe pas. Sans doute, puisque vous
êtes un être pensant, vous avez des intuitions, des illuminations, des
révélations; je ne me charge pas, quant à moi, de dire ce qui se passe
dans votre cerveau. Mais, à coup sûr, vous ne raisonnez pas, vous ne
réfléchissez pas. Quelle espèce d'homme êtes-vous, monsieur Bastiat?
Etes-vous seulement un homme?...

Comment! après m'avoir abandonné successivement la métaphysique,
à laquelle vous n'entendez rien; la philosophie de l'histoire, que vous
traitez de fatalisme; le progrès économique, dont le dernier terme est
le réduction à l'absurde de l'intérêt; vous m'abandonnez encore la pratique financière, dont le plus magnifique corollaire est précisément la

conversion du crédit payé en crédit gratuit; et vous n'en persistez pas moins à soutenir la vérité absolue de votre théorie, que vous avez ainsi détruite de vos propres mains! Vous lâchez pied partout; la métaphysique, l'histoire, l'économie sociale, la banque, font successivement défaut à votre thèse, comme l'attention, la comparaison, la mémoire et le jugement à votre intelligence? encore une fois, quelle dialectique est la vôtre, et comment voulez-vous qu'on vous prenne?

Et cependant, je ne me suis point découragé. J'ai voulu aller jusqu'au bout et tenter un dernier effort. J'ai cru que cette inertie des facultés intellectuelles pouvait provenir de l'absence de notions, et je me suis flatté de l'espérance de faire jaillir enfin l'étincelle dans votre âme. Vous-même paraissiez m'indiquer cette marche, quand vous me disiez: *Convaincu que tout ce débat repose sur la* **notion** *du capital*; et, qu'en conséquence, vous essayiez de m'expliquer ce que vous entendez par capital; puis donc qu'il est inabordable par la logique, me dis-je, attaquons-le par les notions. Il serait honteux qu'une pareille discussion finît sans que les deux adversaires pussent se rendre le témoignage, que s'ils n'ont pu s'accorder, au moins ils se sont compris!

J'analyse donc, pour vous exprès, la notion du capital. Cette analyse terminée, je donne la définition; j'en déduis les corollaires; puis, afin de ne laisser aucune ambiguïté dans les termes, j'appelle à moi la science du comptable. Je représente par écritures de commerce, sur deux tableaux comparatifs, d'un côté, la théorie du capital d'après vos idées; de l'autre, cette même théorie d'après les miennes. Je consacre treize colonnes de la *Voix du Peuple* à cette exposition, toute de complaisance, mais de laquelle, selon moi, doit sortir une révolution économique, mieux que cela, une science nouvelle.

C'était une dernière fois vous dire:

Prenez garde! les temps sont changés. Le principe de l'intérêt a épuisé toutes ses conséquences; elles sont aujourd'hui reconnues immorales, destructives de la félicité publique, mathématiquement fausses; la tenue de livres les dément, et, ce qui ne vous laisse aucune ressource, avec la tenue de livres, la notion même du capital. Pour Dieu, soyez donc attentif aux frais que je vous signale; observez, comparez, synthétisez, jugez, remontez aux notions: alors seulement vous aurez le droit d'exprimer

Frédéric Bastiat

une opinion. Vous persisterez dans votre erreur, sans doute, mais du moins votre erreur sera raisonnée; vous vous tromperez en connaissance de cause.

Comment êtes-vous sorti de cette épreuve? C'est ce que je vais examiner, en répondant à votre dernière.

Je laisse de côté votre exorde, magnifique et pompeux, dans lequel vous félicitez la société du service que je lui ai rendu en dévoilant le dernier mot du socialisme, et célébrez votre victoire. Je ne relèverai pas davantage certaines plaisanteries sur les *hésitations* et oscillations de ma polémique: nos lecteurs sont à cet égard suffisamment instruits. Ils savent que ce que vous appelez en moi hésitation, n'est autre que la distinction fondamentale que j'ai faite, dès le premier jour, sur le *passé* et le *présent* de l'économie des sociétés, distinction que j'ai appuyée successivement de toutes les preuves que me fournissaient la métaphysique, l'histoire, le progrès, la routine même, et sur laquelle je m'efforce, mais inutilement, depuis deux mois, d'appeler votre attention. Je néglige, en un mot, tout ce qui, dans votre épître, n'a point directement trait à la question, et ne m'attache qu'à l'essentiel.

J'avais défini le capital: **Toute valeur faite**, en *terres, instruments de travail, marchandises, subsistances, ou monnaies, et servant, ou pouvant servir à la production.*

Chose singulière! cette définition vous agrée; vous l'acceptez, vous vous en emparez. Hélas! mieux eût valu pour vous cent fois la rejeter, avec l'antinomie et la philosophe de l'histoire, que d'encombrer d'une pareille formule votre entendement! Il faut voir quel affreux ravage cette terrible définition a fait sur votre esprit!

D'abord, vous ne l'avez point du tout comprise. Malgré la peine que je me suis donnée de vous l'expliquer, vous ignorez ce que c'est qu'une *valeur faite*: sans cela, eussiez-vous fait tenir, à l'un des personnages que vous mettez en scène, le discours suivant: « Messieurs, si vous voulez mes meubles, mes souliers, mes clous, mes habits, *qui sont de valeurs faites*, donnez-moi une valeur faite, c'est-à-dire vingt francs d'argent? »

On appelle *valeur faite*, dans le commerce, une lettre de change, par exemple, ayant une cause réelle, revêtue des formes légales, émanée d'une source connue et solvable, acceptée, et au besoin endossée par des personnes également solvables et connues, offrant ainsi triple, quadruple, etc., garantie, et susceptible, par le nombre et la solidité des cautions, de circuler comme numéraire. Plus il y a de cautions et d'acceptations, mieux la valeur est faite: elle serait parfaite, si elle avait pour garants et pour accepteurs tous les citoyens. Telle est la monnaie, la mieux faite de toutes les valeurs: car, outre qu'elle porte son gage en elle-même, elle est revêtue de la signature de l'Etat, qui la lance dans la circulation comme une lettre de change, et assurée de l'acceptation du public. Par analogie, je dis que des meubles, des souliers, et tous autres produits, sont reconnus valeurs faites, non pas lorsque la confection en est achevée et qu'ils sont exposés à la vente, comme vous le dites; mais après qu'ils ont été appréciés contradictoirement, que la valeur en a été fixée, la livraison effectuée; et cela encore, seulement, pour celui qui les achète, ou qui consent à les reprendre au même prix. C'est ainsi, vous ai-je dit, que le produit devient capital; et il n'est capital que pour l'acquéreur, qui s'en fait soit un instrument, soit un élément de reproduction. Pour celui-là, dis-je, et pour lui seul, le produit devient valeur faite, en un mot, capital.

Ici, Monsieur, j'ai du moins l'avantage que vous ne me contredirez point. Je suis l'auteur de la définition; je sais ce que j'ai voulu dire; vos paroles déposent de ce que vous avez entendu. Vous ne me comprenez pas.

Quoi qu'il en soit, et sans y regarder de si près, vous prenez ma définition du capital pour bonne; vous dites qu'elle suffit à la discussion. Vous reconnaissez donc, implicitement, que *capital* et *produit* sont, dans la société, termes synonymes; conséquemment, que toute opération de crédit se résout, à peine de fraude, dans un échange: deux choses que vous aviez d'abord niées, et que je vous féliciterais d'avoir enfin comprises, s'il m'était possible de croire que vous donnez à mes paroles le sens que je leur applique. Quoi de plus fécond, en effet, que cette analyse: Puisque la valeur n'est autre chose qu'une proportion, et que tous les produits sont nécessairement proportionnels entre eux, il s'ensuit qu'au point de vue social les produits sont toujours valeurs et valeurs faites: la différence, pour la société, entre capital et produit, n'existe pas. Cette différence est toute subjective aux individus: elle vient de l'impuissance où ils se trouvent d'exprimer la proportionnalité des produits en nombre exact et de leurs efforts pour arriver à une approximation. Car, ne l'oublions pas, la loi secrète de l'échange, la règle absolue de transactions, loi non écrite mais intuitive, règle non de convention mais de nature, c'est de conformer, le plus possible, les actes de la vie privées aux formules de la vie sociale.

Or, et c'est ce qui fait naître mes doutes, cette définition, si profonde et si nette, du capital, que vous trouvez bon d'accepter; cette identité du capital et du produit, du crédit et de l'échange, tout cela, Monsieur, est la négation de votre théorie de l'intérêt; et certes, vous ne vous en doutiez pas? Dès lors, en effet, que la formule de J. B. Say, *les produits s'échangent contre les produits*, est synonyme de cette autre, *les capitaux s'échangent contre les capitaux*; que la définition du capital, par vous acceptée, n'est autre chose que cette synonymie; que tout concourt, dans la société, à rendre les faits de commerce de plus en plus conformes à cette loi; il est évident, *à priori*, qu'un jour doit venir où les relations de prêt, loyer, fermage, intérêt, et autres analogues, seront abolies et converties en rapports d'échange; et qu'ainsi la prestation des capitaux, devenant simplement échange de capitaux, et toutes les affaires se réglant au comptant, l'intérêt devra disparaître. L'idée d'usure, dans cette définition du capital, implique contradiction.

C'est ce que vous eussiez infailliblement compris, si, tout en adoptant ma définition du capital, vous lui aviez accordé une seule minute de réflexion. Mais croire que vous allez réfléchir sur vos propres notions; s'imaginer qu'après avoir admis un principe, vous en adopterez les conséquences, le mouvement et les lois; c'est, j'en ai fait la triste expérience, se tromper étrangement. Raisonner, pour vous, c'est contredire à tort et à travers, sans suite et sans méthode. La notion glisse sur votre esprit sans le pénétrer. Vous prenez le mot, que vous appliquez ensuite à votre guise, et suivant les préoccupations de votre esprit: vous laissez l'idée, le germe, qui seul féconde l'intelligence et dénoue les difficultés.

Je n'avais rien épargné, cependant, pour vous éclairer sur le sens et la portée de ma définition, et vous mettre en garde contre elle. Désespérant de vous la faire concevoir par la seule métaphysique du langage, je l'avais réduite en équations, pour ainsi dire, algébriques. Car, qu'est-ce que la science du comptable, dont j'ai fait usage à cette occasion, sinon une sorte d'algèbre? Mais voici bien une autre affaire. Vous raisonnez de la tenue des livres absolument comme de la valeur faite: il vous était réservé, après avoir accepté une définition sans en comprendre les termes, sans en apercevoir les conséquences, d'en nier encore la démonstration. Mais, Monsieur, la démonstration, c'est la définition: où donc en êtes-vous?

Je lis dans votre lettre du 3 février:

« Ayant imaginé ces données, vous dressez la comptabilité de A, de B, et celle de la Banque. *Certes cette comptabilité, les données étant admises, est irréprochable. Mais peut-on admettre vos données?*sont-elles conformes à la nature des hommes et des choses? »

Ceci, j'ose vous le dire, est le renversement de l'arithmétique et du sens commun. Mais, Monsieur, si vous aviez au la plus légère teinture de comptabilité, vous n'eussiez pas écrit de pareilles lignes. Vous auriez su que si, comme vous êtes forcé de l'avouer, *ma comptabilité est irréprochable,* les données économiques sur lesquelles je l'ai établie sont, dans le premier système, qui est le vôtre, nécessairement fausses; dans le second, qui est le mien, nécessairement vraies. Telle est l'essence de la comptabilité, qu'elle ne dépend pas de la certitude de ses données; elle ne souffre pas de *données fausses;* elle est, par elle-même, et malgré la volonté du comptable, la démonstration de la vérité ou de la fausseté de ses propres données. C'est en vertu de cette propriété que les livres du négociant font foi en justice, non-seulement pour lui, mais contre lui; l'erreur, la fraude, le mensonge, les fausses données, enfin, sont incompatibles avec la tenue des livres. Le banqueroutier est condamné sur le témoignage de ses écritures beaucoup plus que sur la dénonciation du ministère public. Telle est, vous dis-je, l'incorruptibilité de cette science, que j'ai signalée, dans mon *Système des contradictions économiques,* comme la plus belle application de la métaphysique moderne.

Vous parlez de *fausses données.* Mais la donnée sur laquelle j'ai établi ma comptabilité est précisément la vôtre, la donnée du *capital productif d'intérêt.* Cette donnée étant pour vous réputée vraie, je la soumets à l'épreuve de la comptabilité. J'en fais autant pour la donnée contraire, qui est celle que je défends. L'opération faite, vous la proclamez irréprochable; mais comme elle conclut contre vous, vous vous en récriez que *les données sont fausses.* Je vous demande, monsieur Bastiat, ce que vous avez voulu dire?

Frédéric Bastiat

Certes, je ne m'étonne plus, à présent, qu'à force de ne pas voir dans une définition ce qui y est, vous ayez fini par découvrir ce qui n'y est point, et que, de bévue en bévue, vous soyez tombé dans la plus inconcevable hallucination. Ou donc avez-vous vu, dans cette comptabilité irréprochable, bien que, selon vous, la donnée en soit fausse, que le système de crédit que je défends, c'est le *papier-monnaie*? Je vous défie de citer un seul mot de moi, dans cette longue controverse, qui vous autorise à dire, comme vous le faites, et, je crois, pour vous tirer d'embarras, que la théorie du crédit gratuit, c'est la théorie des assignats. Je n'ai pas dit un mot du système que je voudrais voir substitué à celui qui nous gouverne et dans lequel je persiste à voir la cause de tous les malheurs de la société. Vous n'avez pas voulu qu'il fût mis en discussion, ce système; *vous êtes resté sur votre terrain*, tout ce que j'ai pu faire, ç'a été de vous prouver, sans toutefois me faire comprendre, que la pratique de l'intérêt mène droit à la pratique de la gratuité, et que l'heure est sonnée d'accomplir cette révolution. De mon système, à moi, il n'en a jamais été question. J'ai raisonné constamment sur vos données; je me suis tenu, avec vous, dans les us et coutumes du capital. Relisez ma lettre du 31 décembre; il ne s'agit point là de la Banque du Peuple, mais bien de la **Banque de France**, de cette Banque privilégiée, gouvernée par M. d'Argout, que vous ne soupçonnez point, sans doute, d'être partisan du papier-monnaie, ni de la monnaie de papier, ni des assignats; de cette Banque, enfin, qui, depuis la réunion des Banques départementales, et l'émission des billets à 100 francs, a vu continuellement augmenter son encaisse; qui possède aujourd'hui 460 millions de lingots et d'espèces; qui finira par engloutir dans ses caves un milliard de numéraire, pour peu que l'administration réduise encore la coupure des billets, établisse d'autres succursales, et que les affaires reprennent; c'est de cette Banque-là que je vous ai entretenu: l'auriez-vous prise, par hasard, pour une hypothèse, et ses 460 millions d'espèces pour une utopie?

Voici ce que je vous ai dit:

Le capital de la Banque de France est de 90 millions; son encaisse de 460 millions; ses émissions de 472: soit donc un capital, réalisé ou garanti, de 382 millions, appartenant au peuple français, et sur lequel la Banque ne doit percevoir aucun intérêt.

Or, les intérêts dus par la Banque à ses actionnaires étant de 4 pour 100 sur un capital de 90 millions; les frais d'administration, risque compris, 1/2 pour 100; l'accumulation des espèces se faisant d'une manière progressive, et la somme des émissions pouvant, sans danger, être d'un tiers supérieure à celle de l'encaisse: je dis que la Banque de France peut, que si elle peut elle doit, à peine de concussion et de vol, réduire le crédit foncier, en même temps que le crédit commercial. Que me parlez-vous donc de papier-monnaie, d'assignats, de cours forcé, de maximum, de débiteurs insolvables, d'emprunteurs sans bonne foi, de travailleurs débauchés, et autres balivernes? Que la Banque de France fasse son métier avec prudence et sévérité, comme elle a fait jusqu'à présent; ce n'est pas mon affaire. Je dis qu'elle a le pouvoir et le devoir de faire le crédit et l'escompte, à ceux à qui elle a coutume de le faire, à 1 pour 100 l'an, commission comprise. M. Bastiat me fera-t-il une fois l'honneur de m'entendre?

M. Bastiat. « Pour que les billets d'une Banque soient reçus, il faut qu'ils inspirent confiance; Pour qu'ils inspirent confiance, il faut que la Banque ait des capitaux; Pour que la Banque ait des capitaux, il faut qu'elles les empruntent, et conséquemment qu'elle en paie l'intérêt; Si elle en paie l'intérêt, elle ne peut les prêter sans intérêt. »

Moi. Et bien! Monsieur, la Banque de France a trouvé des capitaux sans intérêts; elle possède, en ce moment, 382 millions qui ne lui appartiennent pas; elle en aura, quand elle voudra, le double à pareille condition. — Doit-elle faire payer un intérêt?

M. Bastiat. « Le temps est précieux. Le temps, c'est de l'argent, disent les Anglais. Le temps, c'est l'étoffe dont la vie est faite, dit le Bonhomme Richard. » « Faire crédit, c'est accorder du temps. » « Sacrifier du temps à autrui, c'est lui sacrifier une chose précieuse; un pareil sacrifice ne peut être gratuit. »

Moi. Vous n'y arriverez donc jamais! Je vous ai dit, et je vous répète, qu'en matière de crédit, ce qui fait qu'on a besoin de temps, c'est la difficulté de se procurer de l'argent; que cette difficulté tient surtout à l'intérêt exigé par les détenteurs d'argent; en sorte que si l'intérêt était zéro, le temps du crédit serait aussi zéro. Or, la Banque de France, dans les conditions que lui fait le public depuis la révolution de Février, peut réduire son intérêt presque à zéro; qui de vous ou de moi tourne dans

Frédéric Bastiat

le cercle?

M. Bastiat. « Ah! oui... il semble... je crois comprendre enfin ce que vous voulez dire. Le public a renoncé, en faveur de la Banque, à l'intérêt de 382 millions de billets qui circulent sous sa seule garantie. Vous demandez s'il n'y aurait pas moyen de faire profiter le public de cet intérêt, ou, ce qui revient au même, d'organiser une Banque nationale qui ne perçut pas d'intérêts. Si je ne me trompe pas, c'est sur l'observation de ce phénomène que se fonde votre invention. Ricardo avait conçu un plan moins radical, mais analogue, et je trouve dans Say ces lignes remarquables: »

« Cette idée ingénieuse ne laisse qu'une question non résolue. Qui devra jouir de l'intérêt de cette somme considérable, mise dans la circulation? Serait-ce le gouvernement? Ce ne serait pour lui qu'un moyen d'augmenter les abus, tels que les sinécures, la corruption parlementaire, le nombre des délateurs de la police, et les armées permanentes. Serait-ce une compagnie financière, comme la Banque d'Angleterre, la Banque de France? Mais à quoi bon faire à une compagnie financière le cadeau des intérêts payés en détail par le public?... Telles sont les questions qui naissent à ce sujet: peut-être ne sont-elles pas insolubles. Peut-être y a-t-il des moyens de rendre hautement profitable au public l'économie qui en résulterait; mais je ne suis pas appelé à développer ici ce nouvel ordre d'idées. »

Moi. Eh! Monsieur, votre J. B. Say, avec tout son génie, est un imbécile. La question est toute résolue; c'est que le peuple, qui fait les fonds, le peuple, qui est ici le seul capitaliste, le seul commanditaire, le vrai propriétaire; le peuple, qui seul doit profiter de l'intérêt, le peuple, dis-je, ne doit pas payer d'intérêts. Est-il au monde quelque chose de plus simple et de plus juste?

Ainsi, vous convenez, sur la foi du Ricardo et de J. B. Say, qu'il existe *un moyen de faire profiter le public*, je cite vos propres expressions, *des intérêts qu'il paie à la Banque*, et que ce moyen, c'est d'organiser une Banque nationale, faisant crédit à zéro d'intérêt?

M. Bastiat. Non pas cela, Dieu m'en préserve! Je reconnais, il est vrai, que la Banque ne doit pas profiter des intérêts payés par le public pour un capital appartenant au public; je conviens de plus qu'il existe un moyen de faire profiter desdits intérêts le public. Mais je nie que ce moyen soit celui que vous indiquez; à savoir, l'organisation d'une Banque nationale; je dis et j'affirme que ce moyen, c'est la *liberté des Banques!*

« Liberté des banques! Liberté du crédit! Oh! pourquoi, monsieur Proudhon, votre brûlante propagande n'a-t-elle pas pris cette direction? »

Je fais grâce au lecteur de votre péroraison, dans laquelle vous déplorez mon endurcissement, et m'adjurez, avec un sérieux comique, de substituer à ma formule: *Gratuité du crédit*, la vôtre: *Liberté du crédit*, comme si le crédit pouvait être plus libre que lorsqu'il ne coûte rien! Je n'ai veine au corps, sachez-le bien, qui résiste à la liberté du crédit: en fait de banque, comme en fait d'enseignement, la liberté est ma loi suprême. Mais je dis que, jusqu'à ce que la liberté des banques et la concurrence des banquiers fassent jouir le public des intérêts qu'il leur paie, il serait bon, utile, constitutionnel, et d'une économie tout à fait républicaine, de créer, au milieu des autres banques, et en concurrence avec elles, une Banque nationale faisant provisoirement crédit à 1 ou 1/2 pour 100, au risque de ce qui en arriverait. Vous répugne-t-il de faire de la Banque de France, par le remboursement de ses actionnaires, cette Banque nationale que je propose? Alors que la Banque de France restitue les 382 millions d'espèces qui appartiennent au public, et dont elle n'est que la détentrice. Avec 382 millions on peut très-bien organiser une banque; qu'en pensez-vous? Et la plus grosse de l'univers. En quoi donc cette banque, formée par la commandite de tout le peuple, ne serait-elle pas libre? Faites cela seulement, et quand vous aurez attaché ce grelot révolutionnaire, quand vous aurez de la sorte édicté le premier acte de la République démocratique et sociale, je me charge de vous déduire les conséquences de cette grande innovation. Vous saurez alors quel est mon système.

Quant à vous, monsieur Bastiat, qui, économiste, vous moquez de la métaphysique, dont l'économie politique n'est que l'expression concrète; qui, membre de l'Institut, ne savez pas même où en est la philosophie de votre siècle; qui, auteur d'un livre intitulé *Harmonies économiques*, probablement par opposition aux *Contradictions économiques*,[1] ne concevez rien aux harmoniques de l'histoire, et ne voyez dans le progrès qu'un désolant fatalisme; qui, champion du capital et de l'intérêt, ignorez jusqu'aux principes de la comptabilité commerciale; qui, concevant enfin, à travers les ambages d'une imagination effarée, et sur la foi de vos auteurs beaucoup plus que d'après votre intime conviction, qu'il est possible d'organiser, avec les fonds du public, une banque faisant crédit sans intérêt, continuez cependant à protester, au nom de la *Liberté du Crédit*, contre la **Gratuité du Crédit**: vous êtes sans doute un bon et digne citoyen, un économiste honnête, un écrivain consciencieux, un représentant loyal, un républicain fidèle, un véritable ami du peuple: mais vos dernières paroles me donnent le droit de vous le dire, scientifiquement, monsieur Bastiat, vous être un homme mort.

---

1 M. Proudhon s'est trompé dans sa conjecture. Bastiat n'a pas écrit les *Harmonies* par opposition aux *Contradictions économiques*, car, le 5 juin 1845, c'est-à-dire antérieurement à l'apparition des*Contradictions*, il communiquait par lettre à un ami le projet d'écrire les *Harmonies sociales*. Rappelons aussi que Bastiat était seulement membre *correspondant* de l'Institut.

Treizième lettre

Quatorzième lettre : F. Bastiat à P. J. Proudhon

La cause est entendue et le débat est clos, dit M. Proudhon, de partie se faisant juge. M. Bastiat est condamné... à mort. Je le condamne dans son intelligence; je le condamne dans son attention, dans ses comparaisons, dans sa mémoire et dans son jugement; je le condamne dans sa raison; je le condamne dans sa logique; je le condamne par induction, par syllogisme, par contradiction, par identité et par antinomie.

Oh! monsieur Proudhon, vous deviez être bien en colère quand vous avez jeté sur moi ce cruel anathème!

Il me rappelle la formule de l'excommunication:

Maledictus sit vivendo, moriendo, manducando, libendo.

Maledictus sit intus et exterius.

Maledictus sit in capillis et in cerebro.

Maledictus sit in vertice, in oculis, in auriculis, in brachiis, etc., etc.; maledictus sit in pectore et in corde, in renibus, in genubus, in cruribus, in pedibus, et in unguibus.

Hélas! toutes les Églises se ressemblent, quand elles ont tort, elles se fâchent.

Cependant je récuse l'arrêt, et je proteste contre la clôture du débat.

Je récuse l'arrêt, parce qu'il n'appartient pas à mon adversaire de le prononcer. Je ne reconnais pour juge que le public.

Je proteste contre la clôture du débat, parce que, défendeur, je dois avoir le dernier mot. M Chevé m'a écrit, j'ai répondu; — M. Proudhon m'a écrit, j'ai répondu; — il m'a écrit de nouveau, j'ai répondu derechef; — il lui plaît de m'adresser une quatrième, une cinquième, une sixième lettre. Il me convient de lui faire autant de réponses; et il a beau dire, à moins que la justice et les convenances ne soient aussi des *antinomies*, je suis dans mon droit.

Frédéric Bastiat

Au reste, je me bornerai à me résumer. Outre que je ne puis continuer à discuter avec M. Proudhon, malgré lui, et moins encore quand les personnalités commencent à remplacer les arguments, je serais aujourd'hui dans une situation trop défavorable.

M. Proudhon est persécuté; partant toutes les préventions, toutes les sympathies publiques passeraient de son côté. Il avait compromis la cause du crédit gratuit, voici que le pouvoir la relève en la plaçant sur le piédestal de la persécution. Je n'avais qu'un adversaire, j'en aurais trois: M. Proudhon, la police et la popularité.

M. Proudhon me reproche deux choses: d'abord, de m'en tenir toujours à défendre mon assertion, la *légitimité de l'intérêt*; ensuite, de ne pas discuter son système, la *gratuité du crédit*.

Oui, dans chacune de mes lettres, je me suis attaché à pénétrer, sous des points de vue divers, la nature intime du capital pour en déduire la légitimité de l'intérêt. Pour tout esprit logique, cette manière de procéder était décisive: car il est bien clair que la chimère du crédit gratuit s'évapore, si une fois il est démontré que l'intérêt est légitime, utile, indestructible, de même essence que toute autre rémunération, profit ou salaire; — la juste récompense d'un sacrifice de temps et de travail, volontairement allouée à celui qui fait le sacrifice par celui qui en profite; — en d'autres termes, que le *prêt* est une des variétés de la *vente*. D'ailleurs, ne devais-je pas m'efforcer de donner à cette polémique une portée utile? Et quand les classes laborieuses égarées attribuent leurs souffrances au Capital, quand les flatteurs du peuple, abondant lâchement dans le sens de ses préjugés, ne cessent de l'irriter contre l'*infâme* capital, l'*infernal* capital, que pouvais-je faire de mieux que d'exposer à tous les yeux l'origine et les effets de cette puissance si mal comprise, puisque aussi bien j'atteignais du même coup l'objet précis de notre polémique?

En procédant ainsi, j'ai fait quelque preuve de patriotisme et d'abnégation. Si je n'avais écouté que l'amour-propre de l'écrivain, je me serais borné à discuter et réfuter les arguties de M. Proudhon. Critiquer est un rôle facile et brillant; exposer une doctrine sans y être obligé, c'est abandonner ce beau rôle pour le céder à son adversaire. Je l'ai fait, cependant, parce que je me préoccupais plus de la polémique que du polémiste, et des lecteurs que de moi-même.[1]

Est-ce à dire que j'aie négligé les arguments de M. Proudhon? Je montrerai que j'ai répondu à tous, et d'une manière si catégorique, qu'il les a tous successivement abandonnés. Je n'en veux que cette preuve: M. Proudhon a fini par où on finit quand on a tort; il s'est fâché.

Je reprends donc la même marche, et après avoir de nouveau appelé l'attention du lecteur sur la nature de capital, je passerai en revue les arguments de M. Proudhon.

Qu'on me permette de remonter un peu haut, seulement... au Déluge.

Les eaux s'étant retirées, Deucalion jeta derrière lui des pierres, et il en naquit des hommes.

Et ces hommes étaient bien à plaindre, car ils n'avaient pas de capital. Ils étaient dépourvus d'armes, de filets, d'instruments, et ils ne pouvaient en fabriquer, parce que, pour cela, il aurait fallu qu'ils eussent quelques provisions. Or, c'est à peine s'ils réussissaient à prendre chaque jour assez de gibier pour satisfaire la faim de chaque jour. Ils se sentaient dans un cercle difficile à franchir, et ils comprenaient qu'ils n'en auraient été tirés, ni par tout l'or de la Californie, ni par autant de billets que la Banque du peuple en pourrait imprimer dans un an, et ils se disaient entre eux: le capital n'est pas ce qu'on dit.

Cependant, un de ces infortunés, nommé Hellen, plus énergique que

---

1 Quelques personnes ont trouvé excessive la patience de Bastiat pendant le cours de cette discussion. Ce paragraphe et le précédent motivent parfaitement son attitude. Il attachait un grand prix à faire pénétrer, parmi les ouvriers, quelques vérités salutaires, à l'aide même de la *Voix du Peuple*. Ce résultat, il fut encouragé bientôt à s'applaudir de l'avoir poursuivi. Un matin, peu de jours avant la clôture du débat, il reçut la visite de trois ouvriers, délégués d'un certain nombre de leurs camarades qui s'étaient rangés sous la bannière du *Crédit gratuit*. Ces ouvriers venaient le remercier de ses bonnes intentions, de ses efforts pour les éclairer sur une question importante. Ils n'étaient point convertis à la légitimité et à l'utilité de l'intérêt; mais leur foi dans le principe contraire était fort ébranlée et ne tenait plus qu'à leurs vives sympathies pour M. Proudhon. « Il nous veut beaucoup de bien, M. Proudhon, disaient-ils, et nous lui devons une grande reconnaissance. C'est dommage qu'il aille souvent chercher des mots et des phrases si difficiles à comprendre. » Finalement, ils émirent le vœu que MM Bastiat et Proudhon pussent se mettre d'accord, et se déclarèrent prêts à accepter les yeux fermés une solution quelconque, si elle était proposée de concert par l'un et l'autre.

Frédéric Bastiat

les autres, se dit: je me lèverai plus matin, je me coucherai plus tard; je ne reculerai devant aucune fatigue; je souffrirai la faim et ferai tant que j'aurai une *avance* de trois jours de vivres. Ces trois jours, je les consacrerai à fabriquer un arc et des flèches.

Et il réussit. A force de travailler et d'épargner, il eut une provision de gibier. C'est le premier capital qui ait paru dans le monde depuis le déluge. C'est le point de départ de tous les progrès.

Et plusieurs se présentèrent pour l'emprunter. Prêtez-nous ces provisions, disaient-ils à Hellen, nous vous en rendrons tout juste autant dans un an. — Mais Hellen répondit: Si je vous prêtais mes provisions, je demanderais à partager les avantages que vous en retireriez; mais j'ai un dessein, j'ai pris assez de peine pour me mettre en mesure de l'accomplir, et je l'accomplirai.

Et, en effet, il vécut trois jours sur son *travail accumulé*, et, pendant ces trois jours, il fit un arc et des flèches.

Un de ses compagnons se présenta de nouveau, et lui dit: Prête-moi tes armes, je te les rendrai dans un an. A quoi Hellen répondit: Mon capital est précieux. Nous sommes mille; un seul peut en jouir, et il est naturel que ce soit moi, puisque je l'ai créé.

Mais, grâce à son arc et à ses flèches, Hellen put beaucoup plus facilement que la première fois accumuler d'autres provisions et fabriquer d'autres armes.

C'est pourquoi il prêtait les unes ou les autres à ses compagnons, stipulant chaque fois une part pour lui dans l'excédant de gibier qu'il les mettait à même de prendre.

Et malgré ce partage, les emprunteurs voyaient leur travail facilité. Ils accumulaient aussi des provisions, ils fabriquaient aussi des flèches, des filets et d'autres instruments, en sorte que le capital, devenant de plus en plus abondant, se louait à des conditions de moins en moins onéreuses. Le premier mouvement avait été imprimé à la roue du progrès, elle tournait avec une rapidité toujours croissante.

Cependant, et bien que la facilité d'emprunter s'accrût sans cesse, les retardataires se mirent à murmurer, disant: Pourquoi ceux qui ont des provisions, des flèches, des filets, des haches, des scies, stipulent-ils une part pour eux quand ils nous prêtent ces choses? N'avons-nous pas aussi le droit de vivre et de bien vivre? La société ne doit-elle pas nous donner tout ce qui est nécessaire au développement de nos facultés physiques, intellectuelles et morales? Evidemment, nous serions plus heureux si nous empruntions pour rien. C'est donc l'infâme capital qui cause notre misère.

Et Hellen les ayant assemblés leur dit: Examinez attentivement ma conduite et celle de tous ceux qui, comme moi, ont réussi à se créer des ressources; vous resterez convaincus que, non-seulement elle ne vous fait aucun tort, mais qu'elle vous est utile, alors même que nous aurions assez mauvais cœur pour ne pas le vouloir. Quand nous chassons ou pêchons, nous attaquons une classe d'animaux que vous ne pouvez atteindre, de telle sorte que nous vous avons délivré de notre rivalité. Il est vrai que, quand vous venez nous emprunter nos instruments, nous nous réservons une part dans le produit de votre travail. Mais d'abord cela est juste, car il faut bien que le nôtre ait aussi sa récompense. Ensuite, cela est nécessaire, car si vous décidez que désormais on prêtera les armes et les filets pour rien, qui fera des armes et des filets? Enfin, et c'est ici ce qui vous intéresse surtout, malgré la rémunération convenue, l'emprunt, quand vous le faites, vous est toujours profitable, sans quoi vous ne le feriez pas. Il peut améliorer votre condition, il ne peut jamais l'empirer; car, considérez que la part que vous cédez n'est qu'une portion de l'excédant que vous obtenez du fait de notre capital. Ainsi, après cette part payée, il vous reste *plus*, grâce à l'emprunt, que si vous ne l'aviez pas fait, et cet excédant vous facilite les moyens de faire vous-mêmes des provisions et des instruments, c'est-à-dire du capital. D'où il suit que les conditions du prêt deviennent tous les jours plus avantageuses aux emprunteurs, et que vos fils seront, à cet égard, mieux partagés que vous.

Ces hommes primits se mirent à réfléchir sur ce discours, et ils le trouvèrent sensé.

Depuis, les relations sociales se sont bien compliquées. Le capital a pris mille formes diverses: les transactions ont été facilitées par l'introduction de la monnaie, des promesses écrites, etc., etc.; mais à

Frédéric Bastiat

travers toutes ces complications, il est deux faits qui sont restés et resteront éternellement vrais, savoir:

1° Chaque fois qu'un *travail antérieur* et un *travail actuel* s'associent dans l'œuvre de la production, le produit se partage entre eux, selon certaines proportions.

2° Plus le capital est abondant, plus sa part proportionnelle dans le produit est réduite. Et comme les capitaux, en augmentant, augmentent la facilité d'en créer d'autres, il s'ensuit que la condition de l'emprunteur s'améliore sans cesse.

J'entends qu'on me dit: Qu'avons-nous à faire de vos démonstrations? Qui vous conteste l'utilité du capital?

Aussi, ce sur quoi j'appelle la réflexion du lecteur, ce n'est pas sur l'utilité absolue et non contestée du capital, ni même sur son utilité relativement à celui qui le possède, mais bien sur *l'utilité dont il est à ceux qui ne le possèdent pas.* C'est là qu'est la science économique, c'est là que se montre l'harmonie des intérêts.

Si la science est impassible, le savant porte dans sa poitrine un cœur d'homme; toutes ses sympathies sont pour les déshérités de la fortune, pour ceux de ses frères qui succombent sous le triple joug des nécessités physiques, intellectuelles et morales non satisfaites. Ce n'est pas au point de vue de ceux qui regorgent de richesses que la science des richesses offre de l'intérêt. Ce que nous désirons, c'est l'approximation constante de tous les hommes vers un niveau qui s'élève toujours. La question est de savoir si cette évolution humanitaire s'accomplit par la liberté ou par la contrainte. Si donc je n'apercevais pas distinctement comment le capital profite à ceux même qui ne le possèdent pas, comment, sous un régime libre, il s'accroît, s'universalise et se nivelle sans cesse; si j'avais le malheur de ne voir dans le capital que l'avantage de capitalistes, et de ne saisir ainsi qu'un côté, et, assurément, le côté le plus étroit et le moins consolant de la science économique, je me ferais Socialiste; car, de manière ou d'autre, il faut que l'inégalité s'efface progressivement, et si la liberté ne renfermait pas cette solution, comme les socialistes je la demanderais à la loi, à l'Etat, à la contrainte, à l'art, à l'utopie. Mais c'est ma joie de reconnaître que les arrangements artificiels sont superflus là où la liberté suffit, que la pensée de Dieu est supérieure à celle du législateur, que la vraie science consiste à comprendre l'œuvre divine, non à en imaginer une autre à la place; car c'est bien Dieu qui a créé les merveilles du monde social comme celles du monde matériel, et sans doute il n'a pas moins souri à un de ces ouvrages qu'à l'autre: *Et vidit Deus quod esset bonum* Il ne s'agit donc pas de changer les lois naturelles, mais de les connaître pour nous y conformer.

Le capital est comme la lumière.

Dans un hospice, il y avait des aveugles et des clairvoyants. Ceux-là étaient sans doute plus malheureux, mais leur malheur ne provenait pas de ce que d'autres avaient la faculté de voir. Bien au contraire, dans les arrangements journaliers, ceux qui voyaient rendaient à ceux qui ne voyaient pas des services que ceux-ci n'auraient jamais pu se rendre à eux-mêmes, et que l'habitude les empêchait d'assez apprécier.

Or, la haine, la jalousie, la défiance vinrent à éclater entre les deux classes. Les clairvoyants disaient: Gardons-nous de déchirer le voile qui couvre les yeux de nos frères. Si la vue leur était rendue, ils se livreraient aux mêmes travaux que nous; il nous feraient concurrence, ils paieraient moins cher nos services, et que deviendrons-nous?

De leur côté, les aveugles s'écriaient: Le plus grand des biens, c'est l'égalité; et, si comme nos frères, nous ne pouvons voir, il faut que, comme nous, ils perdent la vue.

Mais un homme, qui avait étudié la nature et les effets des transactions qui s'accomplissaient dans cet hospice, leur dit:

La passion vous égare. Vous qui voyez, vous souffrez de la cécité de vos frères, et la communauté atteindrait à une somme de jouissances matérielles et morales bien supérieure, bien moins chèrement achetée, si le don de voir avait été fait à tous. Vous qui ne voyez pas, rendez grâces au Ciel de ce que d'autres voient. Ils peuvent exécuter, et vous aider à exécuter une multitude de choses dont vous profitez et dont vous seriez éternellement privés.

La comparaison cependant pèche par un point essentiel. La solidarité entre les aveugles et les clairvoyants est loin d'être aussi intime que celle qui lie les prolétaires aux capitalistes; car si ceux qui voient rendent des services à ceux qui ne voient pas, ces services ne vont pas jusqu'à leur rendre la vue, et l'égalité est à jamais impossible. Mais les capitaux de ceux qui possèdent, outre qu'ils sont actuellement utiles à ceux qui ne possèdent pas, facilitent à ces derniers les moyens d'en acquérir.

Il serait donc plus juste de comparer le capital au langage. Quelle folie ne serait-ce pas aux enfants[1] de jalouser, dans les adultes, la faculté de parler, et de voir là un principe d'inégalité irrémédiable; puisque c'est précisément parce que les adultes parlent aujourd'hui que les enfants parleront demain!

Supprimez la parole chez les adultes, et vous aurez l'égalité dans l'abrutissement. Laissez la parole libre, et vous ouvrez des chances à l'égalité dans le progrès intellectuel.

De même, supprimez le capital (et ce serait certes le supprimer que d'en supprimer la récompense), et vous aurez l'égalité dans la misère. Laissez le capital libre, et vous aurez la plus grande somme possible de chances d'égalité dans le bien-être.

Voilà l'idée que je me suis efforcé de faire sortir de cette polémique. M. Proudhon me le reproche. Si j'ai un regret, c'est de n'avoir pas donné à cette idée assez de place. J'en ai été empêché par la nécessité de répondre aux arguments de mon adversaire qui me reproche maintenant de n'y avoir rien répondu. C'est ce qui nous reste à voir.

La première objection qui m'a été adressée (elle est de M. Chevé) consiste à dire que je confonds la *propriété* avec l'*usage*. Celui qui prête, disait-il, ne cède que l'*usage* d'une propriété et ne peut recevoir, en retour, une *propriété définitive*.

J'ai répondu que l'échange est légitime quand il se fait librement et volontairement entre deux *valeurs* égales, que l'une de ces valeurs fût attachée ou non à un objet matériel. Or, l'usage d'une propriété utile a une *valeur*. Si je prête, pour un an, le champ que j'ai clos, défriché, desséché; j'ai droit à une rémunération susceptible d'être *évaluée*. Pourvu qu'elle soit évaluée encore qu'on me la paie en objets matériels, comme

---

1 Enfant, *in fans*, non parlant.

du froment et de la monnaie, qu'avez-vous à dire? Voulez-vous donc prohiber les trois quarts des transactions que les hommes font volontairement entre eux et probablement parce que cela leur convient? Vous nous parlez toujours de nous affranchir, et ne nous présentez jamais que de nouvelles entraves.

Ici, M. Proudhon intervenant, a abandonné la théorie de M. Chevé et m'a opposé l'*antinomie*. L'intérêt est à la fois légitime et illégitime, a-t-il dit. Il implique une contradiction, comme la propriété, comme la liberté, comme tout; car *la contradiction est l'essence même des phénomènes.* J'ai répondu que, sur ce principe, ni lui, ni moi, ni aucun homme, ne pouvait jamais avoir ni tort ni raison, sur ce sujet; qu'adopter ce point de départ, c'était s'interdire d'arriver jamais à aucune solution, puisque c'était proclamer d'avance que toute proposition est à la fois vraie et fausse. Une telle théorie ne discrédite pas seulement tout raisonnement, mais elle récuse jusqu'à la faculté de raisonner. Quel est, dans une discussion, le signe auquel on peut reconnaître qu'un des deux adversaires a tort? C'est d'être forcé d'avouer que ses propres arguments se contredisent. Or, c'est justement quand M. Proudhon en est réduit là qu'il triomphe. Je me contredis, donc je suis dans le vrai, car la contradiction est l'essence des phénomènes. Certes, je pouvais refuser le combat, si M. Proudhon eût insisté à m'imposer pour arme une telle logique.

J'ai été plus loin, cependant, et je me suis donné la peine de rechercher comment M. Proudhon avait succombé à la théorie des contradictions. Je l'attribue à ce qu'il conclut de la perfectibilité à la perfection absolue. Or, il est très-vrai que la perfection absolue est pour nous contradictoire et incompréhensible; et c'est pourquoi nous croyons en Dieu, mais nous ne pouvons l'expliquer. Nous ne pouvons rien concevoir sans limites, et toute limite est une imperfection. Oui, l'intérêt atteste une imperfection sociale. Il en est de même du travail. Nos membres, nos organes, nos yeux, nos oreilles, notre cerveau, nos nerfs attestent de même une imperfection humaine. L'être parfait n'est pas emprisonné dans de tels appareils.

Mais il n'y a pas de raisonnement plus vicieux que celui qui consisterait à dire: Puisque l'intérêt atteste une imperfection sociale, pour réaliser la perfection sociale, supprimons l'intérêt. C'est justement supprimer le remède au mal. Autant voudrait dire, puisque nos nerfs, nos organes, notre cerveau attestent une limite, et par suite une imperfection humaine, supprimons toutes ces choses, et l'homme sera parfait.

Voilà ce que j'ai répondu, et M. Proudhon, que je sache, n'a pas répliqué.

Il n'a pas répliqué, mais il a invoqué la théorie des *compensations*.

Nous ne demandons pas, dit-il, qu'on prête pour rien, mais qu'il n'y ait plus occasion de prêter. Ce à quoi nous aspirons, ce n'est pas précisément l'abolition, mais la compensation des intérêts. Nous voulons arriver à ce que, dans tout échange, la mise en capital et travail soit la même de toutes parts.

Chimère et despotisme, ai-je répondu. Vous ne ferez jamais qu'un facteur de M. Bidault fasse entrer dans ses services du *travail accumulé* et du *travail actuel* en mêmes proportions que le fabricant de bas. Pourvu que les *valeurs* échangées soient égales, que vous importe le reste? Vous voulez la compensation? mais vous l'avez sous le régime de l'échange libre. *Évaluer*, c'est comparer du travail actuel à du travail actuel, du travail antérieur à du travail antérieur, ou bien enfin, du travail *actuel à du travail antérieur*. De quel droit voulez-vous supprimez cette dernière nature d'évaluation; et en quoi les hommes seront-ils plus heureux quand ils seront moins libres?

Voilà ce que j'ai répondu, et M. Proudhon, que je sache, n'a rien répliqué.

Il n'a rien répliqué, mais se fendant à fond contre le capitaliste, il lui a porté cette botte terrible et bien connue: Le capitaliste n'a pas droit à une rémunération, parce qu'*il ne se prive pas*. Il ne se prive pas de la chose qu'il cède, puisqu'il ne pourrait l'utiliser *personnellement*.

J'ai répondu que c'était là une misérable équivoque, qui incrimine la vente aussi bien que le prêt. Si l'homme n'était pas un être sociable, il serait obligé de produire directement tous les objets nécessaires à la satisfaction de ses besoins. Mais il est sociable: il échange. De là la division du travail, et la séparation des occupations. C'est pourquoi chacun ne fait qu'une chose, et en fait beaucoup plus qu'il n'en peut personnellement consommer. Cet excédant, il le troque contre d'autres choses qu'il ne fait pas, et qui lui sont indispensables. Il travaille pour les autres et les autres travaillent pour lui. Sans doute, celui qui a fait deux maisons et n'en habite qu'une *ne se prive pas* personnellement, en louant l'autre. Il ne s'en priverait pas davantage en la vendant; et si, par ce motif, le prix de location est un vol, il en est de même du prix de vente. Le chapelier, qui a cent chapeaux dans sa boutique, quand il en vend un, *ne se prive pas* personnellement, dans ce sens qu'il ne se réduit pas à aller tête nue. L'éditeur des livres de M. Proudhon, qui en a mille exemplaires dans ses magasins, *ne se prive pas personnellement*, à mesure de ses ventes, car un seul exemplaire suffirait à son instruction; l'avocat et le médecin qui donnent des conseils, *ne se privent pas*. Ainsi votre objection attaque non-seulement l'intérêt, mais le principe même des transactions et de la société. C'est certainement une chose déplorable d'en être réduit, au dix-neuvième siècle, à réfuter sérieusement de telles équivoques, de telles puérilités. Voilà ce que j'ai répondu, et M. Proudhon, que je sache, n'a rien répliqué.

Il n'a rien répliqué; mais il s'est mis à invoquer ce qu'on pourrait appeler la doctrine des métamorphoses:

L'intérêt était légitime autrefois, du temps où la violence entachait toutes les transactions. Il est illégitime aujourd'hui sous le régime du droit. Combien n'y a-t-il pas d'instituions qui ont été bonnes, justes, utiles à l'humanité, et seraient maintenant abusives? Tels sont l'esclavage, la torture, la polygamie, le combat judiciaire, etc. *Le progrès, la grande loi de l'humanité, n'est pas autre chose que cette transformation du bien en mal et du mal en bien.*

J'ai répondu que c'était là un *fatalisme* aussi pernicieux en morale que l'*antinomie* est funeste en logique. Quoi! selon le caprice des circonstances, ce qui était respectable devient odieux, et ce qui était inique devient juste! Je repousse de toutes mes forces cette indifférence au bien et au mal. Les actes sont bons ou mauvais, moraux ou immoraux, légitimes ou illégitimes par eux-mêmes, par les mobiles qui les déterminent, par les conséquences qu'ils entraînent, et non par des considérations de temps et de lieux. Jamais je ne conviendrai que l'esclavage ait été autrefois légitime et bon; qu'il a été utile que des hommes en réduisent d'autres en servitude. Jamais je ne conviendrai que soumettre un accusé à d'inexprimables tourments, ait été un moyen légitime et bon de lui faire dire la vérité. Que l'humanité n'ai pu échapper à ces horreurs, soit. La perfectibilité étant son essence, le mal doit se trouver à ses commencements; mais il n'en est pas moins le mal, et au lieu de seconder la civilisation, il la retarde.

La rémunération volontairement attribuée au travail antérieur, la récompense librement accordée à un sacrifice de temps, en un mot, l'intérêt est-il une atrocité comme l'esclavage, une absurdité comme la torture? Il ne suffit pas de l'affirmer, il faut le prouver. De ce qu'il y avait dans l'antiquité des abus qui ont cessé, il ne s'ensuit pas que tous les usages de ces époques étaient des abus et doivent cesser.

Voilà ce que j'ai répondu à M. Proudhon, qui n'a pas insisté.

Il n'a pas insisté; mais il a fait une nouvelle et non moins étrange fugue dans l'histoire.

L'intérêt, a-t-il dit, est né du *contrat de pacotille*. Quand, pour une expédition maritime, un homme donnait Navire et Marchandises, et un autre Talent et Travail, le profit se partageait entre eux dans des proportions convenues.

Rien de plus naturel et de plus juste, ai-je répondu, qu'un tel partage. Seulement, il n'est pas nécessairement attaché aux opérations qui se font par mer. Il embrasse la totalité des transactions humaines. Vous faites ici une exception de ce qui est la règle universelle; et par là vous sapez l'intérêt, parce que l'exception est toujours prévenue d'être illégitime, tandis que rien ne prouve mieux la légitimité d'une règle que son universalité. Le jour où un sauvage a prêté ses armes sous condition d'avoir une part dans le gibier, le jour où un pasteur a prêté son troupeau à la condition d'avoir une part dans le croît; ce jour-là, et il remonte sans doute à l'origine des sociétés, le principe de l'intérêt est né; car l'intérêt n'est que cet arrangement fait entre le travail antérieur et le travail actuel, qu'il s'agisse d'exploiter la terre, la mer ou l'air. Depuis, et quand l'expérience a permis ce progrès, la part du capital, d'aléatoire qu'elle était, est devenue fixe, comme le métayage s'est transformé en fermage; l'intérêt s'est régularisé sans changer de nature.

Voilà ce que j'ai répondu, et M. Proudhon n'a pas répliqué.

Quatorzième lettre

Il n'a pas répliqué; mais il s'est jeté, contre son habitude, dans l'argument *sentimentaliste*. Il fallait qu'il fût bien à bout de ressources pour recourir à celle-là.

Donc, il m'a proposé des cas extrêmes, où un homme ne pourrait, sans faire horreur, exiger du prêt une rémunération. Par exemple, un riche propriétaire habitant la côte, qui recueillerait un naufragé et lui prêterait des vêtements, pourrait-il pousser ses exigences jusqu'à l'extrême limite?

J'ai répondu à M. Proudhon... ou plutôt M. Proudhon s'était répondu à lui-même par un autre exemple, d'où il résulte que dans certains cas extrêmes, la rémunération de la vente, ou même celle du travail, serait tout aussi abominable que celle du prêt. Il en serait ainsi de l'homme qui, pour tendre la main à son frère près d'être englouti dans les flots, exigerait le plus grand prix qu'on puisse obtenir dans ces circonstances.

Ainsi cet argument de M. Proudhon n'attaque pas seulement l'intérêt, mais toute rémunération: moyen certain d'établir la *gratuité* universelle.

De plus, il ouvre la porte à toutes ces théories sentimentalistes (que M. Proudhon combat avec tant de force et de raison) qui veulent à toute force faire reposer les affaires de ce monde sur le principe de l'abnégation.

Enfin, comme le Protée de la Fable, dont on disait: « Pour le vaincre, il faut l'épuiser », M. Proudhon, chassé de la *contradiction* à la *compensation*, de la compensation à la *privation*, de la privation à la *transformation*, de la transformation à l'*abnégation*, a quitté tout à coup la controverse et est venu à l'*exécution*.

Le moyen d'exécution qu'il propose pour réaliser la gratuité du crédit, c'est le *papier-monnaie*. — Je ne l'ai pas nommé, dit-il. — C'est vrai. Mais qu'est-ce donc qu'une banque nationale prêtant à qui en désire, et gratuitement, de prétendus *capitaux* sous forme de billets?

Évidemment nous retrouvons ici cette erreur funeste et si invétérée qui fait confondre l'instrument de l'échange avec les objets échangés, erreur dont M. Proudhon, dans ses précédentes lettres, laissait apercevoir le germe, quand il disait: Ce ne sont pas les choses qui font la richesse, mais la circulation. — Et encore, quand il calculait que l'intérêt en

France était à 160 pour 100, parce qu'il comparait toutes les rentes payées au capital en numéraire.

J'avais posé à M. Proudhon ce dilemme: ou votre Banque nationale prêtera indistinctement des billets à tous ceux qui se présenteront; et en ce cas, la circulation en sera tellement saturée, qu'ils seront dépréciés, — ou bien elle ne les livrera qu'avec discernement: et alors votre but n'est pas atteint.

Il est clair, en effet, que si chacun peut aller se pourvoir gratis de monnaie fictive à la Banque, et si cette monnaie est reçue à sa valeur normale, les émissions n'auront pas de limite et s'élèveront à plus de cinquante milliards, dès la première année. L'effet sera le même que si l'or et l'argent devenaient aussi communs que la boue. — L'illusion qui consiste à croire que la richesse se multiplie, ou même que la circulation s'active à mesure qu'on accroît l'instrument de l'échange, ne devrait pas entrer dans la tête d'un publiciste qui, de nos jours, discute des questions économiques. Nous savons tous, par notre propre expérience, que le numéraire, non plus que les billets de banque, ne portant pas intérêt, chacun n'en garde dans son coffre ou son portefeuille que le moins possible; et par conséquent la quantité que le public en demande est limitée. On ne peut l'accroître sans la déprécier, et tout ce qui résulte de cet accroissement, c'est que, pour chaque échange, il faut deux écus ou deux billets au lieu d'un.

Ce qui se passe à la Banque de France est une leçon qui ne peut être perdue. Elle a émis depuis deux ans beaucoup de billets. Mais le nombre des transactions ne s'en est pas accru. Il dépend d'autres causes, et ces causes ont agi dans le sens d'une diminution d'affaires. Aussi, qu'est-il arrivé? C'est qu'à mesure que la Banque émettait des billets, le numéraire affluait dans ses caves, de telle sorte qu'un instrument d'échange s'est substitué à un autre. Voilà tout.

Je vais plus loin, il se peut que les transactions augmentent sans que l'instrument des échanges s'accroisse. Il se fait plus d'affaires en Angleterre qu'en France, et cependant la somme réunie des billets et des espèces y est moindre. Pourquoi? Parce que les Anglais, par l'intermédiaire des banquiers, font beaucoup de compensations, de virements de parties.

Dans les idées de M. Proudhon, sa banque a pour objet de réduire les payements à des virements de parties. C'est précisément ce que font les écus, d'une manière, à la vérité, assez dispendieuse. Les billets de banque sont un appareil qui arrive au même résultat à moins de frais: et le *Clearing-House* des Anglais est moins coûteux encore. Mais de quelque manière qu'on s'y prenne pour compenser les payements, qu'ont de commun ces procédés divers, plus ou moins perfectionnés, avec le principe de l'intérêt? Y en a-t-il un seul qui fasse que le travail antérieur ne doive pas être rémunéré et que le temps n'ait pas son prix?

Gorger la circulation de billets n'est donc le moyen ni d'accroître la richesse, ni de détruire la rente. De plus, livrer des billets à tout venant, c'est mettre la banque en faillite avant six mois.

Aussi M. Proudhon fuit le premier membre de mon dilemme et se réfugie dans le second.

« Que la Banque fasse son métier avec prudence et sévérité, dit-il, comme elle a fait jusqu'à présent: Cela ne me regarde pas. »

Cela ne vous regarde pas! Quoi! vous imaginez une banque nouvelle qui doit réaliser le crédit gratuit pour tout le monde, et quand je vous demande si elle prêtera à tout le monde, vous me répondez, pour échapper à la conclusion dont je vous menace, cela ne me regarde pas!

Mais tout en disant que cela ne vous regarde pas, vous ajoutez « que la nouvelle banque fera son métier avec prudence et sévérité. » Cela ne signifie rien, ou cela veut dire qu'elle prêtera à ceux qui peuvent répondre du remboursement.

Mais alors que devient l'Egalité qui est votre idole? et ne voyez-vous pas qu'au lieu de rendre les hommes égaux devant le crédit, vous constituez une inégalité plus choquante que celle que vous prétendez détruire?

En effet, dans votre système, les riches emprunteront gratis, et les pauvres ne pourront emprunter à aucun prix.

Quand un riche se présentera à la banque, on lui dira: Vous êtes solvable, voilà des capitaux, nous vous les prêtons pour rien.

Frédéric Bastiat

Mais qu'un ouvrier ose se montrer. On lui dira: Où sont vos garanties, vos terres, vos maisons, vos marchandises? — Je n'ai que mes bras et ma probité. — Cela ne nous rassure pas, nous devons agir avec prudence et *sévérité*, nous ne pouvons vous prêter gratis. — Eh bien: prêtez-nous, à mes compagnons et à moi, aux taux de 4, 5 et 6 pour cent, ce sera une prime d'assurance dont le produit couvrira vos risques. — Y pensez-vous? notre loi est de prêter gratis ou de ne prêter pas du tout. Nous sommes trop bons philanthropes pour rien faire payer à qui que ce soit, pas plus au pauvre qu'au riche. Voilà pourquoi le riche obtient chez nous du crédit gratuit, et pourquoi vous n'en aurez ni en payant ni sans payer.

Pour nous faire comprendre les merveilles de son invention, M. Proudhon la soumet à une épreuve décisive, celle de la *comptabilité* commerciale.

Il compare deux systèmes.

Dans l'un, le travailleur emprunte gratis (nous venons de voir comment), puis, en vertu de l'axiome, *tout travail laisse un excédant*, il réalise 10 pour cent de profit.

Dans l'autre, le travailleur emprunte à 10 pour cent. L'axiome économique ne reparaît pas, et il s'ensuit une perte.

Appliquant la comptabilité à ces hypothèses, M. Proudhon nous prouve, par des chiffres, que le travailleur est beaucoup plus heureux dans un cas que dans l'autre.

Je n'avais pas besoin de la *partie double* pour en être convaincu.

Mais je fais observer à M. Proudhon que, ses comptes décident la question. Je n'ai jamais mis en doute qu'il ne fût très-agréable d'avoir, sans rien payer, l'usage de maisons bien meublées, de terres bien préparées, d'outils et de machines bien puissantes. Il serait plus agréable encore que les alouettes nous tombassent toutes rôties dans la bouche, et quand M. Proudhon voudra, je le lui prouverai par *doit* et*avoir*. — La question est précisément de savoir si tous ces miracles sont possibles.

Je me suis donc permis de faire observer à M. Proudhon que je ne contestais pas l'exactitude de sa comptabilité, mais bien la réalité des données sur lesquelles elle repose.

Sa réponse est curieuse:

« Telle est l'essence de la comptabilité qu'elle ne dépend pas de la certitude de ses données. *Elle ne souffre pas de données fausses.* Elle est par elle-même, et malgré la volonté du comptable, la démonstration de la vérité ou de la fausseté de ses propres données. C'est en vertu de cette propriété que les livres du négociant font foi en justice. »

J'en demande pardon à M. Proudhon, mais je suis forcé de lui dire que la justice ne se borne pas, comme la Cour des comptes, à examiner si la tenue des livres est régulière et si les comptes se balancent. Elle recherche de plus si l'on n'y a pas introduit des données fausses.

Mais, vraiment, M. Proudhon a une imagination sans pareille pour inventer des moyens commodes de s'enrichir, et, à sa place, je me hâterais d'abandonner le *crédit gratuit*, comme un appareil suranné, compliqué et contestable. Il est distancé, et de bien loin, par la *comptabilité*, qui est par elle-même la démonstration de la vérité de ses propres données.

Ayez deux sous dans la poche, c'est tout ce qu'il faut. Achetez une feuille de papier. Écrivez dessus un compte simulé, le plus californien que vous puissiez trouver dans votre cervelle. Supposez, par exemple, que vous achetez à bon marché et à crédit un navire, que vous le chargez de sable et de galets ramassés sur le rivage, que vous expédiez le tout en Angleterre, qu'on vous donne en échange un poids égal en or, argent, dentelles, pierres précieuses, cochenille, vanille, parfums, etc.; que de retour en France les acheteurs se disputent votre opulente cargaison. Mettez à tout cela des chiffres. Dressez votre comptabilité en parties doubles. Ayez soin qu'elle soit exacte, — et vous voilà à même de dire de Crésus ce que M. Rothschild disait d'Aguado: « Il a laissé trente millions, je le croyais plus à l'aise. » — Car votre comptabilité, si elle est conforme aux lois de M. Juvigny, impliquera la *vérité de vos données*.

Il n'est encore parvenu à ma connaissance aucun moyen de s'enrichir plus commode que celui-là; si ce n'est pourtant celui du fils d'Éole. Je le recommande à M. Proudhon.

« Il s'avisa d'aller dans tous les carrefours, où il criait sans cesse, d'une voix rauque: Peuples de Bétique, voulez-vous être riches? Imaginez-vous que je le suis beaucoup et que vous l'êtes beaucoup aussi. Mettez-vous tous les matins dans l'esprit que votre fortune a doublé pendant la nuit. Levez-vous ensuite, et si vous avez des créanciers, allez les payer avec ce que vous aurez imaginé, et dites-leur d'imaginer à leur tour.»[1]

Mais je laisse là M. Proudhon, et, en terminant cette polémique, je m'adresse aux socialistes, et les adjure d'examiner impartialement, non au point de vue des capitalistes, mais dans l'intérêt des travailleurs, les questions suivantes:

La rémunération légitime d'un homme doit-elle être identique, soit qu'il consacre à la production sa journée actuelle, soit qu'il y consacre, en outre, des instruments, fruit d'un travail antérieur?

Personne n'osera le soutenir. Il y a là deux éléments de rémunération, et qui peut s'en plaindre? Sera-ce l'acheteur du produit? Mais qui n'aime mieux payer 3 fr. par jour à un menuisier pourvu d'une scie, que 2 f. 50 c. au même menuisier, faisant des planches avec ses dix doigts?

Ici les deux éléments de travail et de rémunération sont dans les mêmes mains. Mais s'ils sont séparés et s'associent, n'est-il pas juste, utile, inévitable que le produit se partage entre eux selon certaines proportions?

Quand c'est le capitaliste qui fait l'entreprise à ses risques, la rémunération du travail se fixe souvent et se nomme *salaire*. Quand le travailleur entreprend et court les chances, c'est la rémunération du capital qui se fixe, et elle se nomme *intérêt*.[2]

On peut croire à des arrangements plus perfectionnés, à une association de risques et de récompenses plus étroite. C'était naguère la voie qu'explorait le socialisme. Cette fixité de l'un des deux termes lui paraissait rétrograde. Je pourrais démontrer qu'elle est un progrès; mais *non est hic locus.*

Voici une école — et elle se dit le socialisme tout entier, — qui va bien plus loin. Elle affirme que toute récompense doit être déniée à l'un des éléments de la production, au capital. Et cette école a écrit sur son

1 CXLIIe lettre persane.

2 Voir le chapitre **Salaires**. - *Harmonies économiques,*

drapeau: *Crédit gratuit* à la place de son ancienne devise: *La propriété, c>est le vol!*

Socialistes, j'en appelle à votre bonne foi, n'est-ce pas un même sens sous d'autres mots?

Il n'est pas possible de contester, en principe, la justice et l'utilité d'une répartition entre le capital et le travail.

Reste à savoir quelle est la loi de cette répartition.

Et vous ne tarderez pas à la trouver dans cette formule: plus l'un des deux éléments abonde relativement à l'autre, plus sa part proportionnelle se réduit, et réciproquement.

Et s'il en est ainsi, la propagande du crédit gratuit est une calamité pour la classe ouvrière.

Car, de même que les capitalistes se feraient tort à eux-mêmes si, après avoir proclamé l'illégitimité du salaire, ils réduisent les travailleurs à mourir ou à s'expatrier; de même, les travailleurs se suicident quand, après avoir proclamé l'illégitimité de l'intérêt, ils forcent le capital à disparaître.

Si cette doctrine funeste se répand, si la voix du *suffrage universel* peut faire supposer qu'elle ne tardera pas à invoquer le secours de la loi, c'est-à-dire de la force organisée, n'est-il pas évident que le capital effrayé, menacé de perdre son endroit à toute récompense, sera contraint de fuir, de se cacher, de se dissiper? Il y aura moins d'entreprises de tout genre pour un nombre de travailleurs resté le même. Le résultat peut s'exprimer en deux mots: *hausse de l'intérêt et baisse des salaires*.

Il y a des pessimistes qui affirment que c'est là ce que veulent les socialistes: que l'ouvrier souffre; que l'ordre ne puisse renaître; que le pays soit toujours sur le bord d'un abîme. — S'il existe des êtres assez pervers pour former de tels vœux, que la société les flétrisse et que Dieu les juge!

Quant à moi, je n'ai pas à me prononcer sur des intentions auxquelles d'ailleurs je ne puis croire.

Frédéric Bastiat

Mais je dis: La gratuité du crédit, c'est l'absurdité scientifique, l'antagonisme des intérêts, la haine des classes, la barbarie.

La liberté du crédit, c'est l'harmonie sociale, c'est le droit, c'est le respect de l'indépendance et de la dignité humaine, c'est la foi dans le progrès et les destinées de la société.

Quatorzième lettre

ISBN : 978-1503257122